KB139134

정의의 감정들

## 정의의 감정들
_조선 여성의 소송으로 본 젠더와 신분

2020년 10월 30일 제1판 1쇄 인쇄
2020년 11월  6일 제1판 1쇄 발행

지은이    김지수
옮긴이    김대홍
펴낸이    이재민, 김상미

편집      이상희
디자인    정계수, 정희정

종이      다올페이퍼
인쇄      천일문화사
제본      국일문화사

펴낸곳    너머북스
주소      서울시 서대문구 증가로20길 3–12
전화      02) 335-3366, 336-5131 팩스 02) 335-5848
홈페이지  www.nermerbooks.com
등록번호  제313-2007-232호

ISBN  978-89-94606-61-3  93910

너머북스와 너머학교는 좋은 서가와 학교를 꿈꾸는 출판사입니다.

조선 여성의 소송으로 본 젠더와 신분

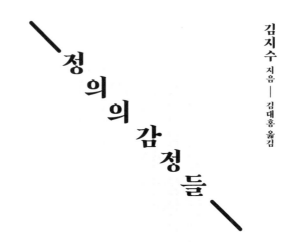

정의의 감정들

김지수 지음 ― 김대홍 옮김

너머북스

고 김자현 교수님께
이 책을 바칩니다.

# 차례

나는 한국사를 동아시아사는 물론 세계사적 관점에서 폭넓게 공부하고 싶어 미국으로 유학을 왔고, 컬럼비아대학교 동아시아 언어와 문화학과 석·박사 통합과정에 입학하여 김자현JaHyun Kim Haboush 교수님의 지도를 받으면서 공부하였다. 김자현 교수님께서 항상 강조하신 것 중 하나는 한국사를 '재미있게' 연구해야 한다는 것이었다. 여기서 '재미있게'란 한국의 특수성을 밝힘으로써 이웃 동아시아 국가들과 타 문화권 지역에 시사하는 바가 커야 한다는 것이다. 그리고 그것이 미국만 아니라 더 나아가 세계에서 한국학 연구의 위상을 높이는 것이라고 강조하셨다. 나의 롤모델인 은사님께서는 돌아가셨지만 항상 이 가르침을 되새기면서 미국에서 한국학 학자로 연구하며 학생들을 가르치고 있다.

2002년 석·박사과정 첫 학기에 김자현 교수님의 조선시대 사료 읽기 세미나를 들으면서 여성들이 국가에 제출한 소장을 접하게 되었다. 그 당시 나는 유교사회 여성들이 주로 억압된 존재라는, 그들에 대한 아주 제한적인 지식만 갖고 있었다. 그런데 법문서들을 읽으며 여성들이 당당히 법적 주체로 인정받고 독립된 목소리를 내면서 법정에 섰다는 사실이 놀라웠다. 동시대 중국이나 유럽에서는 결혼한 여성의 경우 남성을 통해서만 법정에 설 수 있었기 때문이다. 세계사 측면에서 조선시대 여성의 법적 지위에 대한 연구는 매우 흥미롭고 의미 있는 작업이라고 생각했다. 그래서 박사학위 주제로 여성의 법률 활동을 연구하게 되었다.

나의 연구는 젠더와 신분 차별이 심한 유교사회였던 조선에서 어떻게 모든 백성이 동일하게 독립된 법적 주체로 인정받을 수 있었는가 하는 지적 궁금증으로 시작되었다. 그런데 법문서들을 읽다보니 '억울함' '원冤'이라는 말이 반복적으로 등장하는데 이것이 조선시대 법 담론을 형성하고 있었으며, 이 억울함을 푸는 것이 정의를 실현하는 핵심 개념이라는 것을 알게 되었다.

박사학위 논문에서는 원冤의 개념보다는 여성의 법적 주체성에 초점을 맞추었다. 그런데 박사학위 심사가 끝나고 김자현 교수님께서 책으로 출간할 때는 논문에서 다룬 억울함이라는 법 감정을 더 깊이 연구해보라고 조언해주셨다. 책으로 수정하는 과정에서 억울함이라는 법 감정과 정의실현이라는 큰 틀을 잡고 여성들이 남성들을 상대로 어떤 내러티브를 사용하고 소원 전략을 펼쳤는지를 집중적으로 살펴보게 되었다.

이 책은 20세기 이전 조선시대 여성들의 법률 활동과 법 감정을 연구한 첫 결과물이다. 조선시대 여성들이 국가에 억울함을 호소하면서 어떤 지배질서나 젠더 규범에 도전했는지 그리고 국가와 사회가 어떻게 소통해 나갔는지 분석했다. 또한 억울함을 법 감정으로 규정하고 이것이 정의를 실현하는 데 어떤 역할을 했는지를 살펴보았다. 조선시대는 남녀와 신분 간의 차별이 뚜렷했지만 본인의 신분 내에서 누릴 수 있는 권리는 법적으로 보장되었다. 만일 권리를 침해당했다면 노비라도 주인만 아니면 상민 또는 양반을 상대로 자신의 법적 권리를 행사해 소를 제기할 수 있었다. 다시 말해 사회적으로는 불평등했지만 법적으로는 어느 정도 평등성을 유지할 수 있었다. 이러한 점들이 이웃 중국이나 일본과 비교했을 때 같은 유교권인데도 확연히 다른 점이었다.

올해는 코로나19 사태로 엄두도 못냈지만 나는 지난 몇 년간 여름마다 미국 조지워싱턴대학교 학생들을 데리고 한국에 와서 하계프로그램을 진행하였다. 학생들은 다양한 전문기관을 방문하며 분단 역사와 한반도 정세에 관해 공부했다. 해마다 학생들이 한국에서 관심 있게 관찰한 것은 일인 또는 소규모 시위현장이었다. 우리가 방문한 광화문광장, 청와대 앞, 강남 삼성본사 앞, 위안부 할머니들을 위한 수요집회 등에서 개인 또는 집단의 억울함을 호소하는 장면을 쉽게 목격할 수 있었다. 학생들은 정의를 실현하기 위해 공공장소에서 적극적으로 목소리를 내는 한국인을 보며 우리의 역사와 문화에 더 깊은 관심을 표명했다. 역사적 배경을 설명해주기 위해 학생들에게 청와대 분수대 앞에 있는 대고각을 보여주면서 조선시대 신문고제도는 물론 민주화 과정에서 민의 목소리를 높인 역사를 들려주었다.

고금을 막론하고 국가의 중요한 의무 가운데 하나는 국민의 목소리에 귀를 기울이는 것이다. 조선시대 500여 년 동안 백성들은 신문고 또는 소원제도로 국가에 억울함을 호소하였다. 20세기에는 식민지를 거쳐 민주화를 이루기까지 민중의 의지를 강하게 외쳤다. 20세기 후반에 드디어 민주화를 이룬 다음에는 민의 목소리를 낼 수 있는 다양한 채널이 생성되었다. 그중에서도 온라인 국민신문고가 생겨났고 문재인 정부 들어와서는 법적 효력은 없지만 청와대 국민청원까지 등장했다. 역사적으로 국가와 사회는 '소통'이라는 통로로 끊임없이 협상하며 더 좋은 세상으로 발전해 왔다.

그렇다면 여성문제는 어떠한가. 조선시대에는 여성이 법적 주체로 인정받고 법률 활동을 하는 데 제한이 없었다. 일제강점기에는 근대 사법제도를 도입했음에도 일본 민법을 적용해 여성을 법적 무능력자로 후퇴시켰다. 하지만 최근 연구에서 밝혔듯이 여성들은 일제강점기에도 여전히 법정에 서서 자신들의 재산권을 지키려 적극적으로 권리를 행사했다.

해방 후에는 여성들이 다시 법적 주체로 인정받으면서 꾸준히 억울함을 호소해왔고 권리를 지키기 위해 호주제와 낙태죄 등을 폐지시키는 데 성공했다. 그렇지만 아직도 법은 남성들 편에 설 때가 훨씬 더 많다. 대표적으로 성범죄자 처벌이나 위자료 청구 등에서 여성이 더 평등하게 대우를 받으려면 계속 목소리를 내야 한다. 그렇게 억울함을 호소하고 권리를 행사하면서 앞으로도 꾸준히 여권이 신장되길 바란다.

이 책의 번역을 맡아주신 김대홍 교수님께 무한한 감사의 말씀을 드린다. 김 교수님의 노고가 없었다면 이 책이 한국어로 출판되지 못했을 것이다. 이 책을 한국 독자들이 읽을 수 있도록 기획하고 끝까지 아낌없이 지원해준 너머북스 이재민 대표님께도 감사드린다. 이 대표님의 인내와 격려가 없었다면 한국어판은 출간되기 힘들었을 것이다.

2020년 10월
김지수

## 감사의 글

컬럼비아대학교에서 학업과 지적 여행을 시작한 이후 나는 아낌없는 지원과 격려를 받았다. 우선 나의 가장 큰 학문적 빚은 나를 조선시대 여성 소원인들의 세계에 들어가게 해주신 고 김자현 교수님에게 있다. 내가 한국사를 연구하는 데 영감의 원천이 된 김 교수님에게서 한국 전근대사가 얼마나 흥미로울 수 있는지 알게 되었다. 김 교수님의 논저는 계속해서 한국 역사를 공부하는 학생들에게 영감을 줄 것이다. 도로시 고와 매들린 젤린에게 진 학문적 빚도 빼놓을 수 없다. 도로시 고를 통해서 중국 여성과 젠더의 역사를 이해할 수 있었고, 매들린 젤린을 통해 중국 법제사에 대한 지식을 쌓을 수 있었다. 그들의 가르침과 귀중한 지도는 내 연구를 더 넓은 동아시아의 맥락 속으로 이끌어주었다. 비판적인 조언과 통찰력 있는 코멘트를 해준 찰스 암스트롱과 테드 휴, 유지니아 린에게도 역시 감사드린다.

연구와 글쓰기 과정에서 소중한 피드백과 지원을 보내준 동료들과 친구들에게도 감사드린다. 모두 언급해야겠지만 보데윈 왈라번, 도널드 베이커, 존 던컨, 김선주, 박유진, 앤더스 칼슨, 마이클 페티드, 마리온 에거트, 마르티나 도이힐러, 최혜월, 오세미, 조지 칼랜더, 김정원에게 특히 감사드린다. 또한 나의 콘퍼런스 발표에 토론자로서 귀중한 코멘트를 해준 타마라 루스, 재닛 타이스, 앤 월트홀, 수잔 번즈에게도 감사드린다. 이를 통해 나의 견해가 더 예리해지고 다듬어질 수 있었다.

서울대학교 규장각 한국학연구소에서 따뜻하게 환대해준 김영식, 박태균, 셈 베르메르시에게도 특별히 감사드린다. 연세대학교 국학연구원에서 아낌없는 도움을 준 백영서, 마이클 김, 최기숙에게도 고마움을 전하고자 한다. 한국에서 동료들과 나눈 토론에서 많은 것을 배우고 얻을 수 있었다. 특히 정긍식, 김호, 한상권, 오수창, 김경숙, 김선경, 정지영, 양진석, 정호훈에게 감사드린다. 그리고 아낌없는 지원을 꾸준히 해주신 학부 은사님이신 전인초와 김현철 교수님들에게도 감사의 말씀 전한다.

조지워싱턴대학교 역사학과와 엘리엇 국제관계 스쿨의 동료들은 이 책을 완성할 수 있도록 많은 지원을 해주었다. 특히 필요할 때마다 도움과 비판적인 조언을 준 빌 베커, 에드 맥코드, 숀 맥헤일, 로널드 스펙터, 그레그 브레진스키, 다칭 양, 김영기에게 감사드린다.

여러 기관의 재정적 지원을 받지 않고는 이 책을 완성할 수 없었을 것이다. 가장 감사하게도 한국국제교류재단의 연구보조금은 내가 이 책을 완성하는 데 집중할 수 있도록 해주었다. 이에 앞선 연구와 저술은 조지워싱턴대학교의 아시아학 시거센터, 화이팅 논문완성 펠로십, 한국학 대학원생들을 위한 AAS 트래블 그랜트(여비보조), 서울대 규장각한국학연구원 국제한국학센터의 규장각 아카이브 트래블 그랜트Kyujanggak Archives Travel Grants의 지원을 받았다. 사진촬영 허가를 해준 규장각 도서관과 서울대 중앙도서관, 국립중앙박물관에도 감사드린다.

워싱턴대학교 출판부의 한국학 시리즈 에디터 클라크 소렌슨과 이 글에 대해 상세하고 통찰력 있는 논평을 해준 익명의 독자 두 분에게 감사드린다. 그들의 제안은 원고의 질을 크게 향상해주었다. 같은 맥락에서 로리 해그먼, 메리 리베스키, 베스 퍼제트, 레이첼 르베이 등 워싱턴대학교 출판부의 뛰어난 에디터와 스태프 그리고 프리랜서 카피에디터 찰스 휠러에게도 그들의 전문성에 감사드린다. 그들의 도움으로 내 첫 번째 책이 결실을 맺을 수 있었다. 이 책에 남아 있는 오류, 누락, 실수는 전적으로 내 책임이다.

이 책 2장의 부인 이씨 한글 소원문서와 3장의 부인 정씨 소원은 "Women's Legal Voice: Language, Power, and Gender Performativity in Late Chosŏn Korea"라는 소논문으로 2015년 *Journal of Asian Studies*(vol. 74, no. 3)에 수록되어 있던 것이다. 이 책에 재게재할 수 있도록 허락해준 것에 감사드린다.

끝으로 가족의 지원에 대한 감사를 빼놓을 수 없다. 비록 아버지는 내가 대학을 졸업하기 전에 돌아가셨지만, 항상 정신적으로 나와 함께 계셨고 지금도 계속 함께하신다. 어머니는 평생 무한한 사랑과 보살핌을 베풀어주셨다. 여러 방면에서 내 영감의 원천이었고 항상 내가 현실에 안주하지 않도록 격려해주셨다. 언니와 언니 가족에게도 위로와 성원에 감사의 뜻을 전하고 싶다. 언제나 아낌없는 지원을 해주시고 넓은 아량으로 나의 부족함을 이해해 주시는 시부모님께도 감사의 말 전한다. 무엇보다 가장 큰 빚은 무한한 인내심과 이해심을 보여준 남편에게 지고 있다. 그의 끝없는 애정 어린 지지는 내가 학문의 여정을 추구하는 데 없어서는 안 될 요소였다. 2006년 7월 태어난 아들은 정말 큰 축복이다. 우리 부부의 삶을 헤아릴 수 없이 달콤하게 만들어주었다. 아들은 이제 내가 쓰는 책에 대해 물어볼 나이가 되었다. 나는 언젠가 아들이 이 책을 스스로 읽기를 바란다.

**일러두기**

- 양반 여성은 '씨'로, 평민 여성은 '조이(또는 소사)'로, 여성 노비는 소원문서에 나타난 것처럼 그들의 이름으로 호칭하였다.

●

# 들어가며

우리는 속임을 당하거나 아랫것으로 부당한 대우를 받을 때, 상을 기대했는데 벌을 받을 때, 분명히 내 것이라고 생각한 것을 빼앗겼을 때 상처를 받으면서 정의를 배우게 된다. 원초적 의미에서는 되갚음을 원하며 … 우리 정의감은 다시 말하면 보살핌과 연민만큼이나 복수에 그 기원을 두고 있다.
　　　　　　　　　　　　─솔로몬Robert Solomon, 『정의를 향한 열정A Passion for Justice』

　경오년[1] 2월 말금이라는 여종이 수령에게 남편의 친족인 승운이라는 자를 상대로 소송을 제기하였다.[2] 말금의 남편 역시 노비로 증조할아버지가 어선이라는 노비로부터 샀던 땅을 아버지에게서 물려받았다. 말금의 남편은 살아 있을 때 두 필지를 팔고 남은 땅은 가지고 있었다. 그런데 말금의 남편이 사망한 후 승운이 말금을 상대로 재산을 내놓으라는 소송을 제기하였다. 말금 역시 땅을 지키기 위해 승운을 상대로 남편 땅에 대

---

1) 말금의 소지에 언급된 경오년은 60간지에 따르면 1750년, 1810년, 1870년에 해당한다.

2) 말금의 소지에는 그녀가 어느 지방, 어느 지역 출신인지 언급되어 있지 않은데, 그녀는 자신을 '북면'에 거주한다고만 밝혔다.

한 소유권을 주장하며 소송을 제기하면서 승운이 문서를 위조해 자기 땅을 빼앗으려 한다고 하였다. 사건의 핵심은 말금과 승운이 같은 땅에 대해 동시에 소유권을 주장한다는 것이었다.

말금은 소지所志에서 다음과 같이 진술하였다.

> **소인이 세상에서 당한 원통한 사정[冤情]을 감히 아룁니다. … 갑자년에 제 남편이 죽었는데 장례를 치르는 동안 교활한 자로 알려진 명복의 사촌 승운이 몇 번 찾아오면서 문서를 훔쳐갔습니다. … 제 남편과 시아버지가 두 세대간 그 땅을 경작해오는 동안 승운은 일언반구가 없었습니다. 그런데 어찌하여 지금 제 땅을 빼앗으려 하는 것입니까? 제 남편 명복이 살아 있을 적에 그 땅을 파는 것에 대해 아무런 말이 없었습니다. 그런데 왜 제 남편이 죽은 지금에야 소송을 제기하는 것입니까? 부디 이 과부를 도우셔서 제 땅을 빼앗으려는 승운의 못된 계략을 멈춰주시고, 제게 한 거짓 고소를 거둬주신다면 제가 원冤을 덜 수 있을 겁니다. 나리께 간절히 바라오니, 명을 내리셔서 이 사건을 해결해주시옵소서.(「고문서」참조)[3]**

2월 9일 수령은 판결에서 원고의 사실이 확인되면 승운을 체포하라고 하였다. 향리는 조사를 실시한 후 승운의 문서가 관의 토지대장과 맞지 않음을 발견하고, 그가 토지 소유권을 증명할 증거를 제시하지 못했다고 결론 내렸다. 2월 16일 수령은 말금의 토지 소유를 인정하도록 명하였다.[4]

---

3) 「고문서」 22:149-51.

4) 「고문서」 22:149-51.

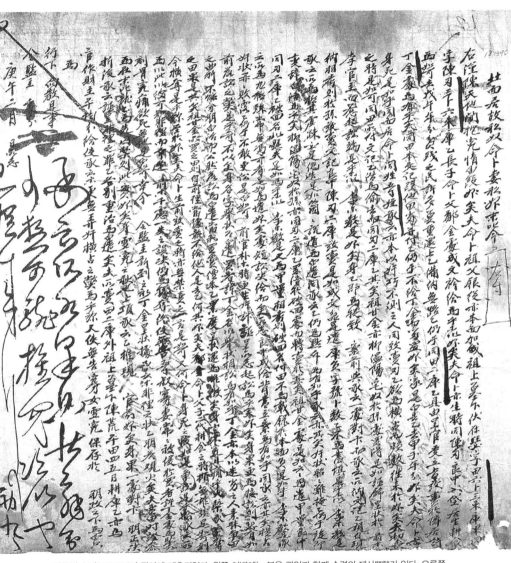

말금의 소지(토지 분쟁)가 관아에 제출되었다. 왼쪽 여백에는 붉은 관인과 함께 수령의 제사題辭가 있다. 오른쪽 여백 첫 번째 줄 시면始面에는 말금 이름 앞에 그녀의 거주지, 죽은 남편 이름, 그리고 신분이 순서대로 쓰여 있다. 그 아래에는 말금이 우촌右村을 그려 넣어 본인임을 확인하였다. 『고문서』 183390-2, 서울대학교 규장각

말금의 소송은 토지 소유권과 관련해 남성 친족에게 대항하는 여종의 법적 능력을 보여준다. 이는 1886년부터 1887년까지 한국에서 임시대리대사를 지낸 록힐W. Woodville Rockhill이 쓴 관찰 내용을 뒷받침해주는 예라고 할 수 있다. 1891년 록힐은 서울에서 경험한 것에 기초한 짧은 조사 보고서에서 "노비에 대한 주인의 권리는 법의 제한을 받았다. 따라서 주인이 서울에 산다면 형조, 지방에 산다면 수령의 허락을 얻기 전까지는 노비를 함부로 처형할 수 없었다. 게다가 노비는 사법私法상 권리도 누렸다. 노비는 손해를 배상받거나 채권을 되찾기 위해 다른 사람을 상대로 소송을 제기할 수도 있었다"라고 하였다.[5] 록힐은 이 글에서 조선시대 사법 현실의 한 특징으로 노비의 법적 능력을 지적한 것이다.

　　다른 노예 재산제도에서처럼 조선의 노비는 물건과 사람 두 가지로 여겨졌다. 노비의 인격성은 법의 여러 방면에서 인정되어온 듯하다. 노비는 스스로 행동에 책임을 졌고, 주인이나 제3자의 자의적인 살해로부터 법으로 보호받았으며 토지나 화폐, 심지어 다른 노비를 소유하는 형태로 재산을 가졌다.[6] 노예제는 잔혹한 지배와 위압으로 규정되곤 하지만, 조선 노비의 법률행위능력은 그들의 주체성에 대한 이해를 복잡하게 한다.

　　이 연구는 노비의 주체성이나 조선의 노비제도를 탐구하려는 것이 아니다.[7] 앞선 일화는 말금과 같은 여종까지 남성 친족에 대항하는 법적 능

---

5) Rockhill, "Notes on Some of the Laws, Customs, and Superstitions of Korea", 180.

6) 박병호, 『근세의 법』, 63-68; 전형택, 『조선후기 노비신분 연구』, 14-39.

7) 한국사에서 노비제도에 관한 논의는 Salem, "Slavery in Medieval Korea"; 홍승기, 『고려귀족사회와 노비』; Palais, *Confucian Statecraft*, 208-70, "A Search for Korean Uniqueness"(제임스 팔레, 『유교적 경세론과 조선의 제도들』, 산처럼, 2008); 전형택, 『조선후기 노비신분 연구』; 지승종, 『조선전기 노비신분연구』; Joy S. Kim, "Representing Slavery" 참조.

력을 가진 것을 고려할 때 조선 사회의 복잡성이 어떻게 나타나는지를 보여준다. 조선은 노비 신분을 포함한 신분 세습체계와 유교적 관점에 기반한 젠더 구분 때문에 경직된 사회로 그려지곤 한다. 이 책에서는 서로 다른 젠더와 신분의 주체가 사회 안에서 동등한 법적 주체로 인식되면서 어떻게 상호작용했는지에 관해 좀 더 다양하고 복잡한 상을 제시할 것이다.[8) 조선시대 여성은 신분에 관계없이 남성인 상대방과 동등한 법적 주체로 인식되었고, 스스로 원통함을 관에 호소할 수 있었다. 여기에서 '법적 주체'는 소송을 제기하고, 물건을 사고팔고, 계약을 체결하고, 돈을 빌리거나 빌려주고, 유산을 남기는 것과 같은 법률행위를 할 능력이 있는 주체를 말한다.

조선과 같이 양반, 중인, 상민, 천민의 신분구조와 남녀 차별까지 있던 사회에서 여종까지 국가에 법적으로 원통함을 호소하면서 공개적으로 억울함이나 부당함을 표출하는 것이 어떻게 가능했을까?[9) 젠더나 신분에 관계없이 모두에게 법적 능력을 부여한 것은 어떻게 가능했을까? 송자訟者의 이해를 추구하기 위해 어떤 방식의 소원訴冤과 서사 전략이 활용되었을까? 이러한 질문을 탐구하기 위해 소지류, 공문서, 범죄기록, 법률

---

8) 양반으로 알려진 사회 상층부에는 소수의 지배집단이 있었다. 조선시대에 이 집단은 사회경제적 특권을 누렸다. 조선후기 신분제의 불안으로 양반은 더 이상 지배계급을 직접 대표하지 못했으며, 사대부가 특별히 지배집단으로 지칭되었다. 하급 지배층으로는 주로 서리와 향리, 기술관으로 구성된 '중인'으로 알려진 또 다른 작은 집단이 있었다. 중인 밑에는 상민이 있었는데 대부분이 평민, 양민으로 알려진 농민들이었다. 이들이 인구 대다수를 차지했고 조세, 군역, 요역 대부분을 부담했다. 마지막으로 천민으로 알려진 하층민은 대부분 노비였지만 백정, 갖바치, 무당, 기녀와 같은 사람들도 포함되었다.

9) 영문으로 출판된 '중인'에 관한 연구는 황경문, *Beyond Birth*; Park, *A Family of No Prominence* 참조.

규정과 교본 등을 포함한 다양한 자료를 활용하였다.

조선에서 여러 주체의 정소呈訴 활동은 법의 세 가지 담론 영역, 즉 정의를 집행하는 데 감정의 역할, 정소 활동의 퍼포먼스적 측면을 통한 법 문화 구축, 법적 주체의 형성을 포함한다. 이것은 법적 제도를 논하는 데 다방면에 걸친 다층적 역사를 다룬다. 첫째, 정의를 집행하는 데 감정의 중요성을 논한다. 둘째, 신분에 관계없이 모든 민民이 법정에서 억울함을 표출함으로써 정의를 추구했던 법적 관행은 궁극적으로 법적 담화와 제도적 발달에 기여한 것을 설명한다. 셋째, 법적 퍼포먼스에서는 법적인 서사와 억울한 감정의 표출 그리고 소원 방식이 시대에 따라 변해갔음을 보여준다.

이 책에서 감정이라는 단어의 의미는 지역 문화, 그것이 신호하는 가치 체계 그리고 그것이 나타내는 자아성에 대한 특정한 개념의 문화적 맥락에서 이해된다. 여성과 남성은 법적 서사에서 원寃의 감정과 부당함을 자유롭게 표현했다. 군주와 관료는 이와 같은 문화를 공유하면서 부정의에서 비롯한 부정적 감정을 덜어주는 일의 중요성을 인지하고 있었다.

이 연구의 주된 목적은 원寃의 개념을 탐구하는 것이다. 원寃은 조선시대 법적 담론과 법적 서사의 핵심이었다. 말금의 소원에 나온 것처럼 그녀의 서사는 원통함이나 원寃의 감정으로 시작되었고 또 끝을 맺었다. 백성들이 원통함을 어떻게 호소하였는지 이해하려면 먼저 원寃의 의미를 이해할 필요가 있다. 태종 시기(재위 1400~1418)인 1401년 조선에서는 의금부 앞에 신문고를 설치해 사람들이 북을 쳐서 국왕에게 직접 소원할 수 있도록 하였다.

신문고는 백성들에게 하위 법사에서 바로잡지 못한 원통함을 시정할 기회를 주도록 한 것이었다. 이 신문고를 설치한 것은 군주의 통치는 민의에 귀 기울이는 데 달려 있다는 성리학 사상의 영향에 따른 것이었다.[10] 고려시대(918~1392)에도 백성들이 관에 소원할 수는 있었지만, 임금에게 직접 목소리를 낼 수 있는 법적 통로가 열린 것은 조선시대에 이르러서였다.[11] 이러한 새로운 유형의 제도는 소원訴冤으로 알려져 있는데, 소원은 '원을 호소하다'라는 의미다.

여기서 원冤이라는 한자는 대개 영어로 'injustice' 'grievance' 'wrong'으로 번역된다. 그렇지만 이러한 번역은 원冤이 사용되는 맥락을 완전히 포착하지는 못했으며, 감정적 측면의 경우에는 더욱 그러하다. 원冤은 구체적으로 백성들이 법적으로 침해당하거나 부당한 대우를 받았을 때 불러일으키는 감정이다. 즉 복수, 증오, 분노, 비탄, 회한, 고통 등과 같은 부정적인 감정이 모여 원통함이라는 감정을 만든다. 송자가 자신의 원冤을 구체화할수록 원통함을 바로잡아달라는 요구는 더욱 정당화되었다. 조선의 소원제도에서 사용된 이 단어는 바로 백성들이 국가에 호소하려고 했을 때 원冤의 감정이 그에 대한 충분한 근거를 제공하였음을 보여준다.

---

10) 한국의 성리학과 다른 종교에 대한 논의는 de Bary and Haboush, *Rise of Neo-Confucianism in Korea*; 김자현, *The Confucian Kingship in Korea*(김자현, 『왕이라는 유산』, 너머북스, 2017); Deuchler, *Confucian Transformation of Korea*(마르티나 도이힐러, 『한국의 유교화 과정』, 너머북스, 2013); Buswell, *Religions of Korea in Practice*, 163–230; Walraven, "Popular Religion in a Confucianized Society"; Baker, "A Different Thread" 참조.

11) 고려에서 조선왕조로의 전환은 Duncan, *The Origins of the Chosŏn Dynasty*(존 B. 던컨, 『조선왕조의 기원』, 너머북스, 2013); Deuchler, *The Confucian Transformation of Korea*, 29–87 참조.

이는 법과 감정이 항상 상호 배타적인 것은 아니었으며, 실상은 법적 정의에 관해서는 밀접하게 관련되어 있었음을 함축하고 있다.[12]

유교적 환경에서 정의 구현은 원冤의 감정을 잘 풀어주느냐에 달려 있었다. 정의감은 임금의 연민이나 동정뿐만 아니라 복수, 증오, 분노, 비탄, 회한, 고통과 같은 부정적인 감정에서도 구축되었다.[13] 이 책에서 주장하고자 하는 것은 원冤의 감정, 즉 부정적 감정을 포괄하는 이것이 조선시대에 정의를 실현하는 데 중대한 역할을 했다는 것이다. 이 책에서 다룬 사례들은 원冤의 범주에 포함되는 부정적 감정과 관계된 것들이다. 또한 원冤의 감정을 잘 풀어주는 것은 정의를 확보하는 하나의 기제였고, 평범한 민이 사법제도에 기대도록 만든 주된 동기였다고 할 수 있다.

한자 의義는 '정의'나 '올바름'으로 번역된다. 그러나 의는 조선시대 법률문서에서 자주 발견되는 단어가 아니다. 관리들이 의나 공의公義를 사용하는 것을 확인할 수 있지만, 이는 법적 사항보다는 정치적 문제를 논의할 때다. 원冤을 풀어준다는 것은 조선의 법적 맥락에서 정의를 표현하기 위해 소원에서 쓰인 말이었다. 이 연구는 감정을 분석의 중심에 두면서 법문화와 그 안의 서로 다른 주체들이 구성된 방식에 관심을 두었다. 왕조 초기부터 후기까지 조선의 법문화는 언어적 관행, 법적 통로의 전용, 다양한 전략과 소원 방식을 활용해서 형성되었다. 따라서 다양한 서사를 이용하여 표현된 여러 주체의 서로 다른 원冤의 감정 표현이 어떻게 한국의 독특한 법문화를 형성하고 주조해왔는지를 살펴볼 것이다.

---

12) 조선초기 법과 감정에 관한 논의는 김지수, "Law and Emotion", 203-39 참조. 중화민국에서 정情과 대중적 동정심의 고조에 관해서는 Lean, *Public Passions* 참조.

13) Solomon, *A Passion for Justice*, 243.

이 연구에서는 또한 조선의 사법영역에서 감정의 담론과 언어적 관행을 추적하여 조선 유교사회의 맥락에서 우리의 정의에 관한 이론적·방법론적·경험론적 경계를 밀어냄으로써 정의를 개념화하는 새로운 방법을 제시할 것이다. 서구와 비서구의 모든 법체계는 고유의 특성을 가지고 있으면서 동시에 문화적 경계를 넘어 유용한 통찰력을 제공하는 몇 가지 측면을 공유한다. 따라서 법, 감정, 젠더 그리고 신분의 교차점에 대한 연구는 학제 간 융합을 촉진하고, 정의라는 주제에 대한 역사학의 경계를 확장할 것이다.

## 새로운 역사기록학의 패러다임을 향하여

국내외 소수 학자만이 한국법제사의 영역을 탐구해왔다. 한국 내에서 이 주제에 대한 기존의 역사기록학은 조선이 일본제국주의의 개입이 없었다면 자율적인 근대화를 이루었을 것이라는 궤적에 조선사를 위치시켜온 반식민주의 역사학자들의 목소리를 반영하고 있다. 일군의 사학자들은 조선사를 침체되고 퇴행적인 것으로 폄하하는 일제의 식민지적 기술에 반기를 들고 일제강점기 이전 조선 구조의 내재적 변화를 확인하려 노력해왔다. 그러나 이러한 내재적 발전론은 조선 경제의 발전이 매우 제한적이었으며, 확인된 변화의 동인 역시 근대성으로 연결되기에는 불충분하다고 보는 또 다른 국외 학자들의 반론에 부딪혀왔다.

한국의 법사학자들은 반식민지 사학자들의 논리를 비슷하게 따라간다. 몇몇 학자는 한국 고유의 관습이 일제 당국 식민지 정책의 일환에 따라 억제되고 왜곡되었다고 주장한다. 한국 고유의 법전통을 부각하기 위해 박병호 교수와 같은 저명한 법사학자들은 법적 선례와 관습법이 조선 한국을 지배하였다고 주장해왔다.[14] 그렇지만 김Marie S. Kim은 이러한 견해에 이의를 제기하면서 조선에서 관습법을 논하기 위해서는 관습과 관습법을 구분할 필요가 있으며, 또한 그러한 논의를 하려면 한국의 전통사회가 사법私法에 기초하여 법질서를 유지해왔다는 것을 보여주어야 한다고 주장하였다.[15] 김은 중국에는 관습법 관념이 부재하였다는 보공Jérôme Bourgon의 견해를 공유하면서 한국의 법전통에 접근하는 데 서양의 개념을 적용하는 것은 방법론적 결함이 있다고 주장하였다.[16]

한국 법사학자들에 대한 김의 비판은 조선 상황에 서구 개념이 어떻게 적용되어야 하는지에 대한 충분한 고려가 부족할 경우 서구 용어의 적용이 특히 문제가 될 수 있다는 것을 지적하였다는 점에서 의미가 있다. 김은 관습법이 "중화제국 법권 내의 전통 동아시아에서는 존재하지 않는 것"이라는 설득력 있는 주장을 하고 있다.[17] 김에 따르면 관습법과 민법

---

14) 박병호, 「전통적 법체계와 법의식 및 한국법제사고」, 『근세의 법과 법사상』; 정긍식, 『한국근대법사고』 및 「조선시대의 권력분립과 법치주의」; 조윤선, 『조선후기 소송연구』; 심재우, 「조선후기 국가권력」 및 「조선말기 형사법체계」; 임상혁, 「소송 기피의 문화전통에 대한 재고와 한국사회」 및 「조선전기 민사소송과 소송이론의 전개」.

15) Marie S. Kim, "Law and Custom", 1068.

16) 지방차원에서 실제 법적 관행을 살펴봄으로써 중국 법제사의 일부 학자들은 '민법'이 현지 사법절차와 관습에 존재했다고 주장해왔다. Huang, *Civil Justice in China*, and *Code, Custom, and Legal Practice in China*; Bernhardt and Huang, *Civil Law in Qing and Republican China*.

17) Marie S. Kim, *Law and Custom in Korea*, 1.

개념이 동아시아에 소개된 것은 메이지유신 당시 일본이 처음으로 유럽의 민법을 수입하고 나서 다시 일본의 법질서를 식민지에 시행하기 위해 한국에 그것을 도입하였을 때라고 하였다.[18]

전근대의 한국 상황에 서구 관습법이나 민법의 존재를 보여주려는 학문적 접근은 조선의 법과 법체계를 적절히 표상하지 못한 것이라는 점에 동의한다. 또한 조선의 법체계는 주로 형법과 행정법으로 구성되었으며, 민법은 형벌의 기본틀에 편입되어 있었다는 분석에도 동의한다. 그렇지만 "조선의 법은 개인 사이의 분쟁을 해결하는 데 아무런 관심을 보이지 않았다"는 주장과 "국가는 사회질서 유지에 책무를 두었을 뿐 사적 관계에서 정의의 구현에는 책무를 두지 않았기 때문에 국왕의 정의 관념이 부재하였다"는 주장에는 동의할 수 없다.[19] 조선의 법을 논할 때 실제 법적 관행이 아닌 공적 표상에 기초한 주장들은 제한된 가치를 가질 수밖에 없다.[20] 이 책에 제시한 예시들은 임금뿐만 아니라 관아에서 "사인들 사이의 법적 분쟁을 해결하는 것"에 얼마나 관심을 두었는지를 보여준다. 실제 사법집행을 위해서 사법당국은 민형사소송 모두에서 올바르면서도 시의적절한 판결을 내려야만 했다.[21]

이전의 한국법사학은 조선의 사법체계가 서구의 법적 기준에 필적했는지를 규명하는 데 초점이 맞추어져 있었다.[22] 현재의 연구는 그러한 공

---

18) Marie S. Kim, *Law and Custom in Korea*, 1–40.

19) Marie S. Kim, *Law and Custom in Korea*, 24.

20) 김의 연구는 주로 일제강점기(1910~1945) 관습법의 문제에 초점을 맞추었다. 따라서 그녀의 연구에는 조선의 법적 관행에 대한 논의가 제한되어 있다.

21) 『태조실록』 18(9/7/19).

22) 영문으로 출판된 한국법제사는 Hahm, *The Korean Political Tradition and Law*; Shaw, *Legal*

허한 논쟁에 빠져드는 것을 피한다. 서구의 법적 개념은 비서구의 법체계를 조사하는 데 적절한 접근법을 제시할 수 없다. 이 책에서는 소원 관행에서 고유의 의미를 가능한 한 많이 포함하려고 한다. 또 좀 더 폭넓게 이해하기 위해 필요한 경우 다른 문화의 관행과 비교했다.

조선의 법체계가 서구와 다르게 작용하였을 뿐만 아니라 조선인의 감정 인식 또한 서구와 달랐다. 유럽에서 데카르트의 정신과 육체의 이원론은 여성에게는 감정과 육체를, 남성에게는 정신과 이성을 연관시켰다. 서구에서는 근대성이 부상하면서 감정이 법과 상반되는 것으로 취급되어 온 것 또한 사실이다. 이성을 성향과 구분하는 칸트의 관점에서 법은 이성의 산물로써 감정의 반대로 여겨졌다. 20세기 초까지 서구에서 감정은 '원시적'인 것으로 인식되어 문명사회에서는 중요한 역할을 하지 않는 것으로 취급되었다.[23]

조선의 맥락에서는 감정과 이성의 이분법이 언제나 그렇게 분명하지는 않았던 것으로 보인다.[24] 정情이라는 말은 '감정' '느낌' '정서'로 번역될 수 있다.[25] 정의 의미는 인성人性, 도심道心, 인심人心, 천심天心, 사단四端, 이理, 기氣 등 한국의 다양한 철학 개념과 밀접하게 연관되어 있다는 점

---

*Norms*, "The Neo-Confucian Revolution of Values" and "Traditional Korean Law"; Chŏ, Shaw, and Choi, *Traditional Korean Legal Attitudes*; Marie S. Kim, *Law and Custom in Korea* 참조.

23) Solomon, "Justice v. Vengeance", 128.

24) Santangelo, *Sentimental Education* 7. 최기숙, "A Weeping Man and the Mourning Ritual", 149에서 인용.

25) Emotion의 현대 한국어 번역은 감정感情이다. 그러나 감정이라는 용어는 조선시대에는 거의 사용되지 않았다. 서구에서 근대성이 대두되면서 'emotion'이라는 용어의 사용이 증가한 것을 보아 한국에서 감정이라는 단어는 20세기에 들어서면서 사용된 것으로 보인다. 감정의 용례를 추적하기 위해서는 추가 연구가 필요하다.

에서 서양에서의 용법과는 다른 의미론적 수준을 갖는다. 유교문화에서는 특히 인간의 본성과 정신에 대한 깊은 이해 없이는 감정을 논할 수 없다.[26]

『예서禮書』에는 희喜·노怒·애哀·낙樂·애愛·오惡·욕慾이라는 칠정七情의 전통적인 목록이 담겨 있다. 칠정 개념은 인간의 본성이 선하다고 본 중국의 고전 철학자 맹자의 본질적 관점에 기초한 사단四端의 개념과 함께 형이상학적으로 발전하였다.[27] 16세기 한국의 대표적 유교사상가 퇴계 이황李滉(1501~1570)과 율곡 이이李珥(1536~1584)는 사단칠정四端七情 논쟁으로 알려진 지성적이고 철학적인 대화를 주고받았는데, 이와 기의 이원 맥락에서 사단과 칠정이 어떻게 이해되어야 하는가 하는 문제를 다룬 것이었다.[28] 이는 후대 사상가들에게 영향을 미치면서 한국의 성리학적 철학을 형성한 유명한 논쟁으로 인식되고 있다.

사단칠정 논쟁을 상세히 기술하는 것은 이 연구의 범위를 넘어서지만, 논쟁의 중심 주제가 다양한 종류의 긍정적·부정적인 감정과 그것들이 이와 기에 근거하여 발생하는 방식과 관련되어 있다는 것은 언급할 가치가 있다. 좀 더 구체적으로 말하면, 한국의 학자들은 추상적인 사물의 이와 기, 그리고 인간의 정신이 행위를 지배하는지를 논쟁하였다. 논쟁은 이와 기 사이에 양극성을 만들어냈지만, 양자는 결코 분리되지 않고 밀접하게

---

26) 최기숙, "A Weeping Man and the Mourning Ritual", 149.

27) 사단四端은 우물 아래로 떨어지는 아이에 대한 맹자의 유명한 인용에서 나왔다. 측은하게 여기는 마음이 인仁의 단서이고, 부끄러워하는 마음이 의義의 단서이고, 사양하는 마음이 예禮의 단서이고, 시비를 가리는 마음이 지智의 단서다(Mencius 2A6). 영문번역은 Kalton, *The Four-Seven Debate*, xxvii.

28) Kalton, *The Four-Seven Debate*.

얽혀 있다는 것이 지배적인 견해다.[29]

성리학자들에게 우주는 "인간과 다른 모든 생물이 조화로운 합일 속에 사는 단일 유기체 전체"로 인식되었다.[30] 모든 생물의 연속체에서 균형과 조화를 유지한다는 인식은 사법의 실행에서는 법적 우주론으로 확대되었다. 여기에서 원冤의 감정은 조화, 즉 화기和氣를 해치고 결국 균형을 깨뜨려 자연재해를 일으키는 부정적 에너지로 여겨졌다. 모든 사람에게 이 부정적 에너지를 발생시킬 잠재성이 있었기 때문에 이들의 원冤을 풀어주는 것이 중요했다. 인간과 자연의 조화라는 개념은 1장에서 검토하는 법적 담론에 잘 반영되어 있다.[31]

감정 연구에서 심리학, 인류학, 철학을 포함한 다양한 분야의 최근 과학적 연구 성과는 감정과 이성이 서로 반대될 수 없다는 것을 보여주었다. 감정 연구에서는 '인식의 변화'라는 패러다임의 변화가 있었다. 감정 연구 학자들은 감정과 이성을 함께 생각할 수 있게 해주는 인지주의의 영향을 받았다. 철학자 솔로몬Robert C. Solomon은 감정의 '인지이론'에 영향을 받아 감정이 일종의 평가적 판단이며 정의감의 중심이라고 주장하였다.[32] 철학자 누스바움Martha Nussbaum은 감정이 도덕적 결정과 판단을 내리는 데 관여한다고 주장하였다.[33] 신경과학자 다마지오Antonio Damasio는 감정이 지적이고 합리적인 결정을 내리는 데 결정적이라는 것을 발견하

---

29) Palais, *Confucian Statecraft*, 11–3(제임스 팔레, 『유교적 경세론과 조선의 제도들』, 산처럼, 2008).

30) Kalton eds., *The Four-Seven Debate*, xxxiv.

31) 남성 문인들의 글쓰기에서 감정의 조절과 표현에 관한 조사는 최기숙, "A Weeping Man and the Mourning Ritual"; 「감성적 인간」; 「조선시대 감정론」; 「효녀심청」 참조.

32) Solomon, *A Passion for Justice*.

33) Nussbaum, *Upheavals of Thought*(마사 누스바움, 『감정의 격동』, 새물결, 2015).

고 감정이 정신과 신체를 연결한다고 제시하였다.[34]

역사학자들 역시 인지이론의 영향을 받아 감정의 역사를 연구하는 데 이를 적용해왔다. 몇몇 역사가는 감정을 검사하기 위한 분석적 도구를 제공했다.[35] 그들 중 레디William M. Reddy는 이 연구에 가장 도움이 되는 틀을 만들었다. 레디는 자신의 저서 『감정의 항해Navigation of Feeling』에서 언어학의 오스틴John Austin의 용어 'performative'를 채용하여 'emotive'라는 용어를 만들었다. 그는 감정에 대한 진술이 사물을 변화시킨다는 의미에서 퍼포먼스적인 것으로 보았다. 감정은 화자의 상태나 화자 주위의 세계를 바꾼다. 이러한 것들은 표현될 뿐 아니라 그에 따라 행동하였을 때 현실을 변화시키는 바로 그 감정이다. 이 같은 사고가 역사적 과정에 적용된다면 우리가 감정을 그 자체로 변화하면서 사회 변혁을 이끄는 강력한 도구로 인식하는 방법을 제공하게 된다.[36] 레디의 감정적이라는 관념은 한국 역사의 특정 시기에 사법의 시행을 이해하기 위해 원冤의 감정이나 부당함의 정서를 조사할 때 적절하게 활용할 수 있다. 감정 연구에서는 문화적 중요성과 시간과 공간에 따라 달라질 수 있는 이러한 개념의 의미를 이해하는 것이 중요하다.

---

34) Damasio, *Descartes' Error*(안토니오 다마지오, 『데카르트의 오류』, 눈출판그룹, 2017).

35) 감정의 역사를 연구하기 위한 다양한 틀은 Stearns and Stearns, "Emotionology"; Reddy, *The Navigation of Feeling*(윌리엄 M. 레디, 『감정의 항해』, 문학과지성사, 2016); Rosenwein, *Emotional Communities in the Early Middle Ages* 참조.

36) Reddy, *Navigation of Feeling*, 1–37.

# 원冤의 감정: 젠더, 신분 그리고 법

백성들이 북을 치며 원冤을 공개적으로 표출함으로써 원통함을 해결할 수 있도록 한 신문고의 등장은 국가 입장에서 각 개인의 목소리가 권력구조의 정점에까지 도달할 수 있도록 허용한 것이었다. 조선과 같은 고도로 계층화되고 젠더가 분리된 사회에서 국가가 젠더나 신분에 관계없이 모든 백성을 독립된 법적 주체로 인정한 것이 어떻게 가능하였는지는 꽤나 어려운 질문이다.[37] 더 구체적으로는 여종을 포함해 모든 사회적 신분의 여성에게 법적 능력을 부여하는 것을 가능하게 만든 원천은 무엇이었을까?

이 질문은 비교사적 관점에서 동시대에 가부장적 사회였던 중국이나 영국에서는 여성의 법적 지위를 남성에게 종속시켰다는 사실을 상기할 때 특히나 중요하다. 더군다나 스메일Daniel Smail이 프랑스 마르세유의 중세 유럽을 연구한 결과에서 보여주듯이 하인, 농노, 무슬림, 유대인 같은 비자유인과 소외된 집단의 구성원들은 국가에 너무 위험하다고 생각되었기 때문에 법정에서 그들의 분노를 '공론화'하는 것이 허용되지 않았다.[38] 이러한 점에서 조선시대 사법제도는 원冤에 대한 수직적이고 수평

---

37) 소원의 주제에 관한 이전 연구들은 신문고의 설치와 관행을 검토했지만, 젠더와 신분이 다른 사람들이 어떻게 그러한 시스템을 이용할 권한을 부여받을 수 있었는지에 대해서는 의문을 제기하지 않았다. 한우근, 「신문고의 설치」; 한상권, 『조선후기 사회와 소원제도』; 김경숙, 「조선후기 여성의 정소 활동」 참조.

38) 중세 유럽의 법정에서 감정에 대한 최근의 학술적 담론은 다소 복잡하다. 서구인들은 특히 계몽시대부터 감정을 이성에 반하는 것으로 인식하는 경우가 많았다. 월리스Kathleen Wallace는 이러한 인식에 도전하여 어떻게 그러한 사고가 도덕적 판단에서 우리의 이해와 도덕적 동인으로서 주제를 왜곡했는지를 기술하였다. 최근의 또 다른 연구로 스메일은 분노와 적개심 같은 감정은

적인 인식을 통해 감정이 사회 조화를 유지하는 데 어떠한 역할을 했는지에 관한 유용한 통찰을 제공하기 때문에 연구할 가치가 있다. 쇼William Shaw의 조선후기 법규범 연구는 사법제도가 한편으로는 백성을 차별하면서도 다른 한편으로는 어떻게 그러한 차별을 최소화했는지를 보여준다. 쇼는 범죄와 처벌에 대한 조사에서 조선후기 '법적 합리성'의 존재를 능변적으로 보여주었지만, 다소 모순된 방식으로 운영된 법체제의 함의는 탐구하지 못했다.[39]

조선시대 원冤의 감정을 잘 풀어주는 것은 일반 백성이 법정에 기대도록 한 주된 동기였다. 그리고 군주에게 억울함을 토로한 사람들에게 그러한 부정적 감정을 풀어주는 만족을 제공함으로써 국가는 권력을 창출할 수 있었을 뿐만 아니라, 사회질서의 본질을 강화할 수 있었다. 법적 서사에서 핵심요소로 작용했던 원冤의 감정은 개인적 욕구인 사욕私慾이나 성적 욕구인 음욕淫慾과 달리 억제할 수 없는 또한 억제하면 위험한 자연스러운 감정으로 인식되었다. 사욕이나 음욕도 자연적인 감정으로 여겨졌지만, 사회질서를 유지하기 위해서는 통제되고 억압되어야 하는 것이었다. 반면 원冤에 대한 국가의 생각은 젠더, 사회적 신분에 상관없이 사람들의 원冤을 억제하게 된다면 그것은 위험하며 사회적 혼란을 야기할 수

---

중세시대 마르세유 이후에도 계속 중요한 역할을 했으며, 남성과 여성 모두 더 많은 청중에게 그들의 증오심을 전달하기 위해 돈과 감정을 법에 투자하는 것을 선택했다고 주장하였다. 그는 법의 역사 속으로 감정을 다시 끌어들이고, 중세사회와 현대사회에서 감정의 역할을 이해하는 것이 중요하다고 주장하였다. 감정과 법에 대한 논의는 Wallace, "Reconstructing Judgment"; Smail, *The Consumption of Justice* 참조. 원한을 복수의 '공론화'로 추구하기 위해 법정을 활용한 유럽의 현상에 대해서는 Zorzi, "The Judicial System in Florence" 참조.

39) Shaw, *Legal Norms in a Confucian State* 및 "Traditional Korean Law and Its Relation to China" 참조.

있다는 것이었다. 마르세유 정부와 달리 조선에서는 관에 대한 반란을 막기 위해서는 오히려 백성의 부정적 감정을 해소해줄 필요가 있다고 생각했다. 잘못된 것을 바로잡기 위해 원冤은 모든 법적 주체를 위한 소통 역할을 하는 평등주의적 정서로 취급되었다.

조선시대 세습적 신분제도와 유교적 성규범은 평민과 여성을 하위적 존재로 취급했다. 젠더와 신분 개념은 조선 사회를 구성하는 데 결정적 요소였다. 처벌과 절차, 사치를 금하는 금령, 관원과 공신에게 특정 형벌의 집행을 면제하는 속전贖錢과 같은 것을 볼 때, 법은 불평등을 상징하는 것이 분명했다.[40] 이와 같은 법의 두드러진 불공평한 측면에도 불구하고, 모든 백성을 어느 정도 법적 권한을 가진 존재로 인식하면서 각각의 주체가 법적 영역에서 원冤의 감정을 표출할 수 있도록 허용한 것은 젠더와 신분의 계층구조를 일정 부분 중화했으며, 형사재판과 민사소송의 결과에서 차별을 최소화했다. 법적 공간은 평민들이 소원의 법적 능력을 행사함으로써 양반에게 공개적으로 도전할 수 있는 장소들 중 하나였다. 이러한 인식의 관행은 법적 주체가 젠더나 신분 차별 없이 법의 영역에서 상호작용하는 유교적 사법제도의 독특한 특징을 만들어냈다.

다양한 주체 간의 상호작용을 검토하면 사회적 신분집단이 그 신분의 경계 내에서 일정량의 자유를 어떻게 누렸는지를 볼 수 있다. 물건과 인간으로 동시에 인식된 말금과 같은 여종까지 소지를 제출할 수 있었을 뿐만 아니라 매매나 대차, 계약 체결, 유증과 같은 법적 거래도 할 수 있었다. 비록 노비들이 그들의 주인을 상대로는 소송을 제기할 수 없다는 한

---

40) Shaw, "Traditional Korean Law and Its Relation to China", 310-13.

계가 있었지만, 다른 양반이나 평민을 상대로 해서는 법적 침해에 소송을 제기할 수 있었다.

조선시대 유교적 사법제도는 백성들을 그들의 신분 경계 내에서 보호해주면서 동시에 그들이 사회질서에 저항하는 것을 막아줄 수 있었다. 정소 활동은 안전판으로 기능하면서도 백성들이 사회규범의 선을 넘지 않도록 규제함으로써 역설적으로 국가의 합법성을 강화했다. 국가는 백성들이 억울함의 목소리를 내는 것을 허용하였지만, 그들의 본분에 맞지 않게 신분적 경계를 넘을 때는 엄격하게 제재하였다. 모든 백성은 세습적 신분제도의 틀 안에서 주어진 역할을 수행하는 한 자신에게 가해진 부당함을 시정하기 위해 법을 통한 정당한 수단을 동등하게 사용할 수 있었다. 물론 이것이 현대적인 '평등' 관념이 존재했다는 것을 의미하지는 않는다. 세습적 신분체계가 사회적 불평등과 계층적 관계를 만들어냈음이 명백하기 때문이다. 그러나 자신의 신분 경계 내에서 누릴 수 있는 특권을 박탈당한 백성들에게 최소한 국가에 소송을 제기할 동등한 기회는 주어졌다.[41]

조선후기로 갈수록 신분제도의 안정성이 흔들렸지만 양반과 그 외 신분 간의 구분은 비교적 뚜렷했다. 1894년 일본 주도로 갑오개혁이 이루어지기 전까지 국가적 차원에서는 세습적 신분제도가 유지되어왔다. 중국의 경우 청왕조 이전 국가 목표는 성적 예의규범에 따라 구별되는 신분적 계층구조를 보존하는 것이었다. 그러나 청왕조(1644~1911)에서 만주 관료

---

41) 홀John W. Hall은 근대 초기 일본이 '컨테이너 사회'였다고 주장한다. 신분집단을 지칭하는 '컨테이너'는 법 아래에서 동등한 대우를 기대할 수 있었기 때문에 각각의 주어진 신분의 틀 안에서 안전한 것으로 인식될 수 있었다. Howell, *Geographies of Identity*, 31 참조.

들의 목표는 엘리트와 비엘리트 모두에게 적용되는 공통의 도덕 기준에 따라 젠더 질서의 새로운 기준을 적용하는 것이었다. 소머Matthew Sommer 는 신분에서 젠더 수행으로 전환한 것이 특히 청왕조 동안 농민가정에서 가족의 역할을 보호하기 위한 것이었다는 것을 보여주었다.[42]

조선시대 동안 모든 사회적 신분의 여성들에게 일률적으로 적용되는 공통된 도덕 기준에 기초한 젠더 질서를 구현하기 위한 조건이 성숙되지 않았다. 임진왜란(1592~1598)과 정묘·병자호란(1627, 1636~1637)이 조선후기에 큰 변화를 가져온 것은 분명하지만, 중국에서처럼 젠더와 신분의 기반을 바꿀 만큼 근본적 변화는 일어나지 않았다. 예를 들어 조선후기에 국가는 간통을 범한 양반 여성을 처형함으로써 조선초기보다 더 엄격하게 양반 여성들의 성행위를 규제했다. 그러나 조선 법전에서 양반 여성 외에 다른 신분의 여성에 대해서는 그와 같은 법적 제재가 없었다.[43]

조선에서 소원제도의 독특한 요소는 고유의 법전에 잘 반영된 바와 같이 세습적 신분제도와 복잡하게 얽혀 있던 성리학적 정치의 결과였다. 사회적 질서가 신분 차별로 형성되는 사회에서 지배계층은 의심할 여지없이 하층계층보다 훨씬 더 많은 특권을 누렸다. 비록 국가는 어느 정도 실력 본위의 성격을 갖는 유교적 과거제도를 도입하였지만, 관료적 영역을 지배했던 것은 정계 중심에 서 있던 세습적 남성 지배층이었다.[44]

---

42) Sommer, *Sex, Law, and Society in Late Imperial China*.

43) 『속대전』, 309.

44) 조선의 관료제에 관해서는 Wagner, *The Literati Purges*; Palais, *Confucian Statecraft*(제임스 팔레, 『유교적 경세론과 조선의 제도들』, 산처럼, 2008); "Confucianism and the Aristocratic/Bureaucratic Balance in Korea"; Duncan, *The Origins of the Chosŏn Dynasty*는(존 B. 던컨, 『조선왕조의 기원』, 너머북스, 2013); Park, *Between Dreams and Reality*.

그러나 여성이나 천민 같은 하층민은 특권 남성 지배층보다 훨씬 더 원冤을 체현하고 있었고, 이것은 그들에게 억울함을 해소할 수 있는 견고한 기반을 마련해주었다. 조선 사회에서는 모든 백성에게 소송을 제기할 권한이 있었고, 그들의 정소 활동에 따라 법이 시정되기도 했기 때문에 어떠한 계층도 정치적 역할에서 완전히 배제되었다고 볼 수 없다. 예를 들어 5장에서 다루는 조선후기의 대표적 사회 부정의를 단속한 두 법은 조선초기부터 송자들이 제기했던 억울함에서 유래했는데, 여성들도 적극적으로 그러한 부정의를 알린 행위자였다. 두 법은 '평민을 노비로 부리는 것'과 '수령이 형벌을 남용하는 것'을 단속하는 것인데, 이는 법의 영역이 국가와 사회 사이에서 억울함의 의미를 협상하는 접소로 어떻게 활용되었는지를 보여준다.

## 법의 기록보관소: 장르, 서사 그리고 소원

영어로 'petition', 즉 '소원' 또는 '청원'이라는 말은 개인이 관에 제기하는 요청, 요구 또는 억울함을 의미하는 데 일반적으로 사용되었다. 법사학자들은 은전을 위한 청원과 정의를 위한 소원을 구분해왔다. 은전을 위한 청원은 윗사람에게 자비나 도움을 베풀기를 청하는 것을 가리킨다. 정의를 위한 소원은 대개 상대방을 대상으로 한 통상의 법정 절차에서 공식화된 법적 구제나 상소권으로서 법적 구제수단에 초점을 맞춘다.[45] 여기

---

45) Heerma van Voss, *Petitions in Social History*, 15 참조.

에서 조사된 상언과 격쟁을 포함한 소지류에는 자비나 도움을 요청하기 위해 제출된 것들과 법적 배상을 모색하고 정의를 요구한 것들이 모두 포함되는데, 대다수는 후자에 해당한다. 여러 사람이 서명한 등장等狀과 공동의 민원을 다루는 집단 소원은 개인 또는 가족의 문제를 넘어 좀 더 폭넓은 사회문제의 연구와 더 관련이 있는 것으로, 이 연구의 범위를 벗어나는 것들이다.[46]

그렇다면 법적 유형의 소원은 무엇인가? 이것은 무엇을 의미하며, 역사가들은 그러한 소원을 어떻게 읽어야 하는가? 이 연구에 사용된 소원의 출처는 (1) 법적 구제를 위하여 사법당국과 국왕을 설득하는 법적인 글쓰기, (2) 정의를 추구하기 위해 원冤의 감정을 담은 이야기, (3) 친족이나 지역사회와의 부정적 충돌에 관한 개인 또는 가족의 설명이다. 송자의 억울함에 관한 글쓰기와 연설의 특성은 관중의 맥락에서 고려해야 하는데, 그 관중은 임금과 관아였다.

데이비스Natalie Z. Davis는 『기록보관소의 허구Fiction in the Archives』에서 16세기 프랑스에서 감형을 위한 청원의 글을 읽는 통찰력 있는 방법을 제공했다. 데이비스는 문서를 관찰할 때 '허구적' 렌즈를 사용함으로써 이야기를 형성하는 데 '가공'의 역할을 강조하였다. 데이비스에게 '허구적'이라는 것은 '지어낸 요소'를 지칭하는 것이 아니라, 사람들이 서사를 구성하면서 어떻게 이야기를 '만들어내고, 빚어내고, 다져내는지'를 언급하는

---

46) 19세기 초 홍경래의 난에 관해서는 김선주, *Marginality and Subversion in Korea*, "Taxes, the Local Elite, and the Rural Populace"(김선주, 『조선의 변방과 반란, 1812년 홍경래 난』, 푸른역사, 2020); "Fragmented: The *T'ongch'ŏg* Movements"; Karlsson, "The Hong Kyŏngnae Rebellion, 1811-1812"; "Challenging the Dynasty" 참조.

것이다.[47] 허구적 요소를 파악하는 것에 유용한 데이비스의 청원문서를 읽는 접근법에 영감을 받았지만, 그것만으로는 한국 소지의 구술성과 문자성을 이해하기에 충분하지 않다.[48] 서면 및 구술의 소원 모두에 '서사를 기교하는' 요소가 존재하지만, 송자의 서사에서 허구적 요소를 탐구하는 것만으로는 그러한 요소가 다루어지는 방법 또는 과정을 충분히 이해할 수 없다. 이 연구에서는 '허구적' 요소를 읽는 유사한 접근법을 채택하였지만, 또한 언어 관행의 퍼포먼스적 측면을 더 진지하게 고찰하였다.

소원의 퍼포먼스적 측면은 송자의 원寃의 공개적인 물리적 과시뿐만 아니라, 조선에서 소원의 두 방식과 밀접하게 연관되어 있던 구술성과 문자성에서도 명백하게 드러난다. 송자는 구술과 문자를 통해 소원 무대에서 자신의 억울함을 서술했고, 관에서는 송자들의 퍼포먼스, 즉 그들의 소통기법 또는 서술방식으로 관찰하고 평가했다. 원寃을 표현하기 위해 사용된 민의 서사는 관과 민의 계층구조를 정하였고, 관련된 주체들의 법적 정체성을 형성하였다. 예를 들어 송자들은 일반적으로 억울함을 국가에 전달하는 데 겸손한 언어를 사용했다. 반면 관에서는 결정문에서 권위 있는 목소리로 대응했다. 스테이시Robin Stacey는 초기 아일랜드의 맥락에서 구술 기법이 어떻게 자신의 법적 권한을 행사하는 것과 밀접히 관련되었는지를 보여주었다.[49] 마찬가지로 조선에서는 연설과 글쓰기를 통한

---

47) Davis, *Fiction in the Archives*, 1-6.

48) 카라사와Yasuhiko Karasawa는 데이비스의 '서술의 미묘함crafting of narrative'에서도 영감을 받아 중국 청나라 법률문서의 구술성과 문자성의 문제를 탐구하였다. Karasawa, "Between Oral and Written Cultures" 참조.

49) Stacey, *Dark Speech*, 4 참조.

법의 퍼포먼스가 필연적으로 문화의 언어적 관행과 권력의 행사로 연결되었다.

국가에 억울함을 제기할 때 백성들은 서면 또는 구술로 소원을 제출할 수 있었다. 이때 송자들은 관에 호소하는 소지 또는 임금에게 호소하는 상언을 제출하는 경우 법문서의 공식 문자인 한자로 부당함을 서술했다. 그러나 일부 양반 여성들은 자신들이 배운 글자인 한글로 소지를 제출해 공식적인 문자 영역에 도전하였다. 글을 읽지 못하는 여성이나 평민 남성 대다수는 한자로 된 소지 또는 상언을 제출할 때 대서인 또는 외지부外知部의 도움을 받았을 가능성이 높다. 앞서 소개한 말금의 소지 역시 대서인이 초고를 했다고 가정하는 것은 그리 어려운 일이 아니다.[50] 소지를 초고할 때 대서인이 문서를 작성하였다고 하더라도 이것이 현존하는 법문서인 소지 또는 상언에서 본래 송자의 목소리가 결여되어 있음을 의미하는 것은 아니다. 대서인을 고용한 목적은 이야기를 처음부터 만들어내기 위한 것이 아니라, 송자들의 억울함을 분명하게 밝혀서 관을 효과적으로 설득하고 호의를 얻도록 하기 위해서였다. 송자들의 억울함은 처음에 대서인들에게 문자 이전 형태인 구술로 전달되었고, 그 구어체 언어는 대서인들을 통해 다시 문자화되는 과정을 거치면서 소지 또는 상언이 작성되었을 가능성이 높다.[51] 이처럼 조선시대 법문서의 원冤의 서사는 여러 주체에 의해 만들어진 것으로 볼 수 있다.

---

50) 조선시대 국가에서는 대서인에 해당하는 외지부가 소송을 부추긴다고 여겼기 때문에 그들을 억제하였다. 그러나 청나라에서는 대서인의 역할이 훨씬 활발했던 것으로 보인다. Macauley, *Social Power and Legal Culture* 참조.

51) Dudley, "In the Archive, in the Field", 163.

구술 소원에도 비슷한 과정이 있었다고 볼 수 있다. 우선 송자가 격쟁擊錚을 하여 형조에 억울함을 호소하면 그것이 문자화되어 기록되었고 형조에서 국왕에게 보고하였다. 관이나 임금에게 억울함을 전달하기 위해 문자로 억울함을 고조시키는 것이 목적이었던 소지 또는 상언과 달리 구술 소원인들은 관에 억울함을 본인들 목소리로 직접 표현할 수 있었다. 구술 소원은 송자들이 관리들 바로 앞에서 자신들의 원寃을 표현할 수 있다는 이점이 있었지만, 송자들의 호소가 최종 결정단계에 도달하였을 때 형조를 통해 국왕에게 보고된다는 점에서는 어느 정도 본래 목소리가 사라지는 것은 불가피했다. 이것은 관에서 억울함의 요점을 기록하고 나서 그것이 심각한 것인지, 사소한 것인지를 국왕에게 조언했기 때문이다. 그런 보고를 받은 국왕은 송자의 억울함이 가치가 있는지 결정하는 최종결정권을 가졌다. 구술 소원은 문자 이전 형태인 구술 행위로 행해졌지만, 관 당국은 송자들의 경험을 기술하고, 해석하고, 이해함으로써 그들의 억울함을 문자화하는 임무를 받았다.[52] 송자의 구술 행위는 그 구술성에도 불구하고 그것이 문자화되어 기록으로 남겨지는 과정을 거쳤다는 점에서 송자의 억울함이 문서화되었다는 것을 볼 수 있다. 조선의 법문화에서 법의 기록보관소에서 발견되는 서면과 구술 소원은 여러 과정을 수반한다는 점에서 '협업적인, 대화적인, 그리고 공동의 조율적인 작업'이었다.[53] 서면과 구술 소원 모두에서 구술성과 문자성은 두 형태의 소원을

---

52) 저자의 상언격쟁을 포함한 소지류에 관한 읽기는 더들리Dudley의 구술역사 접근법에 영향을 받았다. 한 예로 "In the Archive, in the Field", 162 참조.

53) Dudley, "In the Archive, in the Field", 165.

교차시켰다.[54) 따라서 소지, 상언 또는 격쟁은 '대본화된 퍼포먼스scripted performance'를 통해 원冤의 서사를 구성하는 데 구술성과 문자성을 함께 전개한 담화의 혼합된 장르로 정의할 수 있다.[55)

그렇다면 다른 법률자료에 비해 소원과 관련한 문서, 즉 소지所志의 특수성은 무엇이며, 왜 검토해야 할까? 어떻게 소지가 감정과 정의를 연구하는 데 그토록 가치 있는 자료일 수 있을까? 이전 한국법제사 연구에서는 『심리록審理錄』이나 검안檢案과 같은 형사 관련 기록이 활용되었다.[56) 이것들은 역사의 기록보관소에서는 거의 희미한 평민들의 힘든 삶을 비추는 창을 제공한다는 점에서 소지와 함께 유용한 자료가 된다. 그러나 감정의 역사를 연구할 때, 이러한 다른 자료들은 소지에는 풍부하게 남아 있는 감정적 어조가 부족하다. 피고인과 증인들의 진술은 신문기록을 작성할 때 관에 의해 하나의 서사로 모아졌다. '객관성'이나 '편견 없는' 견해를 유지하기 위해 관에서는 의도적으로 기록 속에서 비인격적 어조를 유지했다.

결과적으로 법정기록의 구조는 '감정이 배제된 건축학적' 양식이었고, 그러한 문서에서 감정을 재발견한다는 것은 매우 어려울 수밖에 없다.[57) 살인사건에서 증언들로 어떠한 감정이 사건에 연루되었는지 추론할 수

---

54) 이러한 주장 속에서 저자는 구술역사가 어떻게 장르로 정의되어왔는지에 영향을 받았다. Chamberlain and Thompson, *Narrative and Genre*, 1–45 참조.

55) 저자는 '대본'에 대한 슈랭크Roger Shrank의 정의를 "잘 알려진 상황을 정의하는 미리 결정되고 틀에 박힌 일련의 행위"를 의미하는 것으로 차용했다(Shrank and Abelsons, *Scripts, Plans, Goals and Understanding*, 41).

56) Shaw, *Legal Norms in a Confucian State*; 심재우, 『조선후기 국가권력』; 김선주·김정원, *Wrongful Deaths*; 김호, "규장각 소장 '검안.'"

57) Smail, *The Consumption of Justice*, 92.

있지만, '서사'를 형성하는 데 기록의 감정적 중립성은 이를 불안정한 시도로 만들어버린다.[58]

이와 대조적으로 소지는 송자의 감정, 특히 그들의 원冤을 더욱 증폭하기 위해 세밀하게 구성되었으며, 몸짓과 어조로 표현된 송자의 신체적·감정적 반응을 기록했다. 더욱이 하나의 단조로운 어조로 된 이야기만을 담은 취조기록이나 범죄기록과 달리 소지는 송자의 성별, 나이, 사회적 신분에 따라 다면적인 이야기를 전달하며, 송자의 다양한 서사적 전략을 구분해볼 수 있다.

이 책에서는 개인적 진술이 풍부한 소원 자료를 효과적으로 활용하기 위해 여성들이 억울함을 표출한 다양한 쟁점과 자기주장을 구성하려고 채용한 서사 전략의 유형에 초점을 맞추었다.[59] 여성들의 원정을 주로 분석하였지만, 여성의 삶을 단절적으로 탐구하는 것은 아니다. 여성이 이 연구의 핵심 행위자이지만, 여성이 속해 있는 남성과 여성의 관계를 포함하며, 제도적 수준을 포함한다는 점에서 남녀를 아우르는 젠더의 역사에 관한 것이다.[60]

---

58) Smail, *The Consumption of Justice*, 92.

59) 여성 소원의 기록 외에도 『경국대전』, 『속대전』, 『대전회통』과 같은 법전을 활용하여 소원제도의 발전을 조사하였다. 또한 『삼봉집』, 『경민편』, 『흠흠신서』, 『목민심서』 같은 자료들을 활용해서 법적 담론을 조사하였다.

60) 영어로 쓰인 조선의 여성에 관해서는 Mattielli, *Virtues in Conflict*; Kendall and Peterson, *Korean Women*; Deuchler, *The Confucian Transformation of Korea*(마르티나 도이힐러, 『한국의 유교화 과정』, 너머북스, 2013) 및 "Propagating Female Virtues in Chosŏn Korea"; Peterson, *Korean Adoption and Inheritance*; 김자현, *The Memoirs of Lady Hyegyŏng*, 1–36, "Versions and Subversions: Patriarchy and Polygamy in Korean Narratives"; "Gender and the Politics of Language in Chosŏn Korea"; Duncan, "The *Naehun* and the Politics of Gender"; 김정원, "Negotiating Virtue"; Kim and Pettid, *Women and Confucianism* 참조.

여성이 제기한 소원은 대부분 친족이나 이웃, 고을 수령과 같은 남성을 상대방으로 한 것이었다. 억울함을 호소한 내용이 기록되어 있는 원정原情을 통하여 몰락한 지식층과 새로운 부유층, 부자인 평민과 가난한 평민, 전 주인과 전 노비 사이와 같은 다양한 집단의 사회적 갈등을 비교해 볼 수 있다. 더욱이 소원할 때 송자의 성별에 더하여 신분을 확인하는 것이 필수였기 때문에 성별과 신분 두 가지는 중요한 구성 주제가 된다.

조선시대 서울과 지방을 포함해 여성의 소원과 관련된 기록은 600건 정도 남아 있으며, 대부분 18세기와 19세기 것들이다. 사건 600여 건 중 약 25%는 군현과 도의 것으로 원형을 유지하고 있으며 개인적 진술이 아주 풍부하다. 이러한 지방에서 제출된 소지류들은 서울대학교 규장각『고문서』와 한국학중앙연구원 장서각에서 찾을 수 있다. 지방의 법정에 제출된 소지류와 달리 국왕에게 제출된 상언과 격쟁에 관한 내용은 주로『조선왕조실록』,『일성록』,『승정원일기』,『비변사등록』,『심리록』 등과 같은 공식문서에 요약되어 기록되어 있다.[61)]

한국어로는 영어의 'petition'을 지칭하는 다양한 법제사 용어가 사용되었다. 첫째, 소지所志라는 용어는 군현이나 도의 법정에 제시된 일반적 소원을 지칭한다. 여기에는 세금 감면, 재가, 구휼, 허가, 면제 등의 요청뿐

---

61) 이 같은 여러 출처 속에서 많은 기록이 중복된다. 예를 들어『심리록』에 기록된 여러 가지 여성 소원은 『일성록』뿐만 아니라 실록에서도 추적할 수 있다. 한상권의 조선후기 소원에 관한 연구에는 정조 시기『일성록』의 기록에 근거한 상세한 통계자료가 있다. 한상권은 양반 여성의 상언격쟁이 108건, 평민 여성의 상언격쟁이 310건이라고 하였는데, 여종의 상언격쟁은 언급하지 않았다. 또한 그의 통계는 다른 시기와 다른 지역 여성의 상언격쟁에 관해서는 자료가 부족하다. 그는 여성이 아닌 남성의 상언격쟁에 초점을 두었기 때문에 여성의 숫자를 제시했을 뿐 더 분석하지는 않았다. 저자의 연구는 그의 자료를 보완할 뿐만 아니라 인구 나머지 절반의 부족한 목소리를 메우는 것이다. 여성의 상언격쟁에 대한 통계는 한상권,『조선후기 사회와 소원제도』, 110–11, 120–21 참조.

만 아니라 법적 구제를 신청하는 소원이 포함된다. 원정原情과 단자單子는 소지의 다른 표현이다. 원정은 군현의 법정에 제출한 소지를 지칭하는 것이었고, 단자는 특히 지배층인 양반들이 제출한 소지를 가리키기 위해 사용되었다. 상급법원으로 기능한 도의 법정에 제출된 소지는 의송議送으로 불렸다. 백성들은 군현 차원에서 자신들의 억울함이 해소되지 않을 경우 도에 호소하였다.

마지막 구제수단이었던 국왕에게 최종적으로 바쳐진 소원은 서면과 구술로 나뉘었는데, 각각 상언上言과 격쟁擊錚이라고 하였다. 이 연구에서는 이러한 다양한 유형 사이의 용어를 영어로 구분하기가 쉽지 않으므로 국왕뿐만 아니라 지방 관아에 제기되었던 억울함을 나타내기 위해 '소원petition'이라는 용어를 폭넓게 사용하면서 각각의 사례를 예시할 때 해당 소원의 특징을 설명하기로 한다.

이처럼 소원에 대한 용어가 다양한 것은 실제로 백성들이 임금에게 호소할 수 있기까지 다양한 단계를 거쳐야 했다는 사실을 반영하는데, 이는 엄청난 노력을 요구했던 것이다. 그러므로 송자들이 국왕에게 접근하는 것은 결코 쉬운 일이 아니었다. 국가에서는 중간 단계의 관사를 우회하고 법적 절차를 따르지 않는 백성을 엄격하게 처벌했다. 여성들이 자신들의 억울함을 표출하려면 길고 힘든 여정을 거쳐야 했다는 것은 주목할 필요가 있다.

관료나 유생들이 정사에 관해 제기한 상소上疏 역시 '소원'으로 볼 수 있지만,[62] 이 연구에는 포함되어 있지 않다. 이 연구가 일반 백성들이 무

---

62) 상소에 대해서는 구정우, "Origins of the Public Sphere and Civil Society" 참조. 서원과 등문에

엇을 요청하거나 법적 해결책을 찾기 위해 제기한 소지와 상언격쟁에 초점을 맞추었기 때문이다. 관료, 특히 고위 관료들은 국왕에게 억울함을 제기할 때 상소로 호소하는 것을 주로 택했다. 소원제도로 억울함의 목소리를 내는 것은 특권층보다는 일반 대중을 위한 것이라고 생각되었기 때문에 상소 형식의 소원은 소원제도로 제출되지는 않았다.

남성과 여성 모두 여러 명이 서명한 집단적 등장을 제출하기도 했다. 예를 들어 여성들은 20세기로 접어들 무렵 공교육을 받을 권리를 요구하기 위해 집단적 소원을 제기하기도 했다. 이 연구에서는 여성의 개인적·가족적 소원에 초점을 맞추었기 때문에 집단적 소원은 여기에 포함하지 않았다. 개인 또는 가족에 관한 소원이나 집단적 소원 모두 국가로 하여금 그 억울함을 들어주게 만드는 동등한 힘이 있었다는 점에서 중요하다. 국가적 관점에서 보면 개인적 혹은 집단적 억울함에서 비롯된 원寃의 감정을 잘 풀어주는 것이 정의를 구현하고 사회의 조화를 유지하는 데 결정적이었다고 할 수 있다.

이 책은 주제별로 나뉘어 있는데, 1장은 원寃의 감정과 사법체계의 연결성에 관한 담론으로 시작한다. 조선에서는 1401년 백성들이 희로애락을 표출할 수 있도록 신문고를 제도화했는데, 백성이 국가의 근본이라는 데 근거한 것이었다. 여성이나 노비와 같이 소외된 백성들도 신문고제도의 도입과 함께 고도로 신분화되고 젠더 구분화된 사회에서 임금에게 직접 소원할 수 있는 길이 열렸다. 국왕에게 바로 원寃의 감정을 드러낼 수 있는 법적 통로를 마련하는 것은 국왕의 정의의 퍼포먼스로 국왕의 정통

---

관해서는 조휘상, "The Community of Letters" 참조.

성을 강화하는 데 매우 중요했다. 자애로운 통치자라는 이미지를 만들고 유교적 성군으로 등극하는 데 필수적이었기 때문이다.

2장에서는 소지와 상언에서 언어적 관행이 어떻게 표현되었는지 조사하고, 지방과 서울 단계에서 제출된 소지와 상언이 갖는 구술성과 문자성의 의미를 살펴본다. 여성들의 글쓰기는 저속한 문장으로 여겨졌던 한글을 이전의 한자가 지배하던 공적인 글쓰기 영역에 등장시켰다. 여성들은 한자와 한글로 소지와 상언을 제출함에 따라 두 문자를 연결하는 매개체가 되어 공적인 글쓰기 영역에 이중언어의 문화를 반영할 수 있게 되었다.

3장에서는 계속 언어적 관행에 초점을 맞추면서 군현과 도 단계에서 개인의 다양한 억울함을 호소할 때 사용된 내러티브 전략을 검토한다. 여성과 남성 모두 신분과 상관없이 원冤을 풀기 위해 노력했지만, 소지 속에 서사된 원冤은 젠더 규범의 문화적 관행에 맞추어져 그 서사적 비유가 있었기 때문에 젠더화된 것으로 본다. 원冤의 내러티브를 구성하는 데 신분보다는 젠더가 훨씬 더 중요한 역할을 했다. 여성은 자기 사례를 제시할 때 연약하고 종속적인 대상으로서 연민의 내러티브를 활용해 체현된 고통을 강조했다. 이러한 내러티브는 여성이 남성보다 더 깊은 원冤을 보여줄 수 있게 했고, 법정에 들어가기 위한 논거를 강화했다.

개인적인 억울함을 해결하는 것 외에도 가족구성원들을 대신해 소원하는 것은 특히 조선후기 법적 관행의 두드러진 특징 중 하나다. 4장에서는 소원에서 어떻게 개인의 억울함뿐만 아니라 가족의 억울함까지 포함하게 되었는지 살펴봄으로써 가족을 대신하는 여성의 소원에 초점을 맞추었다. 15세기 초에 신문고가 처음으로 제도화되었을 때는 송자들이 자신에게만 국한된 문제를 제기하도록 제한했다. 하지만 사회가 유교화되면서 사람들은 자기 가족을 대신하여 적극적으로 소원을 하기 시작했다. 18세기 초에는 아버지, 남편, 형 그리고 주인을 대신하여 아들, 아내, 동생, 노비가 원冤을 대리하는 것을 법적으로 허용하게 되었다. 4장에서는 서울 단계에서 가족의 억울함에 관한 소원의 관행, 특히 남편을 대신하는 아내의 소원에 초점을 맞추어 원冤의 감정이 어떻게 가족구성원 사이에 공유되었는지 그리고 효, 정절과 같은 가정 내에서의 가치가 어떻게 법적 공간에서 표출되었는지를 살펴본다.

마지막으로 5장에서는 가족구성원의 부당한 죽음에 관한 소원에 초점을 맞춘다. 이 장에서는 조선후기의 '평민을 노비로 부리는 것'과 '부당한 고을 수령에 대한 고소'라는 두 가지 주요 부정의를 검토해 법정에서 어떤 억울함이 제기될 수 있었는지 규명하면서 국가와 사회 사이에서 소원이 어떻게 성사되었는지를 살펴본다. 소원의 방식과 부당함의 의미는 조선 전 시기에 걸쳐 사람들이 국가에 제기한 다채로운 문제로 구체화되었다. 이 장에서 특별히 논의한 두 가지 법은 이전 시기 소원의 결과로 18세기 초에 일어났던 변화를 나타낸다.

두 가지 부정의에 관한 원冤의 내러티브를 살펴보면, 송자들은 살해된 그들의 가족과 함께 나눈 고통의 감정을 강조한 것을 볼 수 있다. 송자들은 소원의 장점을 증폭하기 위해 피해자 안에서 전형화된 고통에 더하여 그들 자신이 대신해서 겪었던 고통을 묘사했다. 그들은 사망한 가족을 대신해 '언어의 창안자'가 되어 가족구성원의 고통스러운 현실을 관에 전달했다. 법정에서 고통과 슬픔의 과시는 그러한 감정을 바로잡기 위한 근거로 정량화될 수 있는 조건으로 변화시켰다.

●

# 1장

## 유교국가, 법 그리고 감정

사람에게는 모두 차마 하지 못하는 마음이 있다. … 옳음과 그름의 마음이 없으면 사람이라고 할 수 없다(人皆有不忍人之心 … 無是非之心 非人也).

—『맹자孟子』

희로애락이 드러나지 않음을 중中이라고 하고, 드러나도 모두 마디에 들어맞음을 화和라고 한다. 중中이라는 것은 하늘과 땅의 큰 뿌리요, 화和라는 것은 하늘과 땅이 이르는 길이다(喜怒哀樂之未發 謂之中, 發而皆中節 謂之和. 中也者 天下之大本也, 和也者 天下之達 道也).

—『중용中庸』

성리학 이념을 바탕으로 건국된 조선은 중용의 구절과 같이 법적 분쟁 없이 사회적 균형을 이루는 이상적인 사회를 지향했다. 그러나 조선 법사의 기록을 보면 형사소송뿐만 아니라 토지, 노비, 채무, 상속, 묘지, 입양 등에 대한 민사소송과 상소가 난무했다. 이러한 소송들을 조사하면서 일부 학자들은 조선시대에 널리 퍼져 있던 민사소송과 상소가 당시 사람들의 법의식의 성장을 입증하는 것이라고 주장해왔다.[1]

이에 반해 소송을 제기하고 상소하는 것을 법의식 발달과 동일시하는 것은 잘못이라는 반론 역시 있어왔다.[2] 여기에서 법의식이 전근대 한국의 맥락에서 충분하게 정의되지 못하였으며, 조선의 법에 내재된 '권리'의 근대적 개념을 찾는 데 단순히 이용되었을 뿐이라는 지적을 할 수 있다. 법의식을 사적 권리를 주장하는 현대적인 의미로 정의할 때, 19세기 후반까지 한국에는 그것이 존재하지 않았다는 것이 명백하다.

한국의 법사를 연구할 때는 서구와 비교하는 것을 넘어설 필요가 있다. 현대 서구의 개념들을 조선에 곧바로 적용하는 방법론적 결함 또한 피해야만 한다. 조선에서 '권리'와 연관될 수 있는 민법이나 사법私法의 서구적 개념을 찾는 것을 목적으로 하게 되면, 성리학이 지배한 조선 사회의 사법 관행을 잘못 이해하게 된다. 조선의 법을 연구할 때 서구법을 기준으로 삼아서는 안 되는 이유는 단지 무의미한 논쟁만 불러일으키기 때문이다. 이보다는 고유의 법적 관행 속 근원적인 논리를 조사하는 것이 더 생산적일 것이다.

신분의 구분을 중시하는 엄격한 계층적 사회 내에서 신분이 서로 다른 소송당사자들을 법정에 기대도록 만든 이면에는 어떠한 동인이 있었는가? 좀 더 구체적으로는 신분이 낮은 백성들이 양반을 상대로 소송을 제기함으로써 양반에게 도전하도록 만든 동기는 무엇이었고, 법의 영역에

---

1) 임상혁, 『조선전기 민사소송』; 조윤선, 『조선후기 소송연구』.

2) Shaw, *Legal Norms in a Confucian State*, 85~92; Marie S. Kim, *Law and Custom*, 33.

서 서로 다른 신분의 상호작용을 가능하게 한 기제는 무엇이었는가? 소송과 소원 이용의 증가가 대중의 심각한 도덕적 쇠퇴의 신호로 인식되었음에도 사람들은 왜 친척, 이웃, 때로는 고을 수령을 상대로 소송을 제기하기 위해 계속 법정으로 향하였을까? 어찌하여 그러한 관행은 왕조 전체에 걸쳐 지속되었고, 심지어 만연하였을까?

조선과 같은 계층적 사회에서 법적 조치에 의존하는 것은 일반인들이 자신의 이익과 보호를 구할 수 있는 마지막 수단이었다. 국가에 소원하는 것은 '권리' 의식이 아니라 송자가 느낀 부당함에 근거한 것이었다.[3] 그렇다면 법사 이용자들은 어떤 상황에서 부당함을 느꼈으며, 언제 사법제도에 의지했는가? 중국에서는 공식적인 법원의 판결을 구하기에 앞서 비공식적인 조정으로 분쟁을 해결하는 관행이 '제3의 사법영역'에서 활발했던 것으로 보인다.[4] 한국에서는 비록 양반들이 주도한 고을 단위의 향약이 유사한 기능을 했지만, 개인 사이의 분쟁을 중재하는 비공식적 사법제도로 중요한 역할을 하지는 못했다.[5] 또한 순전히 개인의 억울함에 대해 소원하는 것은 향약 규범에서 제외되었기 때문에 송자들이 공식적인 사법제도에 의존하는 것이 예상되었다.[6] 1401년에 신문고가 설치된 이후 사람들은 종종 중간단계의 법사를 우회하였을 뿐만 아니라 심지어는 임금에게 바로 달려갔는데, 그가 최종적인 사법중재자로 인식되었기 때

---

3) Shaw, *Legal Norms in a Confucian State*, 91–2.

4) Huang, *Civil Justice in China*.

5) 향약에 관해서는 Tadao, "Yi Yulgok and the Community Compact"; Palais, *Confucian Statecraft*, 705–61(제임스 팔레, 『유교적 경세론과 조선의 제도들』, 산처럼, 2008); Deuchler, "The Practice of Confucianism"; 정진영, 『조선시대 향촌사회사』.

6) Ch'oe, Lee, and de Bary, *Sources of Korean Tradition*, 2:151.

문이다.

한국의 관습법을 조사해보면 서양에서 행해진 것과 같은 관습법이 조
선에는 존재하지 않았다는 견해가 있다. 또한 개인 간 분쟁을 규제하는
사법私法의 부재는 소송사건 해결에서 국가의 관심이 부족했음을 의미하
는 것으로 본다. 관이 관심을 보였다면 사회 도덕성에 위배되는 사건들
을 다룰 때만 그러했다는 것이다. 중국처럼 한국에서도 법은 개인 간의
분쟁을 해결하는 수단이 아니라 행정권과 공공질서의 도구로 존재했다.
사법의 부재는 조선의 법제가 사인私人들 사이의 분쟁을 해결하기 위해
작동하지 않았다는 것을 보여준다. 형조의 기능은 정의를 구현하는 것
이 아니라 질서를 관리하는 것이었다. 이 견해에 따르면 동아시아의 법
제도가 '공정성'을 보장하는 데 관심을 둔 것은 맞지만, 사회적 조화와 질
서를 실현하는 데 그쳤으며 국왕의 정의 관념은 대체로 결여되어 있었다
고 본다.[7]

그렇지만 서구와 같은 민법이나 사법私法이 없다는 것이 조선이라는
국가가 개인 간의 분쟁을 해결하고 사적 관계에서 정의를 실현하는 데
관심이 없었다는 것을 의미하는 것으로 볼 수 있는가? 국법의 비판적 측
면이 사회적 화합과 공공질서를 유지하는 것이었음은 의심할 여지가 없
다. 그러나 이것들은 국가가 개인들 사이에서 발생한 분쟁에 개입하고 이
를 해결할 때만 유지될 수 있다. 조선의 많은 사례는 국가가 사법상 분쟁
을 해결하는 데 관심을 두었다는 것을 보여주었는데, 국가의 근본 의무가
민사·형사소송에서 비롯된 원冤을 풀어주는 것이었기 때문이다. 서구식

---

7) Marie S. Kim, *Law and Custom in Korea*, 24–29.

'사법私法'이 없었다는 것이 조선 사법체계의 메커니즘이 정의가 아닌 공공질서를 집행했을 뿐이라는 것으로 이해될 수는 없다.

예를 들어 청나라에서 재산권을 취급할 때 '소유권'의 의미를 특정하는 법은 존재하지 않았다. 재산 소유와 관련된 청나라 법은 타인의 재산을 침해한 자들에 대한 처벌에 초점을 맞추었기 때문에 국가가 '사회질서'를 집행하는 데만 관심을 가졌다고 볼 수도 있다. 그러나 고소인들이 재산의 보호를 도모하기 위해 보편적으로 사법제도에 의존한 사실은 법의 의도와 관계없이 '그 실질적 결과는 재산권을 보호하기 위한 것'이었음을 암시한다.[8]

조선에도 민사소송과 관련된 법률이 있었지만 중국의 경우처럼 국가의 주요 관심사는 형벌에 있었고, 민법은 형법만큼 세세하게 규정되어 있지 않았다. 조선 법전에 이러한 약점이 있는데도 백성들이 소송을 제기하기 위해 사법제도에 크게 의존했다는 사실은 그들의 이익을 보호하는 '실제적인 결과'가 있었음을 보여준다. 최근 조선의 소송에 관한 공동연구에 따르면 소송이 1400년에는 666건, 1414년에는 1만 2,797건이 있었음이 『조선왕조실록』에서 확인된다. 15세기와 16세기 인구가 600만 명에서 700만 명이었다는 점을 고려하면 소송 건수가 현저히 많았음을 알 수 있다.[9] 여기에서 국가가 법적 분쟁이 없는 이상적인 사회를 구상했는데도 소송이 그렇게 많았는지를 설명할 필요가 있다.

---

8) Huang, *Civil Justice in China*, 15. 재산권에 관한 문제는 Buoye, *Manslaughter, Markets, and Moral Economy*; Bernhardt, *Women and Property in China*; Zelin, Ocko, and Gardella, *Contract and Property in Early Modern China* 역시 참조.

9) 한국고문서학회, 『조선의 일상 법정에 서다』, 36.

사법부가 행정기구에서 독립하지 못했던 조선에서는 중앙정부가 공공질서뿐만 아니라 사법정의 실현에도 신경 써야 했다.[10] 이 둘은 배타적으로 작용하기보다는 상호 구성적으로 역할을 했다. 구체적으로 사법당국은 신분질서를 유지하기 위해 힘쓰면서도 모든 백성이 원寃을 풀 수 있도록 그들에게 소송을 제기할 권한을 부여했다. 그러나 일반 백성이 지방 수령에 대해 소송을 제기하면 중앙정부에서는 그것을 현 질서에 대한 도전으로 보았던 것처럼, 국가는 양자 사이에 존재하는 긴장감을 극복하기 위해 애썼다. 조선시대 내내 국가는 신분질서를 유지하는 것이 백성의 원寃을 풀어주는 것보다 먼저여야 하는가, 아니면 그 반대여야 하는가의 문제를 놓고 고심했다.

최종 상소법원으로 기능하던 군주에게 직접 고충을 호소할 수 있는 법적 통로를 만드는 것은 군주의 사법수행으로 정통성을 강화하는 데 결정적이었다. 자비로운 통치자의 이미지를 구축하고 유교적 성군을 만드는데 필수적 역할을 한 것이다. 천명의 정통성은 백성들의 목소리에 귀를 기울이는 것이었다. 국가의 '공정성'에 대한 시야에는 모든 신분의 백성에게 법적 구제를 추구할 권한을 부여하는 것이 포함되었다.

1392년 조선왕조가 수립된 직후 사헌부에서 태조(재위 1392~1398)에게 상소하기를, "첫째는 기강紀綱을 세우는 일입니다. 나라를 잘 다스리는 사람은 그 편안함과 위태한 것은 보지 않고 기강이 서지 않은 것을 걱정하는 것입니다"라고 하였다.[11] 사법에서 국가의 최대 관심사는 민형사 재판

---

10) 사법제도가 행정기구와 유사하게 통합되어 이루어진 도쿠가와 일본의 사례에서 옴스Herman Ooms는 질서와 정의의 공존을 논했다. *Tokugawa Village Practice*, 312-49.

11) 『태조실록』 1(1/7/20). 영문번역은 Lee, de Bary, Ch'oe, and Kang, *Sources of Korean Tradition*,

에서 오판,[12] 소송의 지연,[13] 평민과 천민 사이의 미결 소송,[14] 이전 주인과 노비 사이의 분쟁,[15] 수령의 형벌 남용[16] 등과 같은 것이었다. 신분 구분에 바탕을 둔 사회 조화와 질서 유지를 위해서는 국가가 개인, 특히 신분이 다른 개인 사이의 분쟁을 방치하지 않는 것이 중요했다. 이러한 분쟁을 처리하면서 국가는 신분제도를 위반한 자들을 감시할 수 있었고, 이는 신분제도와 도덕 관습의 강화로 이어졌다.

조선에서 정의는 당연히 평등한 권리나 공평한 배분이라는 현대적 관념에 관한 것이 아니었다. 사회적 신분에 따라 공정하게 처벌해서 부정의를 바로잡는 교정적 정의에 관한 것이었다. 더 구체적으로 말하면 정의는 원寃과 관련이 깊었다. 조선에서 정의는 백성들이 민형사와 관련된 소송을 제기해 자신들의 원寃, 즉 억울함을 표현하고 국가는 공정하게 판결해 그들의 원寃을 풀어줌으로써 실현되는 것이었다. 정의는 잘못된 것을 바로잡는 것뿐만 아니라 원寃을 풀어 감정적 만족을 추구하는 것이었다.[17] 백성의 원寃을 잘 풀어주는 것은 폭넓은 우주적 질서를 유지하는 것과 밀접하게 연관되어 있었기 때문에 국가의 통치에서 필수적이었다.

조선에서 국가가 모든 백성에게 젠더나 신분에 관계없이 법적 능력을 부여한 것은 '민본民本'을 강조하는 유교정치의 관점에서 설명되는 경우

---

1:274.

12) 『태조실록』 18(9/7/19).

13) 『태조실록』 18(9/7/19).

14) 『태조실록』 11(6/3/20).

15) 『태조실록』 28(14/8/13).

16) 『세종실록』 7(2/윤1/29).

17) Smail, *The Consumption of Justice*, 1–28.

가 많다.[18] 조선이 종주국인 중국보다 더 엄격하게 성리학적 이념에 충실한 경우이지만, 조선의 여성들이 남성 대리인을 고용해야 했던 중국의 여성과 달리 직접 법정에 들어가는 것까지 어떻게 허락되었는지, 그와 같은 질문은 여전히 살펴볼 필요가 있다. 민본의 유교정치 철학은 확실히 백성을 다스리는 지도적 원칙이었다. 그러나 조선의 사법관행을 더 잘 이해하기 위해서는 백성에게 젠더나 신분에 관계없이 그러한 권한을 부여했던 이면의 국가 역할과 논리를 인식하는 것이 필수적이다. 백성은 국가에 소원을 하고 국가에서는 원寃이 잘 풀어지도록 힘쓰는 것이 법적 관행의 근본적 측면이었지만, 이는 또한 자비로운 통치자, 유교적 성군의 이미지를 강화하는 역할도 했다.

## 국왕의 정의와 원寃의 정치화

서양의 근대적 법체계가 동아시아로 계수되기 이전 한국, 중국, 일본의 사법체계는 입법·사법·행정의 권력분립이 없는 구조를 공유했다. 사법의 영역은 행정관이 법관으로도 기능해야 하는 행정기구의 필수적인 부분이었다. 서양의 법제도와 두드러진 두 가지 차이점은 변호사나 공증인과 같은 법 전문인력이 부족하고 민형사소송에 뚜렷한 구분이 없다는 것이었다. 조선시대에는 민사소송과 형사소송을 구분하는 사송詞訟과 옥

---

18) 소원을 주요 또는 부차의 법적 통로로 다루는 대부분 학문적 연구는 맹자 사상에서 유래한, 백성을 국가의 근본으로 대우하는 유교정치를 강조한다. 한우근, 「신문고의 설치」; 박병호, 「근세의 법」; 한상권, 「조선후기 사회와 소원제도」; 이태진, 「조선시대 '민본' 의식」 참조.

송옥獄訟이라는 용어가 있었지만, 민사소송은 처벌을 수반한다는 점에서 형사사건과 병합되었고, 법 적용도 형벌사건과 별반 다르지 않았다. 조선에서 사용된 '사송詞訟'은 문서로 제기된 소송을 뜻한다. 민사의 경우 토지나 노비의 소유권을 증명하는 서류를 보존해서 증거로 제출하는 것이 지극히 중요했다. 서류 증거자료가 없으면 소송에서 승소할 가능성이 거의 없었다.[19]

　조선시대 민형사의 법적 분쟁을 다루는 중앙기관은 크게 네 개 사법기관으로 나뉘었다. 사헌부는 3대 감찰기관 중 하나였지만 소송사건에서도 관할권을 가지고 있었다. 의금부는 신하의 반역죄나 불경죄와 같은 정치적 사건에 대해 왕명이 있을 때만 심리하는 특별기관이었다. 한성부는 서울에서 벌어지는 여러 사건에 관할권을 가지고 있었으며, 토지소송과 산송 같은 사건을 담당하였다.[20] 형조는 민사사건과 형사사건 양자에 관할권을 가지고 있었고, 모든 사죄死罪 사건을 관할했다.[21] 태조는 즉위교서에서 "형조는 형법刑法·청송聽訟·국힐鞫詰을 관장하고, 순군巡軍은 순작巡綽·포도捕盜·금란禁亂을 관장할 것이다"라고 하였다.[22]

　국왕이 임명한 팔도의 관찰사는 지방의 법적 사건에 관할권을 가지고

---

19) 조선시대 민사소송에서 승소하기 위해 서류를 위조하는 일이 드물지 않았다. 임상혁, 「1583년 김협·고경기 소송」 참조.

20) 특히 조선후기의 대표적 소송 세 가지는 토지송, 노비송, 산송이었다. 산송은 경제적 이익, 효도, 풍수지리 등의 여러 이유로 불법매장인 투장을 흔히 수반했던 산지나 묘지의 이용에 관한 것이었다. 산송에 관한 상세한 내용은 3장 참조.

21) 상세한 내용은 Shaw, *Legal Norms in a Confucian State*, 43–69; 서일교, 『조선왕조 형사제도의 연구』; 심재우, 『조선후기 국가권력』; 도면회, 「1894–1905년 형사재판제도 연구」; 박병호, 『근세의 법』, 329–92 참조.

22) 『태조실록』 1(1/7/28). 영문번역은 Lee, de Bary, Ch'oe, and Kang, *Sources of Korean Tradition*, 1:274.

있었고, 도형徒刑 이하의 범죄에는 최종 판결권이 있었다. 중앙정부는 행정의 말단인 각 현까지 수령을 임명했고, 수령은 관할 지역의 모든 공무에 대해 관할권을 행사했다.[23) 중앙정부는 수령을 지방에 임명하는 것에 관해 '공명정대하고, 강직하고, 능력 있는' 자를 뽑는 데 고심했다.[24) 그들은 임기 30개월을 채운 뒤 근무성적이 우수하면 승진했지만, 기대에 못 미쳤으면 그에 따른 책임을 져야만 했다.[25)

　상소제도나 관행이 언제 한국사에 처음 등장했는지는 분명치 않지만, 현존하는 자료들은 고려왕조에서도 이미 상소가 행해졌음을 보여준다.[26) 조선왕조에서는 하급법정에서 잘못이 시정되지 않았을 때 모든 백성에게 국왕에 대한 상소권을 부여했기 때문에 사법 사상과 관행이 중대한 변화를 겪었다. 백성들은 재산분쟁에서 명예회복에 이르기까지 상상할 수 있는 모든 문제에 대해 자신들의 이해와 관련한 목소리를 내려고 서울로 향했다. 성리학의 조선 사회에서는 통치자가 백성들의 고충이나 원한을 풀지 못하면 결국 그러한 방기가 사회에 무질서를 초래하는 것으로 여겨졌다. 그러므로 국왕은 송자들의 목소리에 주의를 기울였고, 그것은 동시

---

23) Shaw, *Legal Norms in a Confucian State*, 46.

24) 조선왕조는 지방을 8개 도로 나누었는데 이는 다시 부, 대도호부, 목, 도호부, 군, 현 지역으로 나뉘었다. 이러한 지방단위에 수령과 그들의 품계를 중앙정부에서 정했다. 각 지역은 면이나 방으로 세분되고, 리로 구성되었다. 지방행정의 구분에 관한 상세한 내용은 김선주·김정원, *Wrongful Deaths*, 10–12 참조.

25) 『태조실록』 1(1/7/28).

26) 『고려사』에서는 "소송하는 부인들 중 용모가 아름다우면 신돈이 겉으로 불쌍히 여기는 척하면서 자기 집으로 유인하여 간음하고, 송사는 반드시 그 뜻을 들어주었다. 이로부터 여인들의 청탁이 성행하자 선비들이 이를 갈았다"라고 하였다. 『고려사』 132:3a–7a, 영문번역은 Lee, de Bary, Ch'oe, and Kang, *Sources of Korean Tradition*, 1:208에서 인용. 고려의 정소 활동은 박재우, 「고려후기 소지」 참조.

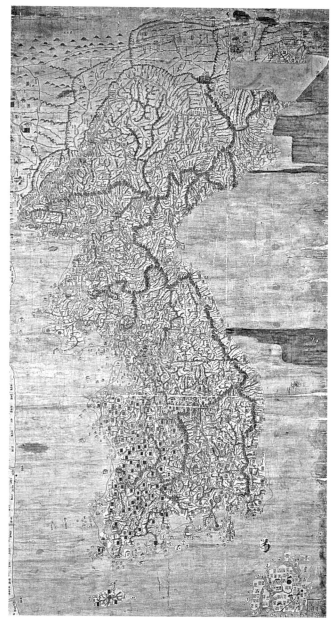

「동국대지도東國大地圖」, 국립중앙박물관

군수착입죄인어관정郡守捉入罪人於官庭. 조선총독부법무국행형과, 『사법제도연혁도보司法制度沿革圖譜』, 서울 대학교 중앙도서관

에 법이나 사회규범을 위반하는 자들에 대한 단속으로 이어져 사회의 평온과 화합을 유지하는 통치자의 권한을 강화했다.

한국은 조선왕조 이전부터 중국법의 영향을 받았지만, 국가가 명나라의 『대명률』을 형법으로 채택하고 왕조 전체에 적용한 것은 조선시대였다. 조선의 첫 번째 종합법전인 『경국대전』에서는 형사사건에 『대명률』을 적용해야 한다고 명시하였다. 이후 조선의 법전은 지속적으로 개정절차를 거쳤고, 수많은 하위법령이 축적되었다. 이러한 변화들은 18세기에 절정에 달하여 마침내는 영조 시기(재위 1724~1776)인 1744년 『경국대전』 원조문에 새로운 조문을 보충으로 하는 형식으로『속대전』을 편찬했다. 두 번째 종합법전인『속대전』에서는 형사사건에 두 대전의 조문이『대명률』보다 우선하여 적용된다고 규정하였다.[27] 더 완성된 법전을 만들기 위해 정조(재위 1776~1800)는 1785년 이전의 주요 법조문을 모두 한 법전에 묶은 『대전통편大典通編』을 공포하였다. 중국의 법조문과 법체계의 적지 않은 영향에도 조선 조정은 공명정대한 사회의 이상을 바탕으로 고유의 관습과 신분제도에 맞는 사법을 구상해갔다.

중국 소원제도의 영향을 받은 조선에서는 태종 시기인 1401년 신문고 申聞鼓를 설치하였다. 군주의 권위는 백성들의 목소리를 듣는 데 달려 있다는 유교적 시각을 바탕에 둔 것이었다.[28] 고려왕조에서도 백성들이 관에 소원하고 상소할 수 있었지만, 국왕에게 직접 의견을 전달할 법적 통로가 마련된 것은 조선왕조 개국 후 9년이 지나서였다. 신문고는 대궐 밖에 설치되어 군현이나 도, 서울의 법정에서 시정되지 않은 억울함을 바로잡을 기회를 백성들에게 제공했다. 신문고 체계는 백성 각자의 목소리가 권력구조의 정점에 도달할 수 있도록 해주었다.

태종은 신문고를 설치하기 전에 하륜河崙(1347~1416) 등 다른 신료들과 소원하는 북을 제도화하는 것에 협의한 바 있다. 하륜은 국왕에게 상소할 수 있는 법적 통로를 설치하면 하위법정의 수령들이 자신들 고을의 백성이 송사를 국왕에게 직접 아뢰는 것을 피하려 공정한 재판을 행할 것이라

---

27) 『경국대전』과 달리『속대전』에서는 형전 시작 부분에『대명률』에 우선하여 대전의 조문이 적용됨을 명시하였다.『대명률』적용에서 이러한 변화는 2세기 이상에 걸쳐 한국 법전이 어떻게 발전해왔는지를 보여주는 것이다.

28) 유교적 성인 군주에 관한 논의는 김자현, *The Confucian Kingship in Korea*, 29–82 참조(김자현, 『왕이라는 유산』, 너머북스, 2017).

고 하였다. 태종은 하륜의 제안을 참작하여 1401년 신문고 설치를 명하고 관련 법령을 공포하였다.[29)]

이어 태종은 1402년 정월 신문고에 관한 교서를 내리고 세 가지 주요 목표를 선포했다. 첫째는 사람들이 정치에 대해 자유롭게 의견을 표명할 수 있도록 하여 그것이 새겨들을 만한 것이라면 군주가 그 목소리를 받아들이도록 하는 것이다. 둘째는 부당한 일을 겪은 사람들의 억울함을 바로잡도록 하는 것이다. 셋째는 반역이나 반란을 일으키려는 은밀한 계획에 대해 국가에 신고하도록 독려하는 것이다. 교지 내용은 다음과 같다.

> 내 부덕한 사람으로 대통[大統]을 이어받았으니, 밤낮으로 두려워하면서 태평에 이르기를 기약하여 쉴 겨를도 없었다. 그러나 이목이 샅샅이 미치지 못하여 미처 살피지 못한 바가 있지는 않을까 두려워하여 이제 옛 법을 상고해서 신문고를 설치한다. 온갖 정치의 득실과 민생의 휴척을 아뢰고자 하는 자는 의정부에 글을 올려도 위에 아뢰지 않는 경우 즉시 와서 북을 치라. 말이 쓸 만하면 바로 채택하여 받아들이고, 비록 말이 맞지 않는다 하더라도 또한 용서해주리라. 대체로 억울함을 펴지 못하여 호소하고자 하는 사람으로, 서울 안에서는 주무관청에, 외방에서는 수령·감사에게 글을 올리되, 따져 다스리지 아니하면 사헌부에 올리고, 사헌부에서도 따져 다스리지 아니한다면 바로 와서 북을 치라. 원통함과 억울함이 명확하게 밝혀질 것이다. 상항의 관사에서 따져 다스리지 아니한 자는 율에 따라 죄를 줄 것이요, 월소越訴한 자도 또한 율에 따라 논죄할 것이다. 혹시 반역을 은밀히 도모하여 사직을 위

---

29) 『태종실록』 2(1/11/16).

태롭게 하거나, 종친과 훈구를 모해하여 환란의 계제를 만드는 자가 있다면 여러 사람이 직접 와서 북치는 것을 허용한다.[30]

이 교지는 이후 첫 번째 종합법전인 『경국대전』의 '소원訴冤'조에 규정되었다.[31]

신문고에 관한 연구에서 한우근은 수도권에 거주하는 지배층 가문에서 국정과 그들 자신의 경제문제를 다루기 위해 신문고제도를 전용했기 때문에 그것이 백성 일반에게 채택되는 데는 실패하였다고 결론 내렸다.[32] 신문고가 왕조 후기에 비해 초기 단계에는 그 이용이 제한적이었음은 의심할 여지가 없다. 그러나 시행 초기에도 평민들이 신문고 사용에서 완전히 배제된 것은 아니었다는 기록이 있다. 예를 들어 1409년 고려왕조 마지막 몇 년 동안 노비 신분으로 강등되었던 오금록吳金祿이라는 자가 자신과 가족의 평민 지위를 회복해달라고 사헌부에 소원했다.[33] 오금록은 사헌부 관원 유박과 김익정이 소원을 수리하지 않자 신문고를 쳐서 국왕에게 억울함을 호소하였다. 오금록의 소원이 전해지자 태종은 소원을 물리쳤다는 이유로 유박을 유배 보내고, 김익정을 파직했다.[34]

30) 『태종실록』 3(2/1/26).

31) 『경국대전』은 조선왕조의 첫 번째 종합법전으로 성종 시기(재위 1469~1494)에 편찬되었다. '소원'조에 따르면 소원은 본인이 직접 제출해야 하고, 자신에 관한 것이어야 한다. 또한 소원은 해당 지방 및 해당 중앙관사를 거친 다음 임금에게 제출되어야 한다. 『경국대전』, 473-74 참조.

32) 한우근, 「신문고의 설치」.

33) 고려의 천민에 관한 논의는 Shultz, *Generals and Scholars*, 110-30 참조.

34) 『태종실록』 17(9/윤4/18). 사간원에서는 사헌부 지평 유박과 장령 김익정이 소원을 제대로 처리하지 않았으므로 처벌받아야 한다고 상언하였다. 사간원에서는 사헌부는 눈과 귀가 되는 관사로, 모든 민간의 억울한 일을 공평한 마음으로 듣고 살펴서 옳고 그른 것을 분별하여 임금에게 아뢰는 것이 그

1428년에는 여종 자재自在가 광화문에 있는 종을 쳐서 고충을 호소하였다. 승정원 관원이 자재에게 왜 북 대신 종을 쳤느냐고 묻자, 그녀는 의금부 당직원이 신문고를 치는 것을 금했기 때문이라고 답하였다. 그녀의 진술이 확인되자 세종은 의금부 관원 김중성과 유미를 파직했다. 세종이 이르기를, "신문고를 설치한 것은 사람들이 마음대로 칠 수 있게 하여 아래 백성들의 사정이 위로 통할 수 있게 하려는 것이다. 무슨 까닭에서 금하였는가? … 이와 같이 금지를 당한 사람이 반드시 여럿 있을 것이니, 해당 의금부의 당직원을 사헌부에 내려 국문하게 하라"라고 하였다.[35]

신문고를 설치한 지 약 50년 후 세조(재위 1455~1468)는 형조에 전지하기를, "요즘 어리석은 백성들이 가전駕前에 함부로 호소해오는 것이 많다. 구제에 억울한 일을 펴지 못한 자는 신문고를 쳐서 스스로 호소하는 일은 허용하되, 다른 곳에서 호소하는 것은 금지하라. 지금부터 가전에 돌입한 자에게는 소원한 바를 묻지 말라"라고 하였다.[36] 세조의 명령은 일찍이 15세기 중반부터 평민들이 어가 행렬 동안 소원하는 북을 치려고 했다는 것을 암시한다.

국왕에게 접근하기 위한 법적 통로는 광범위한 백성들에게 공공의 무대로 빠르게 채택되었다. 송자들은 고충을 호소함으로써 국왕의 정의를 구하고 원冤의 감정을 표출할 수 있었다. 법체계가 왕실이나 공동체의 권위를 위해 기능했음에도 또한 백성들에게 고충을 공표하고 바로잡는 수

---

직책이라고 하였다. 유박과 김익정은 오금록의 소원을 부당하게 물리쳐 그가 신문고를 쳐서 하소연을 하게까지 만들었으므로, 그 직무에 충실하지 못한 죄를 받아야 했다.

35) 『세종실록』 40(10/5/24).

36) 『세조실록』 2(1/8/7).

단을 제공했다. 소원제도로 당국과 송자들 사이에 끊임없이 상호작용을 했다. 송자들은 정의를 구하기 위해 소원을 제기하면서 당국과 문서나 구두로 대화를 나누었고, 당국은 승인과 논평으로 송자들의 호소에 응했다. 개인이 아닌 단체로도 지방뿐 아니라 중앙정부 차원에서 교섭할 수 있었는데, 여기에는 각종 정치·사회·경제적 이해관계가 얽혀 있었고 협상도 이루어졌다. 국가와 송자들의 대화는 관련 당사자들에게 다층적 의미를 부여하는 중요한 사회적 접소를 만들어냈다.

백성들이 계속해서 원寃의 감정을 속으로 삭이게만 하면 의례적인 부도덕을 일으켜 사회적·법적·우주적 조화를 붕괴시키고, 결국 평형을 파괴할 것이라는 사상이 존재했다. 법적 정의는 도덕적이고 장대한 우주를 가로지르는 실체인 유동성으로 여겨졌다. 한국과 중국의 법 전통에서 법은 사회적·규범적 질서뿐만 아니라 더 광활한 우주적 질서를 유지하기 위해서 불가결한 부분이었다. 명나라 초기『대명률』을 만들 때 천리天理와 인정人情을 두 기둥으로 두었는데, 이 둘은 중국의 법률적 우주론을 이해하는 데 중심이라고 할 수 있다.[37] 조선에서도 중국에서처럼 천리와 인정의 개념은 법에 깊이 심어져 있었다. 이 두 개념은 '인간과 자연의 조화'라는 유교의 전통적 사고와 복합적으로 얽혀 있었다.[38]

조선의 법률 담론은 하늘은 민심에 부응하고 군주는 민의에 따라 다스려야 한다는 유교적 이념에서 비롯했다. 즉, 군주가 덕으로 다스려 백성

---

37) 중국의 법적 우주론에 관한 논의는 Jiang, *The Mandate of Heaven and the Great Ming Code*, 22-69. 이외에 인간 감정의 중요성과 민형사 판결에서 결정적 역할에 대한 조선 시기 법적 담론에 관해서는 김지수, "Law and Emotion" 참조.

38) Bodde and Morris, *Law in Imperial China*, 43-48.

의 마음을 얻는다면, 이것이 긍정적인 기운을 가져와 자연재해를 막는다는 것이다. 반면 군주가 백성들의 원寃이나 고충을 덜어주지 않는다면, 이것이 부정적인 기운을 만들어 인간과 자연의 음양 조화를 파괴한다는 것이다. 오직 군주가 하늘의 뜻에 따라 다스려야 천명을 받고 정당하게 백성을 통치할 수 있다. 조선시대 정사에서 중요한 문제 중 하나로 여겨진 것은 백성들의 원寃을 잘 풀어주는 것이었다. 1570년 선조 시기 예문관에서는 다음과 같은 차자를 올렸다.

> 삼가 생각건대 정사는 신원伸寃하는 것보다 급한 것이 없고, 원寃은 오랫동안 억눌려 있는 것보다 심함이 없습니다. 음사한 기운이 이미 태양 아래서 소멸되었으니 오래 쌓인 감정은 마땅히 청명한 때에 풀려야 합니다. 인심과 천리를 어떻게 끝내 속일 수 있겠습니까?[39]

이 차자는 백성과 하늘을 속이는 것이 불가능하기 때문에 제때에 원寃을 풀어주는 것이 무엇보다 긴요하다는 것을 말하고 있다. 만약 사건들이 잘못 판결되고 지연된다면 끝내 자연재해가 초래된다고 믿었다. 유교적 이념과 법, 감정을 바탕으로 한 이러한 담론은 조선시대 내내 지속되었다.

이러한 법과 우주 질서의 관계는 『조선왕조실록』에 매우 잘 반영되어 있다.[40] 예를 들어 태종 시기인 1407년 5월 임금은 나라에 닥친 장기간의 가뭄에 대해 형조를 포함한 여러 관사의 관료들에게서 조언을 구했다. 임

---

39) 『선조실록』 4(3/5/18).

40) '하늘과 사람, 마음과 자연의 합일'이라는 권근(1352~1409)의 설명에 관해서는 Kalton, "The Writings of Kwŏn Kŭn", 89-123 참조.

금은 가뭄의 원인이 자신의 덕이 부족해서인지, 종친들이 부도해서인지, 대신들의 잘못된 섭리 때문인지를 물었다.

좌정언 정초鄭招(?~1434)가 먼저 답하기를, "하늘과 사람이 한 이치이니, 사람의 일이 아래에서 느끼면 천변이 위에서 응합니다"라고 하였다.[41] 그는 가뭄의 원인이 새로 제정된 세법에서 비롯한 가난한 사람들의 고통 때문이라고 주장했다. 이에 태종은 여러 신하에게 널리 물어서 만들었지만, 백성들이 불편해하면 개정해야 한다고 응답했다. 임금은 신하들에게 그들이 알고 있는 백성들의 고통을 모두 말하라고 하였다.

형조 우참의 안노생安魯生은 송사에서 비롯한 백성의 원冤에 대해 말했다. 그는 백성의 목소리가 군주에게 전달되도록 신문고를 설치하였기에 하급법정에서 바로잡지 못한 백성들의 원冤을 풀어줄 수 있었다고 했다. 그렇지만 가족 사이에 토지와 노비를 두고서 분쟁이 지속적으로 증가했고, 그로써 지친 간 불화가 초래되고 있다고 우려했다. 그는 "형제가 고르게 차지하지 못하였다고 하여 서로 송사하는 것은 천리와 인정에 어긋나는 것입니다"라고 하였다.[42]

민사소송에서 판결의 지연과 오심은 백성들이 원冤을 품게 만드는 결정적 원인이었다. 태종은 1402년 7월 가뭄이 심해지자 신하들에게 세간의 민심을 물었다. 하륜은 전년도인 1401년 8월에 하급법정에서 사건이 오판되더라도 상소하는 것을 금지하면서부터 백성들의 원冤이 높아졌다고 응답했다. 또 사건을 해결하지 못한 채 방치해두면 백성들의 송사는

41) 『태종실록』 13(7/5/22).

42) 『태종실록』 13(7/5/22).

더욱 늘어날 것이라고 하였다. 하륜은 이를 해결하기 위해 1401년의 금지를 폐하고, 사람들이 잘못 판결된 소송의 정정을 요구하는 것을 허용하도록 제안했다.[43] 이듬해에도 다시 가뭄이 들자 태종은 사송이 공정하게 판결되지 않아서 백성들의 원冤이 풀리지 못했기 때문인지 물었다.[44] 1416년 가뭄이 심했을 때도 하륜은 국왕에게 보고하기를, 수령들의 역할은 소송을 판결하는 것인데, 즉시 결단하지 아니해서 송자들이 탄식하기에 이르는 경우가 있으니, 그들의 원冤이 나날이 쌓여간다고 했다.[45]

민사소송의 오판과 지연이 백성들의 원冤을 고조해서 가뭄과 같은 자연재해를 초래하는지에 대한 논의는 태종 시기를 넘어 확대되었다. 세종 시기(재위 1418~1450)인 1424년 사헌부에서는 기한 안에 오결한 것을 정소하지 못하게 되면 백성들의 원冤이 그보다 심한 것이 없으니, 판결 후 10일 이내에 입안立案한 것을 즉시 작성해줄 것을 제안하였고, 세종은 그렇게 하도록 지시했다.[46] 1427년에는 우승범禹承範이 소송절차의 비효율성에 대해 국왕에게 상소했다. 그는 민사소송의 판결은 백성들의 원冤을 풀어주는 것과 관계되므로, 늦춰서는 안 된다고 하였다. 당시 형조나 한성부에서는 하급관사에서 잘못 판결한 것을 다시 그 관사로 돌려보내니, 해당 관사에서는 오결했던 관원이 교체되기를 기다린 뒤에야 다시 심리하므로 소송이 지연될 수밖에 없었다. 그사이 소송하는 사람들은 어디에도 그러한 사정을 호소할 데가 없어 분하고 답답해할 뿐이었다. 이러한 비효

43) 『태종실록』 4(2/7/2).

44) 『태종실록』 6(3/8/21).

45) 『태종실록』 31(16/5/20).

46) 『세종실록』 23(6/1/16).

율성을 극복하기 위해 우승범은 다른 관사로 하여금 그 즉시 올바르게 판결하도록 하여 인심을 화평하게 해야 한다고 했다.[47)]

16세기 사찬법서인 『사송유취詞訟類聚』에서 단송斷訟이라는 용어까지 쓴 것을 보아도 조선 조정이 소송 없는 이상적인 사회를 구상했다는 것은 의심할 여지가 없다. 유교국가가 법적 분쟁에 관여하는 것보다 사회적 화합을 유지하는 것을 선호한 것은 분명하다. 또한 법으로 다스리는 것보다 덕으로 다스리는 것이 더 바람직하다고 여겼다. 그러나 단송이 더 의미를 갖는 것은 이론적 측면에서이고, 그것을 문자 그대로 받아들이는 데는 주의해야 한다.[48)] 비록 국가가 법적 다툼이 없는 이상적인 사회를 구상했더라도 실제로는 각각의 개별 사건을 지체하지 않고 해결함으로써 소송을 종결하는 것이 국가의 현실적 목표였다. 국가의 의도는 소송을 사회로부터 반드시 없애는 것이 아니라, 때에 맞추어 효율적으로 법적 분쟁을 해결하는 것이었다.

국가가 백성들의 원冤을 인식했을 때는 사건을 공정하고 신속하게 판단해서 평형과 조화가 유지될 수 있도록 원冤을 풀어주는 것이 매우 중요했다. 반면에 국가는 송자가 정당한 이유 없이 사소한 고충이나 억울함을 이유로 소송을 제기한 경우에는 그를 엄하게 처벌했다. 그러한 소송인은 '비리호송非理好訟'으로 불리며, 사회무질서의 근원으로 여겨졌다. 소송에 참가하는 것이 장려되지는 않았지만, 동시에 소송해야 할 진정한 고충이 있다면 그것은 저지되지 않았다. 단송이라는 용어가 등장하는 자료들을

---

47) 『세종실록』 36(9/6/14).

48) 단송斷訟의 용례를 검토한 결과는 그것이 문자 그대로 '소송을 그치게 하는 것'의 의미로 읽혀서는 안 된다는 견해를 확증하고 있다. 한국고문서학회, 『조선의 일상 법정에 서다』, 37-40.

주의 깊게 읽어보면 모든 소송이 제때 끝날 수 있도록 판결을 미루지 않고 분쟁을 해결하는 것이 그 목적이었음을 알 수 있다. 예를 들어 성종은 재위 시기(1469~1494) "대전大典 내에 소송은 정지하도록 힘쓰고 뒤에는 청리하지 말라 하였는데, 비록 대전이 만세의 떳떳한 규범이기는 하나 단송斷訟도 한때의 권정이다. 장예원에 소송이 계속되어 결송되지 않은 채 세월만 보내는 자가 400여 명이나 되니, 권도로 구제하지 않을 수 없다"라고 하였다.[49] 성종의 당부에서 알 수 있듯이, 단송은 소송 적체가 심할 경우 그를 효율적으로 판결하고 남은 재판의 수를 최소화하여 원寃의 부정적 감정이 평형을 방해하지 않도록 하기 위한 임시 조치로 사용되었다.[50]

국가가 개인들 간의 민사소송을 해결하는 데 관심을 두었던 만큼 형사사건에서도 올바른 처벌이 시행될 수 있도록 신경을 썼다. 왕조 전반에 걸쳐 범죄와 처벌의 균형은 중요한 문제였고, 또한 우주적 질서를 유지하는 것과 밀접하게 얽혀 있었다.[51] 적절한 판단 없이 장기화된 형사소송에 대한 국가의 우려는 민사소송의 경우와 유사했다.[52] 형법의 시행에는 형벌의 자비와 사법적 신중함, 즉 휼형恤刑의 유교적 관념이 깊이 내재되었다.[53] 예를 들어 1425년 6월 17일 세종은 극심한 가뭄으로 인한 백성

---

49) 『성종실록』 125(12/1/12).

50) 태종 시기 사송과 원寃의 논의에 관해서는 『태종실록』 4(2/7/2), 6(3/8/21), 6(3/윤11/29), 10(5/8/23), 11(6/3/20), 12(6/윤7/2), 13(7/5/22), 14(7/7/2), 17(9/윤4/18), 18(9/7/19), 24(12/8/1), 24(12/12/11), 26(13/9/7), 26(13/11/11), 27(14/2/10), 27(14/4/16), 27(14/5/21), 27(14/6/6), 28(14/8/13), 30(15/7/8), 31(16/5/20), 32(16/7/28) 참조.

51) 『태종실록』 8(4/10/28).

52) 『세종실록』 32(8/4/28).

53) 조선시대 휼형에 관해서는 한상권, 「세종대 치도론」; 조윤선, 「영조대 남형, 혹형 폐지과정」; 심재우, 「정조대 흠휼전칙」 및 「조선시대 능지처사형 집행」, 153-54; Karlsson, "Law and the Body" 참조.

의 고통을 덜어주기 위해 새로운 법을 선포했다. 세종은 전지에서 죄인의
자손 중 법률에 연좌한다는 조문이 없는 범죄를 범한 자의 자손에게는 벼
슬길을 열어주라고 하였다. 세종은 또한 죄수들이 필요 이상으로 오랫동
안 수감되어 있어 그들의 원冤이 높아지므로, 장기간에 걸친 형사사건을
효과적으로 해결하라고 지시했다.[54] 이어 6월 23일에는 사면령을 선포했
다. 이날 전교에서 세종은 부당한 처벌로 야기된 백성들의 원冤의 감정이
격화되는 것에 우려를 표명했다. 그는 이에 따라 사형보다 형량이 가벼운
죄수들을 모두 석방하도록 전국에 사면령을 내렸다.[55]

사회적·법적·우주적 조화를 유지하기 위해서는 국가가 정의를 실현
하는 것이 필수적이었고, 그 '공정성'의 전망은 모든 사회적 신분의 백성
에게 법적 구제를 추구할 권한을 부여하는 것에 달려 있었다. 국가는 상
소할 능력이 개인의 사회적 신분에 얽매여서는 안 되는 것으로 인식했
다.[56] 형사사건을 조사하면서 세종은 "인군의 직책은 하늘을 대신하여
만물을 다스리는 것이니, … 진실로 차별 없이 만물을 다스려야 할 임금
이 어찌 양인良人과 천인賤人을 구별해서 다스릴 수 있겠는가?"라고 하
였다.[57]

원冤의 감정은 남녀노소를 불문하고 모든 인간의 마음속에 자리 잡았

---

54) 『세종실록』 28(7/6/17).

55) 『세종실록』 28(7/6/23). 이외 유사한 논의는 태종실록 8(4/10/28), 22(11/11/22), 28(14/7/8),
   34(17/9/19); 『세종실록』 2(0/11/3), 7(2/윤1/29), 21(5/7/3), 28(7/6/17), 28(7/6/23), 32(8/4/28),
   32(8/5/4), 38(9/11/11), 39(10/1/20), 48(12/6/10), 48(12/4/28), 48(12/5/15), 49(12/7/5),
   52(13/5/16), 52(13/6/2), 52(13/6/13), 54(13/11/8), 55(14/1/15) 참조.

56) 『태종실록』 27(14/4/16).

57) 『세종실록』 37(9/8/29).

다는 의미에서 평등주의적인 정서로 이해되었다. 임금이 백성을 지칭할 때, '민民'은 특히 군주로서 그들의 고충을 공평하게 들어주어야 했던 하늘의 백성, 즉 '천민天民'을 의미했다. 유교적 사고방식에서는 '자연적 평등'과 '평가적 불평등'에 차이가 있다. 유학자들은 태어날 때 사람의 평등을 인정했지만, 평등에 대한 생각은 양반의 관념을 만들어내는 사회적 계층구조와 혼합되어 있었다.[58] 국가가 법률적 담론에서 하늘의 백성을 지칭할 때는 평등하게 태어난 존재로서 양반, 평민, 노비를 포함하는 모든 백성을 가리키지만, 평가적 의미에서는 서로 불평등한 존재였다. 원冤을 푸는 것에 관해서는 국가가 신분과 젠더가 다른 백성들을 모두 천민天民으로 대우했다는 점에서 법 적용에서 '공정성'이라는 관념이 동등하게 적용되었다. 그러나 천하의 백성이 형벌의 대상으로 인식되었을 때는 그들은 다르게 처우를 받았고, 법은 존비에 따라 불공평하게 적용되어 더 귀하지 않은 가치를 지닌 것으로 인식되는 사람들을 차별했다.

## 제 도 적 질 서 와 신 원 伸 冤 사 이 의 긴 장

조선왕조 전반에 걸쳐 제도적 질서를 확립하는 것은 국가의 주요 관심사였다. 사헌부에서 조선의 건국자 태조에게 먼저 상소한 내용 중 하나는 법과 조례를 발효시켜 제도적 질서를 확립해야 한다는 것이었다.[59] 그러

---

58) Munro, *The Concept of Man in Early China*, 1–116.

59) 태조실록 1(1/7/20).

나 이 제도적 질서는 백성이 국가의 뿌리라는 유교적 정치철학을 바탕으로 백성들이 임금에게 억울함을 표출할 수 있도록 한 관행과 상충되는 경우가 많았다.[60]

제도적 질서를 강화하는 것과 백성의 목소리에 귀를 기울이는 것의 균형을 맞추기 위해 국가는 소원 대상을 민간과 민간 사이의 관계에서 비롯한 고충으로 한정했다. 이로써 백성들이 고을 수령을 고소하는 것이 금지되었고, 이는 결국 관인의 권력을 보호하는 것이 되었다. 이 금지의 근거는 수령들이 지방 차원에서는 국왕을 대신한다는 것이었다.[61] 수령과 고을 백성들 사이의 상징적 관계는 군주–신하, 아비–아들, 주인–노비 관계와 동등하게 취급되었다. 상층과 하층 사이의 위계질서가 사회질서의 근간을 이루었기 때문에 국가가 수직적 관계를 보호하는 법을 시행하여 하층민이 상층에 도전할 수 없도록 하는 것이 매우 중요했다. 유교 국가에서는 군주, 아비, 주인을 고소하는 것이 절대적인 범죄로 간주되었고, 이것이 고을 수령들을 고소하는 경우에도 똑같이 적용되었다.[62]

세종 시기 고을 수령의 악행에도 수령의 권위를 보호하는 것이 백성의 원寃을 풀어주는 것보다 우선해야 하는지 진지한 토론이 벌어졌다. 세종과 허조許稠(1369~1439)는 특히 백성들이 수령을 고소할 수 있도록 하는 것에 대해 상반된 생각을 했다. 1431년 1월 세종은 허조와 벌인 논의에서 아랫사람이 윗사람을 고소하는 것을 금할 것 같으면 사람들이 억울하고 원통한 정을 펼 곳이 없을 것이라고 하였다. 그러므로 세종은 백성 자신의

---

60) 『세종실록』 21(5/7/3).

61) 조윤선, 「조선후기 강상범죄」, 63–68.

62) 『태종실록』 19(10/4/8); 『세종실록』 51(13/1/26) 및 52(13/6/20); 『명종실록』 11(6/7/13).

박절한 사정과 같은 것은 받아들여 처리해주고, 그 외의 것은 들어주지 않도록 하는 것을 제안했다. 세종은 이르기를, "백성의 원(冤)을 펴주지 않는 것이 어찌 정치하는 도리가 되겠는가? 수령이 부민의 전답소송을 오판한 것을, 부민이 정소(呈訴)하고 정정을 호소한다면 어찌 고소라고 하겠는가?"라고 하였다.[63]

세종은 신료들과 함께 논의하는 동안 이 문제에 단호한 태도를 취하여 만약 수령의 잘못된 판단이나 부당한 판결에서 억울함이 발생할 경우 백성들이 수령을 고소할 수 있도록 허용하는 것이 필요하다고 주장했다. 그는 수령을 고소하는 것이 신분의 분별을 깨뜨리고 관아의 권위를 훼손하는 것이라는 허조의 주장에는 동의하였지만, 백성의 억울함을 해소할 법적 통로가 막히면 통치의 정통성이 위태로워질 것이라고 지적했다.

허조는 세종과 달리 수령의 오판이나 부당한 행동을 고소하는 것에 반대했다. 허조의 견해 역시 확고했는데, 수령을 고소하도록 허용하면 상하 구분에 무질서를 초래하고, 결국에는 충후한 풍습을 무너뜨릴 것이라고 하였다. 그는 고려왕조가 500년 동안 엄밀히 지속될 수 있었던 것은 국가가 윗사람을 능멸하는 것을 금지했기 때문이라고 하였다. 그는 더 나아가 수령에 대한 백성들의 고충을 듣기 위해 별도로 어사를 파견하는 격례는 백성들로 하여금 윗사람에게 쉽게 도전할 수 있다고 착각하게 만듦으로써 신분의 분별을 해칠 것이라고 주장했다.

세종은 백성들이 임금에게 수령을 고소하는 것은 금지하면서 어사에게 수령의 과오를 진소하도록 허용하는 것은 모순이라는 점을 인정했다.

---

63) 『세종실록』 51(13/1/19).

그러나 세종은 탐오한 수령을 고소하는 것을 전적으로 금지하는 것은 불합리하다는 주장으로 완강하게 일관했다. 논의에 참가한 신료 중 한 사람이었던 안숭선安崇善(1392~1452)은 백성들의 억울함이 국왕에게 전달되지 않는다면 군주의 정통성이 약화될 것이라고 논평했다.[64]

왕조 초기에 어사는 행정적·재정적 문제에만 국한되었다. 수령의 사법제도 남용이 계속 증가하자 중앙정부는 어사의 역할을 수령 감시로 확대했다.[65] 민형사소송은 15세기 초부터 급증하기 시작해 18세기까지 계속되었는데, 영조(재위 1724~1776)와 정조(재위 1776~1800)는 지방행정을 정밀히 조사하고 사법이 적절히 실현되는지 확인하기 위해 어사제도를 적극 활용했다.[66]

1432년에는 신료들이 과거시험에 아랫사람이 윗사람을 업신여기는 조짐은 커지도록 버려둘 수 없다는 문제를 출제할 것을 제안하기도 했다.[67] 상하존비의 질서 문제는 쉽게 합의하거나 타협할 수 없는 사안이었고, 세종과 허조는 그에 관한 논의를 멈추지 않았다. 중앙의 법정은 이미 15세기 초부터 재판의 오결을 다룬 상언과 소지들로 넘쳐났다. 허조에 따르면 수령들이 그들의 실수에 대해 처벌을 받지 않기 때문에 백성들이 소원하지만, 동시에 백성들도 그들의 이익을 달성하지 못했기 때문에 무모하게 소원하는 경우가 있다고 했다. 세종 역시 백성들이 사소한 억울함까지도 소원하는 것을 잘 알고 있었다. 세종은 함부로 소원하는 자들을 모

---

64) 『세종실록』 52(13/6/20). 유사한 논의는 『세종실록』 53(13/7/4), 60(15/4/24), 61(15/7/26) 참조.

65) 전봉덕, 『한국법제사연구』, 21-49. Shaw, *Legal Norms in a Confucian State*, 57에서 인용.

66) 정조 시기 어사제도의 활용에 관한 논의는 한상권, 『조선후기 사회와 소원제도』, 288-337 참조.

67) 『세종실록』 56(14/4/12).

두 처벌할 수는 없지만, 같은 문제로 반복하여 소원하는 자들은 처벌해야 한다고 판단했다.

세종이 더 큰 관심을 가진 것은 사건을 오판하고 백성들의 원冤을 촉발하는 수많은 관리를 어떻게 처리해야 하는지에 관한 것이었다. 세종은 우려를 표명하며, 원나라(1271~1368) 조정이 정사를 중서中書 등의 관리에게 맡김으로써 마침내 천하를 잃게 되었다고 한 명나라(1368~1644) 고황제의 경고를 언급했다. 이는 세종이 사건을 잘못 다스린 관리들을 처형하는 것이 국왕의 의무이며, 그 일은 다른 관리들 손에 맡길 수 없음을 시사한 것이라고 할 수 있다.[68]

허조는 이에 다양한 언로를 활용해 여러 신하와 정사를 논의해간다는 면에서 조선의 제도가 명나라보다 효율적이라는 점을 강조하며 임금에게 답했다. 그는 명나라 황제가 형벌을 내릴 때는 신하들과 상의 없이 결정했으며, 일부는 억울하게 사형을 선고받은 경우가 있을 수도 있다고 했다. 따라서 조선은 중국의 형벌 방식을 따라서는 안 된다고 했다. 허조가 임금에게 전하려 한 메시지는 국왕이 의사결정권을 독단하는 것은 위험하기 때문에 신하들과 계속 상의해야 한다는 것이었다.[69]

1433년 세종은 국가가 탐오한 수령들에 대한 백성들의 고소를 물리치고 그들의 원冤을 푸는 데 등한시한다면 결코 바람직하지 않은 결과를 가져올 것이라는 주장을 되풀이했다. 이에 따라 세종은 국가에서 백성들이 수령을 고소하도록 허용했다. 하지만 동시에 잘못한 수령들에 대한 처벌

---

68) 『세종실록』 58(14/11/3).

69) 『세종실록』 58(14/11/3).

은 면제하도록 했다.[70] 이는 세종이 수령의 권위를 보호하면서 또한 백성의 원冤을 풀어주는 나름의 균형 잡힌 접근을 한 것이었다.

이 같은 세종의 노력에도 18세기 초 영조 시기 『속대전』이 편찬될 때까지 두 주장 사이의 긴장은 계속되었다. 균형은 이루기 어려웠고, 두 세기 동안 조정을 고민하게 만들었다. 수령에 대한 고소를 금지한 법은 애초에 『경국대전』에는 성문화되었으나, 18세기에 개정되어 가족이 과도한 고문으로 사망했을 때는 백성이 고을 수령을 고소할 수 있도록 하였다.[71]

## 결론

조선시대에 억울함을 해소하기 위한 법적 창구는 상소를 받아들이고, 고충을 해결하기 위해 소원을 받아들이는 이중적 기능을 한 소원제도에 합쳐졌다. 전근대적 법체계의 한계는 정확히 두 기능을 분리하지 않은 점에 있었다. 백성들은 종종 법적 분쟁을 해결하기 위해 국왕에게 직접 향했기 때문에 두 기능이 분리되지 않은 것은 민사절차의 발전을 저해했다.[72] 원칙적으로 중간단계에 있는 관사를 거치지 않는 월소越訴는 법에 어긋나는 것이었다. 그러나 현실에서는 국가가 그 고충이 타당하다고 인정하면 그러한 소원을 받아들였다는 것을 알 수 있다.

성리학의 조선 사회에서는 소송 건수의 증가와 백성의 도덕적 쇠퇴를

---

70) 『세종실록』 62(15/10/20). 이외에 『세종실록』 77(19/6/1) 참조.

71) 『속대전』 295. 탐오한 수령을 고소하는 것에 관한 상세한 논의는 5장 참조.

72) 조윤선, 『조선후기 소송연구』, 287–302.

동일시하는 경향이 있었다. 따라서 국가에서는 자연히 백성들이 소송하는 것을 꺼리도록 하였고, 사소한 이유로 소송을 부추기거나 이유 없이 소송에 들어간 자들을 엄격히 처벌했다. 동시에 수령이나 권력 양반층의 불공정한 판결이나 부당한 대우에서 비롯한 억울함이 있는 백성에게는 법적 통로를 열어주었다. 군주의 정통성은 백성의 뜻을 듣는 데 달려 있다고 보았기 때문에 국가 차원에서 백성의 목소리가 권력구조의 정점에 이르도록 하는 것이 절실했다.

사법私法의 부재 또는 서구 법제도와 다른 법적 절차의 차이가 반드시 국가가 개인들 사이의 분쟁을 해결하는 데 무관심했다는 것을 의미하지는 않는다. 백성들이 분쟁을 해결하기 위해 고을의 법정에 기대고 임금에게 호소한 것은 그들이 법지식이나 법의식이 있었기 때문이 아니었다. 백성들이 지방에서 서울로, 궁극적으로는 국왕에 이르기까지 다양한 단계의 법정을 찾도록 한 동인은 그들이 느낀 불의의 감정, 즉 맹자가 말한 인간의 옳고 그름에 대한 자연적 심정에서 비롯한 것이었다. 그러한 불의감은 특히 백성들이 생명과 재산 같은 권리를 법적으로 침해당했을 때 일어났다. 만약 양반이 노비의 재산이나 생명을 함부로 박탈했다면 노비나 죽은 노비 가족들의 원冤을 불러일으켰고, 국가에 잘못된 것을 바로잡아달라고 요구할 정당한 근거가 있었다.

조선 조정이 백성의 고충을 귀담아들은 주요한 목적은 그들의 원冤을 풀어주어 군주의 정통성을 강화하기 위한 것이었다. 국왕의 정의는 지방 단계에서 잘못된 판결이나 부당한 판결에 시달리는 백성들의 원冤을 풀어주는 방식으로 행해졌다. 여기에는 신분이 낮은 사람이 윗사람을 고소하고 보호를 받을 수 있도록 한 법적 통로도 어느 정도 힘을 실어주었다. 그러나 이것이 국가에서 백성들이 정당한 이유 없이 그들의 상전에게 도전하는 것을 승인했음을 의미하지는 않는다. 그것은 사실 정반대였다. 국가의 주된 관심사는 백성들이 자신들의 신분 경계를 넘지 않도록 함으로써 신분체계를 유지하는 것이었다. 신분제도를 강화하기 위해 국가는 평민과 노비의 고충을 들어주면서 그들이 신분질서에 도전하는지를 동시에 감시했다. 국가의 궁극적 목표는 질서와 정의를 모두 확보하는 것이었다.

소송이나 상소 건수의 증가는 사람들이 어떻게 법제도를 적극적으로 이용했는지를 상징했다. 그러나 이것이 반드시 법체계가 효율적으로 기능하였다거나, 모든 경우 정의가 실현되었다는 것을 의미하지는 않는다. 정의를 추구하는 것과 정의를 실현하는 것은 별개 문제였다. 백성들은 개인적 불의에 대한 감정을 바탕으로 국가에 적극적으로 호소했다. 그렇지만 조선왕조에 걸쳐 수많은 소송이 제기되었다는 사실은 또한 백성들이 법체계의 비효율성과 지방 단계에서 수령의 무능함 때문에 법정에 의지했다는 것을 의미한다.

백성들은 종종 중간의 법정을 우회하고 임금에게 직접 달려가 분쟁을 해결하려 했다. 그럼에도 백성들이 소송을 제기하고 상소를 했다는 증거는 다양한 분쟁에 연루된 사람들에게 확실히 '실용적인 결과'를 가지고 있었음을 시사한다. 임금에게 소원하기 위해 서울까지 간다는 것이 결코 쉬운 일은 아니었기 때문이다.

●

# 2장

# 젠더, 글쓰기, 법적 퍼포먼스

고을 수령으로부터 형조, 그리고 임금에게까지 소원이 허용된다. 임금에게 소원할 때는 두 가지 방법이 동원된다. 첫째는, 가장 질 좋은 종이 두루마리에 상언을 써서 붉은 조각으로 감고는 궁궐 문으로 가서 자리를 깔고 앉아 상언을 벽에 똑바로 세워놓는 것이다. 궁궐에서 누군가를 보내 자신의 상언을 받아 임금에게 올릴 때까지 자리를 떠나지 않는다. 또 다른 소원 방법은 빈 놋쇠 밥공기를 가지고 있다가 임금이 행차하면 그것을 치는 것이다. 임금이 격쟁을 받기로 결정하면 행차가 멈추고 그 자리에서 임금에게 상언을 올린다.

—록힐, 「한국의 몇 가지 법률, 관습, 미신에 관한 기록

Notes on Some of the Laws, Customs, and Superstitions of Korea」

1886년부터 1887년까지 한국에서 미국임시대리대사를 지낸 록힐은 『미국 인류학자American Anthropologist』에 한국의 두 가지 소원 방법에 대한

글을 썼다.[1] 그가 언급한 두 가지 방법 중 첫째는 서면 소원인 상언上言을, 둘째는 구술 소원인 격쟁擊錚을 가리킨다.[2] 임금에게 소원하는 데 사용된 이 두 가지 방식은 1401년 처음 설치된 신문고를 치는 관행에서 비롯했다.[3] 신문고를 치는 관행은 중국에서 영감을 얻었지만, 소원 관행이 조선에서는 다르게 펼쳐지고 표현되었다. 소원 절차가 발전하면서 신문고를 치는 것이 징을 치는 것으로 대체되었고, 관에 제기되는 고충의 내용과 맥락에도 다른 큰 변화가 일어났다.

조선의 사법제도는 중국의 영향을 많이 받았지만, 성리학적 관료들은 고유의 문화에 맞추어 제도를 통합하고 조정했다. 18세기에 이르러 조선은 모든 백성이 임금의 행차 동안 직접 소원하는 것을 공식적으로 허락했다. 중국이나 일본에 비해 조선의 법적 통로는 사람들이 직접 군주에게 소원하도록 허락했다는 점에서 비교적 개방적이었다. 청나라에서도 사람들이 황제 행렬을 따라 직접 호소하는 방법을 시도했지만, 여전히 불법이었으며, 호소의 근거와 관계없이 엄벌에 처해졌다.[4] 이와 유사하게 일본에서도 도쿠가와시대(1603~1868)에 쇼군에게 직접 호소하는 것이 엄격히 금지되었다.[5]

---

1) Rockhill, "Notes", 177-88.

2) 격쟁은 문자 그대로 '징을 치다'는 뜻으로, 임금의 행차에 억울함을 호소하는 것을 의미했다.

3) 신문고는 송나라의 관례에 따라 제도화되었다. 북은 송대에 나타난 듯하나, 소원은 훨씬 이전부터 이루어졌다. 『태종실록』 2(1/11/16) 참조. 오코Jonathan Ocko에 따르면 진나라(기원전 221~기원전 206) 법제는 상소권을 인정하였으나, 수도에 소원을 전달하는 관습은 늦어도 수나라(589~626) 때부터 존재했다. 그럼에도 소원제도가 가장 활발하게 기능한 것은 청나라 때였다. 중국의 수도에서 소원한 것에 관한 논의는 Ocko, "I'll Take It All the Way to Beijing" 참조.

4) Ocko, "I'll Take It All the Way to Beijing", 294.

5) 하라, 『직소와 왕권』, 106-26.

조선에서 소원은 감정은 물론 젠더 정체성까지 드러낼 수 있는 연극적 공간을 창출하는 데 활용되었다. 법적 절차와 소원 퍼포먼스 힘 사이의 상호작용은 절차라는 렌즈를 통해 법적 이벤트의 시야를 제공한다. 정소 활동을 조사할 때, 그 안에서 연극적인 작품들을 발견하는 것은 어렵지 않다. 이 퍼포먼스의 힘은 법을 공연하는 행위자들의 뚜렷한 법적 문화를 만들어내는 능력 안에 있었다.

특히 한글로 작성된 여성들의 소지는 여성의 젠더 정체성이 어떻게 고유의 글쓰기로 드러났는지 보여준다. 소원하는 관행은 문화적으로 제한적인 환경에서 행해졌는데, 법전 규정에 따라 규제되었고 기존의 규범에 구속되었다. 그럼에도 여성들은 소원방식을 적극적으로 활용했고, 한글을 사용하여 한문의 공식적 식자 영역에 도전했다. 조선시대에 한문이 지배하던 법률문장의 공간에서 한글이 드러나게 된 것은 여성의 소원 퍼포먼스를 통해서였다.

## 소원의 연극 공간

한국에 언제 상소제도가 등장했는지는 분명치 않지만, 기존 자료들은 상급법정에 상소하는 관행이 고려시대(918~1392)부터 존재했음을 보여준다.[6] 그러나 조선왕조에서는 하급법정에서 잘못이 시정되지 않았을 때,

---

6) 소원제도가 언제 시행되기 시작했는지는 확실치 않지만 현존하는 자료들은 고려왕조가 이 제도를 유지했음을 보여준다. 고려의 정소활동은 박재우, 「고려후기 소지의 처리절차와 입안 발급」 참조. Lee, de Bary, Ch'oe, and Kang, *Sources of Korean Tradition*, 1:208 역시 참조.

모든 백성이 임금에게 상소하는 것이 허락되었기 때문에 사법의 사상과 관행이 중요한 변화를 겪었다. 백성들은 재산소유권에서 명예회복에 이르기까지 상상할 수 있는 모든 문제에 대해 억울함의 목소리를 내기 위해 서울로 향했다. 성리학적 조선 사회에서는 통치자가 백성들의 억울함이나 원寃을 풀어주지 못하고 방치하면 결국에는 사회에 무질서를 초래하는 것으로 여겼다. 그러므로 통치자는 송자들의 목소리에 귀를 기울였고, 그것은 동시에 법이나 사회규범을 위반하는 사람들을 제재함으로써 사회의 평화와 화합을 유지하는 권한을 강화하게 되었다.

임금에게 접근하기 위한 법적 통로는 백성들이 폭넓게 공공의 무대로 빠르게 채택했다. 송자들은 고충을 호소함으로써 국왕에게 정의를 구할 수 있었고, 연설과 글을 통한 감정의 표출로 소원을 행할 수 있었다. 법체계가 왕실이나 공동체의 권위를 위해 봉사했음에도 또한 백성들에게 그들의 억울함을 공표하고 시정을 구할 수 있는 방도를 제공했다. 당국과 송자들은 소원제도를 이용해 끊임없이 상호작용을 했다. 송자들은 정의를 구하기 위해 소송을 제기하면서 당국과 문서나 구두로 대화를 나누었고, 당국은 승인과 서면판결로 호소에 응했다.

개인이 아닌 집단으로도 지방뿐 아니라 중앙정부 차원에서 교섭할 수 있었는데, 각종 정치·사회·경제적 이해관계가 소원을 통해 협상되었다. 국가와 송자들 사이의 쌍방향적 대화는 관련 당사자들에게 다층적 의미를 부여하는 중요한 사회적 접소를 만들어냈다.

# 신문고에서 격쟁으로

앞서 기술한 바와 같이, 조선은 1401년에 군주의 권위는 백성들에게 귀를 기울이는 데 달려 있다는 성리학적 시각을 바탕으로 신문고를 설치하였다. 신문고는 백성들에게 하급법정에서 고쳐지지 않은 고충을 북을 쳐서 호소할 기회를 주기 위해 의금부 앞에 설치되었다.[7] 여성 송자들은 남성 송자들과 마찬가지로 신문고를 두드리며 소원 초기단계부터 관여했다. 가장 이른 여성의 소원자료는 태종 시기인 1409년 2월의 것이 남아 있다. 이 초기사건에서 고위관료였던 최금강崔金剛의 부인이 투옥된 남편을 대신해서 고충을 호소하기 위해 신문고를 두드렸다.[8] 그다음 소원자료는 세종 시기의 것이다. 1422년 시각장애 여성 29인이 신문고를 집단으로 쳐서 환자[還上]를 지폐[楮貨]로 갚도록 해달라고 했다.[9] 1428년에는 여종 자재가 광화문의 종을 쳐서 고충을 호소하기도 했다.[10]

성종 시기(재위 1470~1494)인 1492년에는 종친 청연수青淵守의 부인이 임금 앞에서 보는 과거시험 날에 징을 치며 호소한 적이 있었다. 그녀는 과거시험장보다 높은 장소로 올라가서 임금의 관심을 끌기 위해 징을 쳤고,

---

7) 『경국대전』 473-74.

8) 『태종실록』 17(9/2/17).

9) 『세종실록』 18(4/11/28). 조선은 초기에 지폐인 저화의 유통을 시도했으나, 지속적인 가치하락으로 실패했고, 중종 7년인 1512년에 궁중에서 사용을 중단하였다. 환곡은 특정 이자로 농민들에게 제공되는 관 차입금의 하나였다. 농부들은 보통 봄에 환곡을 받아서 가을에 갚았다. 저화에 관해서는 Palais, *Confucian Statecraft*, 50-60(제임스 팔레, 『유교적 경세론과 조선의 제도들』, 산처럼, 2008) 참조, 환곡에 관해서는 689-704 참조.

10) 『세종실록』 40(10/5/24).

임금을 직접 알현할 수 있었다.[11] 또한 같은 해에 다른 종친의 부인이 궁궐 밖 거리에서 임금이 행차할 때 자신의 노비소유권에 대해 소원을 하기도 했다.

이 두 가지 소원에 대해 사헌부 지평 허집許輯은 국왕에게 여성들이 적절한 경로를 거치지 않고 거리에서 억울함을 호소한다고 아뢰었다. 그는 그러한 여성들의 행위가 풍교를 어지럽히므로 그 가장家長을 처벌해야 한다고 제안했다.[12] 조선초기에 종친 여성들의 도덕적 행실을 엄격히 규제하기 시작했는데, 이는 17~18세기에 이르러 점차 양반 여성들에게까지 확산되었다.[13]

여기에서 조사된 소원들은 이미 15세기 후반에 신문고 외에도 징이 사용되었고, 송자들이 임금의 행차 앞은 물론 다른 곳에서도 소원을 시도했다는 것을 보여준다. 송자들이 어떻게 임금의 행차 일정을 알았는지는 알 수 없지만, 송자들이 임금의 행차에 맞추어 억울함을 호소할 준비가 잘되어 있었고, 자신들만의 소원 퍼포먼스 전략을 고안했다는 것을 알 수 있다. 사람들이 징을 치는 것이 다양한 장소에서 사용하기에 더 편리하다는 것을 알게 됨에 따라 신문고를 치는 관행은 16세기 무렵부터 점차 사라졌다.

---

11) 『성종실록』 264(23/4/28). 징은 농악에서 쓰이던 악기였다.

12) 『성종실록』 264(23/4/28).

13) 한국 사회의 유교화에 관한 상세한 내용은 Deuchler, *The Confucian Transformation of Korea*(마르티나 도이힐러, 『한국의 유교화 과정』, 너머북스, 2013); 김자현, "The Confucianization of Korean Society"; Peterson, *Korean Adoption and Inheritance* 참조.

## 소원의 두 방식: 서면 소원(상언)과 구술 소원(격쟁)

16세기 조정에서 소원제도를 더욱 체계화하고 임금에게 호소하는 두 가지 방법, 즉 서면 소원[上言]과 구술 소원[擊錚] 방법을 구체화함에 따라 소원의 연극적 구성이 복잡해졌다.[14] 두 가지 소원 모두 임금이 행차할 때 다양한 공연 방식으로 진행되었다. 사람들은 임금에게 소원할 때 대개 행차가 지나가기를 기다렸다가 징을 쳐서 주의의 관심을 끌었다. 어떤 송자들은 매일 궁궐 대문 앞에 서서 임금의 행차를 기다리기도 했다.[15] 다른 송자들보다 눈에 띄기 위해 높은 장소로 올라가는 경우도 있었다.[16] 임금이 다가오면 목소리를 크게 높이고, 때로는 이상한 소리를 내기도 했다.[17] 송자들은 자신의 원寃을 표현하기 위해 애처롭게 울기도 했는데, 이는 가끔 행차 중인 임금의 주의를 끌기도 해서 임금이 바로 그 자리에서 송자의 고충을 알아보라고 명하기도 했다.[18]

소원의 또 다른 보편적 전략은 손가락을 자르고 그 피로 소지를 작성함으로써 시각적 효과를 만들어내는 것이었다.[19] 이런 종류의 글은 혈서

---

14) 상언上言과 격쟁擊錚이 특별히 국왕에게 전달된 소원을 의미하는 데 반해, 소지所志라는 용어는 일반적으로 군현 및 도 단계에 제출된 법률문서를 지칭한다. 상언과 격쟁에 관한 상세한 내용은 한상권, 『조선후기 사회와 소원제도』, 19–28 참조.

15) 『영조실록』 9(2/5/27).

16) 『영조실록』 81(30/2/7).

17) 『영조실록』 3(1/1/16).

18) 『심리록』 1:35.

19) 중국에서는 혈서를 쓰는 행위가 신비한 힘을 주는 것으로 인식되었다. 혈서의 의식은 그것의 신성함을 확고히 하는 실질적 효과를 가진 상징적 행동 그 이상이었다. Yu, *Sanctity and Self-Inflicted Violence*, 37–61 참조.

血書로 알려져 있다.[20] 송자들은 피로 글씨를 썼을 뿐만 아니라, 일부는 혈서가 쓰인 종이를 매달고 자신의 고충을 전하기도 했다.[21] 비록 피로 쓴 소지를 제출하는 것은 불법이었지만, 송자들은 절실한 원寃의 감정과 고통의 진정성을 보여주는 방법으로 자해를 선택했다. 정소활동에서 혈서 퍼포먼스는 단순한 '상징적 행동'이 아니라 송자의 이익을 위한 실질적 효과를 노린 것이었다.[22]

국가는 두 가지 소원방식을 서로 다르게 처리했다. 백성들이 임금에게 서면으로 상언을 제출할 때는 궁문 앞에 앉아 있거나 임금 행차 중 징을 쳐서 상언을 받아가기를 기다렸다. 승정원에서는 국왕에게 보고하기 전에 상언을 검토해서 경박하거나 관련이 없는 것을 걸러내는 일을 맡았다. 일단 상언이 정식으로 등록되면 소원인은 사흘 이내에 상언을 인증하기 위해 신분증을 제시해야 했다.

법문서를 작성하는 공식언어는 한문이었다. 그러나 여성들은 '진정한' 문자인 한자가 아닌 '저속한' 문자로 취급되던 언문諺文으로 교육을 받았고, 특히 양반 여성들이 자신들에게 익숙한 한글로 상언과 소지를 작성하면서 이러한 관행은 국가의 공식적 규준에 도전하게 되었다. 한글로 작성된 소지가 조선후기 지방 단계에서는 공식적으로 인정되었지만, 상언이 한글로 작성되어 국왕에게 제출되었을 때 국가는 계속해서 그 언어에 대해 이의를 제기했다. 소원할 때 진정한 억울함과 관련된 것으로 보이지 않는 경우에도 국가는 그것이 적절한 형식의 언어로 작성되었는지를 문

---

20) 『영조실록』 95(36/4/20), 117(47/10/27) 및 추관지 2:29-30.

21) 『영조실록』 2(0/12/17).

22) Yu, *Sanctity and Self-Inflicted Violence*, 60-61.

제 삼았다.[23] 특히 군현이나 도 단계와 달리 국왕에게 제출되었을 때 한글 상언은 부적절한 것으로 여겨졌다.[24] 한글 상언이 수락되었을 때도 남성 언어의 외피를 두른 공문서 속에 한문으로 옮겨졌다. 이와 같은 한문으로 옮겨 쓰기는 여성의 힘을 약화시키는 것이었다. 결국 한글 상언 자체는 한문으로 옮겨져 공식기록에서는 볼 수 없게 되었기 때문에 제한적 의미 에서만 규준에 어긋나는 것이 되었다.[25] 이러한 한계에도 여성은 소원을 통해 한문이 지배하던 공식적인 식자 영역에 도전할 수 있었는데, 이는 한글로 그들의 정체성과 존재감을 묘사함으로써 가능했다.

공공의 공간에서 한글로 된 소지를 인정하는 것은 매우 중요한 의미가 있었는데, 이는 여성들이 어떻게 법적 당사자로 국가에 소원하는 능력을 적극적으로 활용했는지를 반영하기 때문이다. 19세기 후반까지 남성들의 한글 상언 또는 소지가 없었던 것은 소원 절차에 한글을 성공적으로 반영한 것이 여성이었다는 사실을 더욱 반증한다.[26] 적어도 지방 단계에서는 여성의 법률문장 퍼포먼스를 통해 식자 영역에 이중언어의 문화를 반영하는 것이 가능했다.

양반 여성들은 자신의 소지 또는 상언을 직접 썼을 가능성이 높지만, 대부분 여성 송자들은 한문이나 한글로 된 법문서를 작성하기 위해 전문적인 대서인이나 가족 또는 공동체의 남성들에게 의존해야 했다. 그래서

---

23) 『승정원일기』 고종, 5/3/19.

24) 붉은색 관인이 찍힌 한글 소지는 지방 단계에서는 문제가 되지 않았다.

25) 김자현, "Gender and the Politics of Language", 243-55.

26) 본 연구에서는 *Old Documents*, vols. 16-26 및 *Compilation Volume of the Old Documents*, vols. 1-76을 조사하였으나, 남성의 한글 소지는 한 장도 발견되지 않았다.

일부 학자들은 소지를 작성하는 과정에서 여성의 목소리와 역할이 제한적이었던 것으로 본다.[27] 이러한 측면을 부인할 수는 없지만, 역할이 제한되었던 것은 여성 송자들뿐만 아니라 문맹인 하층 남성도 마찬가지라고 할 수 있다. 상언 또는 소지를 작성한 사람이 송자 자신이 아니었다고 해도 문맹인 여성 송자와 남성 송자 모두 자신만의 내러티브를 형성했다는 사실은 부인할 수 없다. 상언 또는 소지를 쓴 사람이 누구든 송자들의 이야기를 듣지 않고는 종이에 써내려갈 수 없었을 것이다. 하지만 대서인들이 서면으로 법문서를 작성할 때 억울함을 더 잘 표현하기 위해 내러티브적 기술을 사용했을 수도 있다.[28] 안타깝게도 우리는 여성 송자들이 대서인들에게 들려준 원래 이야기에 접근할 수 없다. 상언 또는 소지에 제시된 이야기들이 어느 정도까지 송자들의 원래 이야기를 따랐는지는 가늠하기 어렵다. 하지만 대서인들의 역할은 전혀 새로운 이야기를 만들어내는 것이 아니라, 더 공감을 얻을 수 있도록 송자들의 억울함을 효과적으로 포장하는 것이었음이 분명하다.[29]

신분에 따라 남성 역시 전문적인 남성 대서인에게 의존했다는 점을 고려할 때, 여성의 목소리가 여성 자신의 것이었는지를 논하는 것은 큰 의미가 없다고 본다. 젠더 관점에서 볼 때 유교사회의 맥락에서 더 주목할 만한 것은 소원에서 스토리텔링의 다층적 과정과 그러한 과정이 어떻게

---

27) 김경숙, 「조선후기 여성의 정소 활동」.

28) 안타깝게도 대서인들의 역할은 현존하는 자료에서는 거의 확인되지 않는다. 그러나 문학작품에서는 그들에 대한 글들을 간혹 찾아볼 수 있다. 조선시대 대서인의 역할에 관해서는 박병호, 『한국법제사고』, 257; 한상권, 「조선시대 소송과 외지부」, 284-89 참조.

29) 중국의 후대 제국에서 대서인의 소장 작성기술의 중요한 역할에 관해서는 Macauley, *Social Power and Legal Culture*; Karasawa, "Between Oral and Written Cultures" 참조.

젠더화된 법적 내러티브를 만들어냈는지에 관한 것이다. 즉, 여성들이 여성이라는 사실 때문에 억울한 일을 직접 썼는지에 초점을 맞추는 대신, 스토리텔링에 관여한 여러 배우의 결과물로 만들어진 젠더적 내러티브를 논하는 것이 더 생산적이다. 송자들이 억울함을 이야기하면, 그 이야기를 '가공해서' 원冤의 감정을 증폭시키는 것은 대서인들의 임무였다.[30] 상언 또는 소지를 작성하는 과정은 여러 층의 스토리텔링을 수반했고, 궁극적으로 전통적 규범에 부합하는 양분되고 젠더화된 법적 내러티브를 만들어냈다.

송자들이 국왕에게 구술로 억울함을 호소하면 형조로 보내져 그 일을 진술할 기회가 주어졌다. 글을 쓸 줄 아는 사람들이 주로 서면으로 상언 또는 소지를 제출하는 방법을 선택했던 것과 달리, 문맹인 사람들은 방언적 요소 때문에 구술 소원을 더 선호했다. 하층민들이 임금에게 억울함을 호소할 때는 상언보다 훨씬 더 자주 격쟁으로 원冤의 감정을 표현했다.[31] 그러나 글을 쓸 줄 아는 송자들도 때로는 구술 방식을 선호했다. 왜냐하면 상언은 두 번만 제출할 수 있었지만 격쟁은 무제한으로 호소할 수 있었기 때문이다. 그럼에도 격쟁에 불이익이 없는 것은 아니었다. 구술 소원인들은 일단 범죄자로 취급되어 신문을 받기 위해 형조로 넘겨졌는데, 그들이 징을 쳐서 국왕의 행차를 멈추게 했다는 것이 그 근본 이유였다. 신문의 실제 목적은 사람들이 거짓으로 억울함을 호소하는 것을 막으려는

---

30) 16세기 프랑스에서 사면을 위한 서신에서 '허구적' 요소를 읽는 것에 관한 논의는 Davis, *Fiction in the Archives* 참조.

31) 한상권, 『조선후기 사회와 소원제도』, 137–50. 한상권의 통계에 따르면 억울함을 해결할 때 평민들은 엘리트 양반보다 구술 소원을 더 많이 이용했다.

것이었다.

승정원과 달리 형조에서는 경박하거나 관련 없는 내용의 격쟁도 모두 국왕에게 보고해야 했다. 따라서 격쟁이 상언보다 국왕에게 전달될 가능성이 더 컸다. 그리고 남성 대서인들이 때로는 이야기를 구성하는 과정에 관여하는 상언과 달리 격쟁은 오로지 송자 자신만이 표현했다. 따라서 격쟁은 송자가 자신의 목소리로 원冤의 이야기를 전달하는 것에 전적으로 의존하였다. 송자들의 원冤 과시가 정당한지는 형조에서 그들의 구술 퍼포먼스를 보고 결정했다. 만약 송자들이 신문하는 과정에서 억울함을 꾸며대는 것처럼 보였다면 처벌의 형태로 고문을 당할 수도 있었다. 형조의 관리들은 남성 대서인을 대신해 자신들이 수행한 신문을 바탕으로 서면 보고서 초안을 작성했다. 관리의 역할은 보고서에 원冤을 증폭시키는 것이 아니라, 그것이 심각한 것이든 경박한 것이든 송자들의 억울함이 무엇인지를 '객관적으로' 전달하는 것이었다. 송자의 억울함이 중대한 문제인지 아닌지를 최종적으로 결정하는 것은 국왕의 권한이었다. 서면으로 된 상언과 마찬가지로 격쟁에서도 양 젠더의 송자들 목소리가 결국 한문으로 옮겨졌기 때문에 이 역시 대본화된 퍼포먼스를 연상시켰다.

글쓰기가 소지로 원冤을 구현하는 주요한 요소였다면, 구술 소원은 몸짓, 말투, 표정 등으로 표현되는 소원인의 신체적·감정적 반응을 더욱 구조화했다.[32] 그러나 소원인들이 글로 작성된 소지를 제출할 때도 연극적 무대에서 비슷하게 몸으로 공연해야 했기 때문에 몸의 요소가 서면 방식

---

32) 김자현은 "흔히 물리적 고문을 동반하는 신문절차는 송자의 몸에 소지를 쓰는 것과 같았다"라고 하였다. "Gender and the Politics of Language", 245.

에는 전혀 없었다는 것을 의미하지는 않는다. 억울함을 표현하는 서면 또는 구술방식 속에서 몸과 언어는 공공장소에서 개인의 감정을 표출하는 매개체로 기능했다. 송자들의 감정은 법적 퍼포먼스로 많은 청중, 특히 임금의 행차를 보기 위해 거리에 늘어선 남녀노소 앞에서 과시되었다. 『정조실록』에 따르면 "행차를 구경 나온 백성들이 산과 들을 가득 메우고 있었다."[33] 19세기 후반 국왕의 행차 풍경을 묘사한 또 다른 자료에서도 수천 명이 임금을 보기 위해 모여들었고, 그 행차는 사람들이 볼 수 있는 그해의 행사였다고 적었다.[34]

## 18세기 '억울함'의 의미 확대

16세기 조선 조정은 국왕에 대한 소원의 허용범위를 개인적 억울함에서 송자의 처벌, 친자관계, 아내나 첩의 가족 지위 또는 평민이나 노비의 사회적 신분에 관한 문제로 확대했다. 이에 더하여 국가는 개인에게만 국한되었던 억울함의 의미도 가족의 억울함까지 포함하는 것으로 확대했다. 조선후기에야 공식적으로 합법화되었지만, 일찍이 15세기에도 가족을 대신하는 소원이 행해졌다(4장 참조). 변화하는 관행에 대처하기 위해 17세기 후반 숙종(재위 1674~1720)은 송자들에게 개인적 억울함뿐만 아니라 가족구성원의 억울함도 제출할 수 있도록 했다. 국가는 아들이 아버지

---

33) 『정조실록』 35(16/9/11).

34) 임금의 행차에 관한 상세한 묘사는 Bishop, *Korea and Her Neighbours*, 47–58 참조(이사벨라 버드 비숍, 『한국과 그 이웃 나라들』, 살림, 1994).

「화성능행도華城陵幸圖」 중 7폭 환어행렬도, 김득신(1754~1822) 외, 1795년경, 비단에 채색, 8폭 병풍,

151.5×66.4cm, 덕수 1042, 국립중앙박물관

「거리의 판결」, 『행려풍속도병行旅風俗圖屛』, 김홍도(1745~1816 이후), 90.9×42.7cm, 덕수 1313-1, 국립중앙박물관

를 위해서, 아내가 남편을 위해서, 동생이 형을 위해서, 노비가 주인을 위해서 행하는 소원을 합법화했다.[35] 이 네 가지 새로운 범주는 이후 영조 시기인 1746년 『속대전』 편찬과 함께 성문화되었다.[36]

이러한 새로운 범주의 도입은 내용의 다양성뿐만 아니라 소원 건수 자체를 늘렸다. 이전에는 소원이 대부분 억울함을 시정하여 법적 정의를 추구하는 데만 국한되어 있었으나, 조상이나 다른 개인의 덕행에 공식적인 표창을 청원하는 것으로까지 확대되었다.[37] 예를 들어 충신, 효자, 열녀 등이 송자의 청원에 따라 정식으로 표창되었다. 송자의 가족구성원에 대한 청원에 더해 고을 사람들이 모범적인 대상을 기리려고 집단적으로 소원하기도 했다.

정조 시기 관료들은 처음에는 그러한 소원이 억울함을 시정하는 것과는 무관하다는 이유로 그를 받아들이는 것에 반대했다. 그러나 정조는 견해가 달랐다. 비록 억울함과 직접 관련되지는 않았지만, 효와 의에 대해 개인과 공동체가 청원하도록 독려했다.[38] 18세기 후반 소원의 관행은 '원 寃'의 정의를 확대함으로써 좀 더 큰 사법체계의 틀 안에서 보상과 처벌을 시행하기 위한 것으로 재편성되었다.[39]

정조 시기에 소원제도의 최종적이고 의미 있는 개혁이 단행되었다. 정조는 임금의 행차 앞에서 소원하는 관행을 처음으로 합법화했다. 이전에

---

35) 노비는 확장된 가족의 구성원으로 여겨졌기 때문에 이 범주에 포함되었다.

36) 『속대전』 294–95. 『경국대전』 이후의 수교와 특별법령이 『속대전』에 편집되었다.

37) 이 연구에 조상이나 다른 개인의 선행을 공식적으로 기려달라는 사례들은 포함되지 않았는데, 연구의 초점이 송자의 원寃의 과시를 통한 교정적 정의에 관한 것이기 때문이다.

38) 『일성록』, 정조, 10/9/7.

39) 김자현, "Gender and the Politics of Language in Chosŏn Korea", 246.

는 송자들이 궁문 앞에서 징을 치고 소지를 제출할 수 있었을 뿐이다. 이러한 관행은 특히 중종과 명종 시기인 16세기에 확립된 것으로, 심지어 일부 송자들은 임금에게 상소하기 위해 불법적으로 궁문의 경계를 넘기도 했다. 명종 시기 노奴 김유현金有賢은 군사의 복장으로 변장하고 칼을 찬 채 궁 안으로 몰래 들어가서 징을 치고는 자기 고을의 수령을 유임시켜 달라고 외쳤다. 신료들은 칼을 가지고 궁전 안에 들어온 자는 교형에 처한다고 한 율에 따라 그를 처벌하라고 진언하였다. 그러나 명종은 그를 신문한 뒤 그가 임금을 해칠 의도는 없었으므로 사형을 감해서 정배하도록 하였다.[40]

숙종 시기인 1692년에도 비슷한 사례가 있었다. 어떤 사람이 화살을 들고 함부로 궁에 들어와 징을 쳤는데, 임금은 그를 부적절하다고 하여 물리쳤다.[41] 비록 일부 송자들이 무단으로 궁문을 통과하는 데 성공하기도 했지만, 궁궐 마당 앞이나 임금의 행차 중 징을 치는 관행은 조선후기에도 그대로 남아 있었다. 소원의 연극적 공간에서 원冤의 퍼포먼스는 마침내 국가로 하여금 소원 방식을 좀 더 체계화하도록 이끌었다.

18세기 말 정조가 시행한 또 다른 개혁은 소원이 가능한 범주를 광범위한 사회경제적 이슈로 확대하는 것이었다. 이전에는 군주에게 제기될 수 있는 억울함의 종류가 유교적 핵심관계를 다루는 문제에만 국한되었다. 그러나 부당하게 부과된 세금, 부패한 관리, 형벌 남용, 토지 수탈 등 사회경제적 고충에 대한 소원이 계속 증가함에 따라 정조는 다시 한번 그

---

40) 『명조실록』 26(15/5/2, 15/6/10, 15/6/25).
41) 『원신보수교집록』 사송유취, 155.

러한 소원 관행을 승인하기로 했다. 정조의 개혁은 사람들이 정소 활동에 적극 참여하도록 더욱 고무했고 그 결과 소원이 서울로 밀려들었다.[42]

여성 송자들, 특히 평민 여성들은 조선후기에 임금에게 억울함을 토로하는 데 적극적인 당사자로 등장했다.[43] 여성의 소원문제는 사회적 신분에 따라 크게 달랐다. 예를 들어, 양반 여성들은 주로 입양에 대해 소원했는데, 이것은 가문의 계승과 상속문제 모두에 관련되어 있었다. 적합한 상속인을 선택하는 것은 양반 가족에게는 중대한 문제였다. 양반 여성은 가족의 명예회복, 가족재산의 분배, 노비의 소유 등에 대해서도 소원을 했다.[44]

이와는 대조적으로 하층민 여성들의 소원은 대부분 세금, 토지 소유, 부채 해결과 같은 사회경제적 문제에 관련된 억울함을 다룬 것들이었다. 하층민 여성들은 또한 그들의 사회적 신분에 대해서도 호소했다. 양반 가족들은 종종 강압으로 궁핍한 평민들의 노동력을 착취하면서 그들을 노비로 삼았고, 그들에게서 돈을 빼앗았다. 18세기 법은 평민을 노비로 취급한 사람들을 처벌했는데, 이는 송자들이 호소하는 억울함을 바탕으로 성문화한 것이었다.

---

42) 한상권, 『조선후기 사회와 소원제도』, 48–83.

43) 한상권, 『조선후기 사회와 소원제도』, 110–11. 한상권의 계산에 따르면 정조 시기 『일성록』에서 평민 여성의 소원이 301건, 양반 여성의 소원이 108건, 노비의 소원이 79건 있었다. 한상권은 노비 소원의 경우 성별을 구분하지 않았기 때문에 노비 소원은 남녀 모두 포함한 것이다.

44) 양반 여성의 정소 활동에 관한 상세한 논의는 김지수, "Crossing the Boundary of Inner Quarters" 참조.

## 법적 글쓰기의 이중언어와 여성들의 언어선택

소원 절차에서 볼 수 있는 감정의 과시는 특히 조선 고유의 문화에 대한 통찰력을 제공한다. 사람들의 소원 전략과 그들이 공공 무대에서 사용한 언어는 원죄을 과시하는 구술적 또는 문자적 퍼포먼스로 그들의 젠더와 신분을 규정했다. 여성 송자들은 예리한 젠더 의식을 가지고 있었고, 특정한 어휘로 젠더 행위의 정체성을 구성했다.[45] 여성은 기존의 권위적인 규범과 관련하여 자신의 정체성을 위한 입지를 협상했고, 조선의 젠더 정체성은 그들이 원죄을 묘사하면서 행한 언어적 선택과 관련이 깊었다.

1446년 세종대왕(재위 1418~1450)은 백성을 가르치는 바른 소리라고 하여 훈민정음 28자를 공포하였다. 이것은 전근대 한국 문화에서 가장 획기적인 사건으로 기술될 수 있다. 한글 창제 이전 한국의 문예문화는 한문으로 된 글들로 이루어졌는데, 이것은 한국어와 통사적 관계를 거의 맺지 못했다. 한글 창제 이후 한국인은 음성적으로 자기 구어를 쓸 수 있었고, 그 결과 고유한 문예문화가 생겨났다. 그러나 이 고유한 문자는 19세기 후반까지 문예공간에서 한문을 대체하지 못했다. 문예문화에서 한문의 패권은 그 기간 내내 변함없이 유지되었다. 즉, 상언·격쟁을 포함한 모든 공문서는 법률상 한문으로 작성해야 했다.[46] 남성의 언어로 인식된 한문은 배우기 어려웠기 때문에 여성들은 훨씬 더 쉽게 습득할 수 있는 한글로

---

45) Butler, "Performative Acts and Gender Constitution", 187-99.

46) 법률문서의 공식 언어는 한문이었지만 이두吏讀가 함께 쓰였음을 언급해야 한다. 이두 형태의 실무적 글쓰기는 특히 중국어와는 본질적으로 다른 한국어의 동사 어미나 다른 문법 규칙을 한자를 사용하여 표시하기 위한 장치였다. 한글 상언 또는 소지를 살펴볼 때, 한문을 알아도 간혹 독해하기 어려운 경우가 있는데, 이는 한문이 한글로 소리 나는 대로 쓰인 경우가 있기 때문이다.

교육을 받았다. 비록 『경국대전』과 『속대전』 두 법전에서 법문서의 문자를 명시적으로 규정하지는 않았지만, 다른 모든 공문서처럼 한문으로 상언이나 소지를 제출하는 것이 당연하게 여겨졌다.

일부 여성이 한글로 상언과 소지를 제출함에 따라 여성의 소원제도 참여는 법적 글쓰기를 복잡하게 만들었다. 모든 여성 송자가 실제로 자신의 문서를 썼는지를 검증하기는 어렵지만, 한글로 상언과 소지를 제출한 이들은 여성뿐이었다는 사실에 중요한 의미가 있다. 기록보관소에 남아 있는 남성 문서는 거의 대부분 한문으로 쓰였다.[47] 여성들이 제출한 한글 상언과 소지들은 종종 단순한 이분법으로 논의된 종래의 이중언어 관념에 도전하는 것이었다. 일반적으로 한문이 공공적이고 남성적이며 보편적인 것인 반면 한글은 민간적이고 여성적이며 지역적인 것이라는 시각이 있었다.[48] 이러한 이분법은 이중 문예문화의 일반적 윤곽을 묘사하는 데

---

47) 이 연구에서는 한국학중앙연구원 장서각의 『고문서집성』(vols. 1-76)과 서울대학교 규장각의 『고문서』(vols. 16-26)에 수록된 소지를 주로 조사했다. 두 곳에 수록된 소지 총 147건 중 여성이 제출한 한글 소지는 25건이지만, 남성이 제출한 한글 소지는 하나도 없었다. 남성들은 19세기 말에야 국한문혼용체 소지를 제출하기 시작했다. 20세기 초 언어개혁에 대한 논의는 King, "Western Protestant Missionaries"; "Nationalism and Language Reform in Korea" 참조.

48) 2013년 한국학회 유럽 콘퍼런스에서 저자는 "Diglossia and the Linguistic Culture of Chosŏn Korea- In Memory of JaHyun Kim Haboush"라는 제목의 패널을 구성했다. 저자는 에거트Marion Eggert, 최기숙과 함께 시, 소설, 소지 장르에서 한자와 한글의 사용을 조사했다. 토론자 사이에서는 두 언어의 사용이 이전 연구들이 보여준 것보다 훨씬 더 복잡하다는 공감대가 형성되었다. 고급문화와 하급문화를 양분하는 '이중언어diglossia'라는 용어는 두 언어 간의 교류가 무척 빈번했던 조선에는 적용할 수 없다. 예를 들어 시조와 한시의 상호작용을 연구하면서, 에거트는 "문학 개념은 한문과 고유 한글 문학 영역이 서로 얽히면서 진화한다"라고 하였다. 19세기 남원고사 소설을 분석한 최기숙은 상층과 하층의 문화가 한글을 통해 어떻게 수렴되었는지를 보여주었다. 한글 소지는 구어적 음성을 표현했다기보다는 한문을 한글로 바꾸어 쓴 것에 가깝다. 패널이 조선에서의 이중언어를 토론하기 위해 조직되었지만, 이중언어의 틀은 이 시대에는 적용되지 않았다고 결론지었다. 따라서 조선의 두 가지 문자 사용법에 대한 좀 더 심층적인 조사를 해서 다른 대안의 틀을 제시할 필요가 있다. 이러한 한계가 있지만, 여기에서는 '이중언어'라는 말을 한문은 공식적인 '고급진' 언어로 인식된

는 유용하지만, 두 문어문화가 서로 격리되거나 반대되는 형태로 발전해서 상호 배타적이라는 인상을 준다.

한글 사용에 대한 최근 연구는 이중 문예문화에서 이러한 이분법이 깨지는 것을 보여주었다. 비록 각 문화가 독자적 궤적을 가졌던 것은 사실이지만, 각각은 서로 연속적인 상호작용을 하면서 진화했고, 각각의 역사적 순간에서 동일한 문화적·정치적 힘에 따라 형성되었다. 선택의 문제, 즉 일부 여성들이 한글을 사용하여 상언과 소지를 제출한 이유도 생각해볼 필요가 있다.

전근대 한국 문예문화의 문화적·정치적 의미는 권력의 수사학으로서 문예문화의 분석으로 접근할 수 있다. [49] 여성의 소원 퍼포먼스에 대한 조사는 언어, 한글과 젠더의 교차점을 검토함으로써 어떻게 해서 단순한 이분법을 뛰어넘어 이중 문예문화를 복합적인 것으로 만들었으며, 법 영역에서 한문과 한글이 공존하며 법적 글쓰기가 더욱 복잡해졌는지는 물론 그것이 그 시대의 동일한 문화적·정치적 힘에 의해 형성되었는지를 보여준다.

평민 여성들의 한문 또는 한글 소지는 대부분 대서인이 초안했을 가능성이 높지만, 양반 여성들이 쓴 한글 소지나 상언은 법적 글쓰기에서 이중언어를 반영한다는 점에서 중요성이 있다. 조선후기 한글 문예문화의 창작에 양반 여성들이 널리 참여했다는 것은 잘 알려져 있다. 따라서 그

---

반면 한글은 소지를 작성할 때 '저속한' 언어로 취급되었다는 의미로 사용하기로 한다.

49) 조선의 이중 문예문화에 관한 상세한 논의는 김자현, *Memoirs of Lady Hyegyŏng*, 1–36; "Gender and the Politics of Language"; "Versions and Subversions"; "Private Memory and Public History"; *Epistolary Korea*, 1–16 참조.

들의 한글의 사용에 대해 논하는 것은 새로운 일이 아니다.[50] 그러나 양반 여성의 한글 사용에 대한 연구는 대부분 사적 영역의 글에 국한되었다.

한글 소지 또는 상언의 존재는 몇 가지 의문을 제기한다. 즉 어떻게 한글 소지 또는 상언은 한문이 지배하던 법적 글쓰기를 복잡하게 만들었을까? 왜 여성들은 자신의 소지를 한문으로 제출할 수도 있었을 텐데, 굳이 한글을 이용해 공공의 장소로 들어가는 것을 선택했을까? 왜 여성들은 한글 소지 또는 상언을 제출함으로써 처벌받을 위험을 감수했을까? 남성들의 한글 소지 또는 상언이 부족한 것은 무엇을 의미할까? 한글이 여성과 하층민을 위해 만들어졌다면 왜 하층 남성이 한글로 제출한 소지는 찾기 어려울까?

비록 여기에서 이 모든 문제를 해결하기는 불가능하지만, 이 책의 목표는 양반 여성들이 소지에 한글을 사용한 것의 중요성을 강조하고, 그들이 흔히 이분법적 관점에서 논의된 두 문학 공간 사이의 구분과 위계질서에 어떻게 도전했는지를 보여주는 것이다. 한글 소지 또는 상언을 살펴보는 것은 소원의 연극적 무대로 들어가는 것이 어떻게 여성, 특히 양반 여성들에게 한글로 자신들의 원寃을 이야기함으로써 젠더화된 정체성을 연기하는 방법이었는지를 보여준다.

저자가 발견한 최초의 한글 상언은 중종 시기(재위 1506~1544)인 1509년 종친의 딸인 철비鐵非가 제출한 것이다. 그녀는 사비私婢가 된 자신의 죄를 호소했다. 법사의 관리들은 그녀의 죄를 용서할 수 없다고 주장했고,

---

50) 명나라 시기 중국 엘리트 여성들의 식자율이 높아지면서 그들이 사회와 문화생활에서 훨씬 더 적극적인 역할을 수행할 수 있었다. Dorothy Ko, *Teachers of the Inner Chambers*, 29~114.

더 나아가 그녀가 적절한 형식에서 벗어난 한글 상언을 올렸다고 비판했다.[51] 그럼에도 중종은 그녀를 공신 집에 비婢로 주지 말도록 했다.[52] 광해군 시기(재위 1608~1623)에 조정 관리들은 법사에서 한글 상언을 받아들여야 하는지를 진지하게 논의했다.[53] 국가가 한글 상언을 합법화하려고 노력한 것은 아니었지만, 한글 상언을 물리치는 것은 억울함을 시정하려는 국가의 의도에 반하는 일이었기 때문에 마침내는 한글 상언을 인정하기에 이르렀다.[54]

이번 연구에서 조선후기 동안 지방에서 제출된 여성 소지는 155건을 확인할 수 있었다.[55] 그중 30건은 한글로, 나머지는 한문으로 작성되었다. 한글 소지 30건 중에서 16건은 양반 여성이, 14건은 평민 여성이 제출했다(평민 여성이 제출한 한글 소지의 예는 김조이의 한글 원정 참조). 비록 여성들이 한문으로 제출한 소지가 한글 소지보다 많았지만, 한글 소지가 중요한 이유는 그러한 소지가 법에 어긋났는데도 지방 고을로부터 공식적으로 인정받았기 때문이다.

임금에게 상언을 제출할 때는 국가에서 여성의 한글 상언을 계속 문제

---

51) 『중종실록』 8(4/4/16), 9(4/9/11). 기사에는 그녀가 범한 범죄가 언급되어 있지 않다.

52) 『중종실록』 12(5/12/12).

53) 『광해군일기』 두 판본에서 모두 이홍로(1560~1610)의 처 기씨가 제출한 한글 상언을 받아들여야 하는지를 두고 논의한 내용을 기록했다. 『광해군일기』(중초본·정초본; 2/5/5, 2/5/10, 2/5/16) 참조. 이외에 김자현, "Gender and the Politics of Language", 250에도 인용되어 있음.

54) 예를 들어 유학 조진성의 처 이씨는 한글로 된 상언을 제출했으나, 조정에서는 작성된 문자를 문제 삼지 않았다(『일성록』, 정조, 11/4/4).

55) 『고문서집성』(vols. 1~76)과 『고문서』(vols. 16~26)에 수록된 여성 소지 147건 이외에 『문헌과 해석』에서 양반 여성의 소지가 4건 확인된다. 이외에 양반 여성인 조씨가 제출한 소지 4건이 그녀의 소지 원문을 수록한 다른 학술지에서 추가로 확인된다. 이로써 도와 군현에 제출된 총 155건의 소지를 확인할 수 있다.

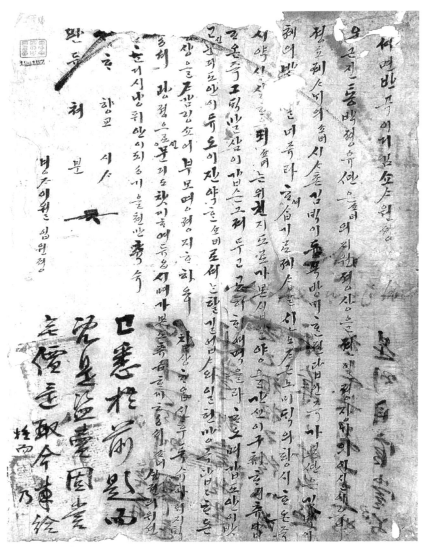

김조이의 한글 원정, 「고문서」 194167, 서울대학교 규장각

삼았지만, 지방 단계에서는 여성들이 안채에서 쓰는 글쓰기 언어로 소지에 붉은색 관인을 받는 데 성공했음을 보여준다. 여성 송자들이 한글 소지 또는 상언을 작성할 때 대서인이나 남성 친척에게 의존했을 것이라고 보는 경우도 있다.[56] 분명 대다수 여성이 그렇게 했을 것이다. 다만, 이 연구에서는 여성들이 문자 그대로 소지 또는 상언을 직접 썼는지에 초점을 두지는 않는다. 여기서 주목하는 것은 여성들이 상언 또는 소지 작성 과정에 어떤 방식으로든 참여했을 것이라는 점과 한글로 소지 또는 상언을 제출한 것은 남성 상대방이 아닌 바로 여성 당사자였다는 사실이다. 만약 여성들이 전적으로 남성의 도움에 의존했다면, 한글 소지 또는 상언이 법정에 나올 가능성은 거의 없었을 것이다. 따라서 나는 자신이 알고 있는 언어로 소지 또는 상언을 작성한 것은 여성의 선택이었다고 주장한다. 이것은 여성의 젠더 정체성을 구현하고, 공적인 글쓰기로 원冤을 이야기함으로써 여성성을 나타내는 방법이었다. 여성들은 정소 활동을 통해 한문이 지배해온 이전 법적 글쓰기에 한글의 사용을 확장했다.

법적 영역에서 이중언어는 한문과 한글로 제출된 상언과 소지에서 명백하게 발현되었다. 양반 여성이 한문으로 써서 제출한 소지는 현존하는 원冤을 바로잡기 위해서가 아니라 미래에 일어날지도 모르는 억울함을 막기 위해서 소원했다는 점에서 특이하다. 소원인이 분쟁이 발생하지 않도록 미리 법적 확인을 얻고자 호소한 소지를 찾는 것은 흔한 일이 아니다. 부인 임씨가 제출한 소지가 바로 그러한 사례로, 지방 관찰사에게 재산의 분배에 관해서 법률적 조언을 해달라고 호소했다.

---

56) 김경숙, 「조선후기 여성의 정소 활동」 97.

부인 임씨는 1652년 12월 전라도 관찰사에게 한문으로 된 소지를 제출했다. 부인 임씨는 가문 계승과 재산 문제에 대한 자세한 사항을 설명하기 위해 길게 이야기했다. 부인 임씨와 남편 오신남吳信男(1575~1632)은 아들이 없고, 첩이 낳은 딸이 둘 있었다. 그래서 부부는 오신남의 종손자인 오상지를 입양하기로 하고 그가 세 살이 되기 전에 집으로 데려왔다. 무신으로 외교사신을 지낸 오신남은 아들을 입양한 뒤 대부분 집을 떠나 있었다. 그는 명나라의 후금 정벌전투에 조선군 원병으로 참여하였다가 포로로 붙잡혀 10년 넘게 귀향할 수 없었다. 부인 임씨는 소지에서 남편이 편지를 보낼 때마다 오상지가 제사를 모실 유일한 상속인이기 때문에 그를 염려했다고 진술했다.

오신남은 귀향해서 오상지를 보고 기뻐했으나, 다시 외교사절로 중국에 가라는 명을 받았기 때문에 그 기쁨은 오래가지 못했다. 그때부터 오신남은 중국과 조선을 오가다가 1632년에 사망하였다. 부인 임씨는 소지에서 오상지가 남편이 죽은 후 가문승계인으로서 의무를 어떻게 충실히 수행했는지를 이야기했다. 부인 임씨는 오상지가 남편의 장례를 모시고 삼년상을 치렀다고 강조했다. 그뿐만 아니라 오상지는 부인 임씨가 지시한 대로 20년 동안 조상의 사당, 묘지, 제사를 돌보았다고 했다. 부인 임씨는 오상지가 가문승계인으로서 역할을 성실히 수행했다고 관찰사를 설득하고 싶어 했다.

부인 임씨가 이렇게 주장하는 데는 오상지의 정통성에 두 가지 중대한 결함이 있었기 때문이다. 첫째, 당시 입양법에 따르면 적절한 세대의 부계 방친을 아들로 입양해야 했다. 오상지는 부계 방친이었지만 세대에 문제가 있었다. 즉, 입양자의 조카뻘 중 한 명을 양자로 삼아야 하는데 오상지는 오신남의 종손자였다. 둘째, 입양과 가문승계는 구분되는 문제였다. 양자가 자동으로 가문승계인이 되지는 않았기 때문이다. 가문승계인으로 자리매김하려면 양자는 입안을 얻어야 했다. 오상지의 경우 오신남의 갑작스러운 죽음으로 아직 예조에서 입안을 받지 못했다. 부인 임씨는 이런 결점에도 불구하고 남편이 『별급문기別給文記』에서 오상지를 가문승계인으로 삼겠다는 뜻을 분명히 밝혔다는 점을 강조함으로써 자신의 주장을 뒷받침했다. 『별급문기』는 출산, 결혼, 과거급제 등과 같은 특별한 사유로 재산을 증여할 때 작성하는 분재문서였다. 부인 임씨는 더 나아가 다른 친척도 상지를 가문승계인으로 인정했다고 주장했다.

오상지의 정통성은 오신남의 재산을 분배할 때 결정적인 문제로 떠올랐다. 그의 지위가 인정된다면 가장 많은 재산을 받을 수 있었다. 오신남이 살아 있고 오상지가 공식적으로 가문승계인으로 인정되었다면 그의 지위는 의심할 여지가 없었을 것이다. 그러나 오신남의 갑작스러운 죽음은 부인 임씨에게 일을 복잡하게 만들었다. 부인 임씨는 오상지의 지위를 확고히 하기 위해 그를 역시 가문승계인으로 인정한 다른 혈족형제 세 명과 상의한 끝에 오상지에게 땅을 주었다.

부인 임씨가 처음 남편 재산을 자식들에게 나누어주기로 결정했을 때, 그녀는 다른 친척들을 포함한 일가족 모두를 모이게 했다. 사위 윤인철은 오상지를 가문승계인으로 받아들이는 것은 부적절하므로 재산을 균등하게 분배해야 한다고 주장했다. 부인 임씨가 오상지 몫을 보장해주고자 한다면, 관에 그를 상속인으로 인정해달라고 정식으로 요청할 필요가 있었다. 부인 임씨는 소지에서 윤인철를 비롯한 다른 사위가 오상지를 상대로 소송을 제기하는 것을 막기 위해 소원을 한다고 그 동기를 밝혔다. 부인 임씨는 또한 그 같은 법적 분쟁을 피하기 위해 법에 따라 재산을 분배할 필요성을 느꼈다. 그래서 부인 임씨는 두 번째로 상속문서를 작성하기 전에 자신이 가지고 있던 네 가지 구체적인 질문에 대해 관찰사에게 법률자문을 듣기로 했다. 그녀는 다음과 같이 진술했다.

제가 이 소지를 작성한 까닭은 제가 알지 못하는 법들이 많아 존경하는 관찰사님께 가르침을 얻고자 함입니다. 우선 남편과 제가 오상지를 세 살 이전에 입양한 것이 분명하고, 이미 오상지를 제사승계인으로 인정한 것이 분명한데도 첩들의 자녀들에게 똑같이 재산을 나누어주어야 하는 것인지 모르겠습니다. 예를 들어 제 사위 윤인철도 오상지와 동등한 몫을 받아야 하는지요? 저는 적손의 자식들과 첩손의 자식들 사이에는 반드시 차이가 있어야 한다고 믿습니다. 그렇다면 첩들의 자식들에게는 얼마만큼의 몫을 주어야 하는지요? 둘째로 서울에 사는 딸들 중 한 명의 어미는 노비였습니다. 그러나 제 남편이 첩으로 삼은 후 평민 신분을 사들였지만, 보충대補充隊에는 등록하지 않았습니다. 더구나 그 첩은 정절을 지키지 못하고 다른 남정네에게 떠났습니다. 저는 그녀를 남편의 천첩賤妾으로 보아야 하는지요, 아니면 양첩良妾으로 보아야 하는지요? 셋째로 제가 재산을 분배할 때 저와 양자의 관계는 법적으로 모자관계가 되는 것이 적절해 보입니다. 그러나 사위와 관계를 생각하면 첩들이 낳은 딸들의 남편이기 때문에 달라야 한다는 생각이 듭니다. 제가 작성할 상속문서에 대해 입안을 받는 것이 적절한 것인지요, 아니면 필요치 않은 것인지요? 넷째로 선조의 제사에 봉사할 토지와 노비에 대해서는 남편이 2품 관리였으니 어떻게 분배해야 할지 모르겠습니다.[57]

부인 임씨는 위의 네 가지 질문을 나열한 후 관찰사에게 서면 판결을 요청하는 것으로 자신의 소원을 마무리했다. 그녀는 "관련되는 법을 잘 모를 뿐만 아니라 외진 곳에 살고 있어 이러한 문제에 대해 누군가와 상의하기가 쉽지 않습니다. 그러므로 감히 이 소지를 씁니다…. 후손들 사이에 다툼이 없도록 서면으로 판결해주십시오. 평민들이 쓴 다른 소지와 같이 다루실 거라면 부디 이 소지를 읽지 말아주십시오. 제가 엄격한 법에 따라 제기한 네 가지 질문에 계책을 마련해주시기를 바라옵니다."[58]

다른 여성 소지의 내러티브와 비교해볼 때, 부인 임씨는 사위가 자신의 재산분배 권위에 도전했는데도 감정을 억제했다. 그녀는 소원을 통틀

---

57) 조선시대에 제사상속인은 개인의 재산과 집안의 재산이라는 두 가지 종류의 재산을 상속받았다. 후자인 재산은 조상의 제사를 위해서 특별히 사용되는 것이었다. 이것은 다시 직계 선조의 봉사를 위한 토지·노비(제위조)와 상속인이 없이 죽은 방계 후손들을 위한 토지·노비(판부조)의 두 종류로 나뉘었다. 봉사를 위한 토지는 제사상속인이 모두 관리하고 형제간에 나누어 가질 수 없었으며, 법 역시 제사상속인이 그 부분에 해당하는 재산을 팔지 못하도록 하였다. 부인 임씨가 제기한 네 번째 문제는 남편의 관직과 관련이 있었다. 국가가 관리에게 준 땅은 당해 관리가 사망하면 국가에 귀속되어야 했다. 그러나 경우에 따라서는 국가가 가족에게 토지를 보유할 수 있도록 허용하고, 땅의 전부 또는 일부에 대해서 세금을 내도록 했다. 따라서 이 사례 역시 부인 임씨가 남편이 죽은 뒤에도 그 땅을 지키고 있다가 얼마만큼의 땅을 국가에 돌려주어야 하는지에 관심이 있었던 것으로 보인다. 안승준, 「1652년 오신남의 처 임씨가 계후」, 63 참조.

58) 안승준, 「1652년 오신남의 처 임씨가 계후」, 63.

어 중립적인 어조를 유지하려고 노력했지만, 네 가지 질문에서 오상지를 보호하려는 의중을 드러냈다. 법률자문을 구하려는 진짜 의도는 남편의 재산 중 필요 이상으로 첩들의 자식들에게 돌아가지 않도록 확실히 하기 위함이었다. 재산문제로 첩들 자녀들과 갈등관계에 있던 양반 여성들에게는 이런 일이 드물지 않았다. 부인 임씨는 과부이면서 또한 집안을 이끌어가야 할 어른이었다. 그녀의 이러한 이중적 지위는 가족 내에서 중요한 영향력을 행사할 수 있게 해주었다. 그녀가 20년 이상 재산을 관리한 후에야 분배하기로 결정한 것은 놀라운 일이다. 경제권을 쥐고 성인인 아들을 이끌며 권위를 유지한 모습이 반영된 것이다. 그녀의 소원이 더 중요한 것은 나중에 일어날 수도 있는 원冤을 막기 위해 법률자문을 구했다는 점이다. 대부분 소지가 원冤이 발생한 후에야 제출된 반면, 부인 임씨의 소지는 첩들 자녀들과 분쟁을 피하기 위해서 미리 제출되었다. 부인 임씨의 소원은 관찰사와 글을 주고받으면서 기존의 억울함을 해소하는 데서 향후 분쟁을 막기 위한 법률자문을 구하는 것으로까지 관행을 확대함으로써 그녀가 어떻게 적극적으로 상소제도를 전용했는지를 보여준다.

관찰사는 먼저 부인 임씨에게 후손들 사이에 일어날 수 있는 불화를 막으려는 노력을 칭찬한 뒤 답변을 주었다. 그의 서면 판단은 주로 첫 번째 문제에 초점을 맞추었고, 『경국대전』에 규정된 법조문에 근거하여 신분에 따라 재산을 어떻게 분배해야 하는지 상세히 설명해주었다. 그는 적절하지 않은 세대의 입양은 법에 어긋난다고 지적하면서도 예외가 있음을 시사했다. 만약 입양된 아이가 같은 혈통의 가까운 친척 출신이라면 적절하지 않은 세대라도 가문승계인으로 인정받을 수 있었다. 이러한 예외를 근거로 관찰사는 부인 임씨에게 오상지의 정통성에 문제가 있다고 볼 수는 없다고 했다. 더욱이 오상지 입양이 3세 이전에 행해졌고, 『별급문기』에서도 양아버지가 가문승계인으로 언급했다는 사실이 그의 정통성을 확고히 해주었다.

관찰사는 이어 법조문의 내용을 상세히 설명하고, 토지를 똑같이 분배하는 것은 부적절하다고 결론 내렸다. 그는 오상지가 첩들 자식들보다 더 많은 몫을 받아야 한다고 했다. 부인 임씨의 두 번째 질문에 대해 관찰사는 첩의 딸을 노비로 취급하고 그에 따라 몫을 주어야 한다고 제시했다. 어미는 비록 평민 지위를 얻었지만, 딸이 태어났을 때는 노비였으므로 평민 신분인 첩과 같은 대우를 받을 수는 없다고 했다. 세 번째 질문에 대한 답변으로 관찰사는 입안을 받는 것은 재산소유자 의지에 달려 있다고 했다. 마지막 질문에 대해서는 대부大夫 이상이면 노비 6명, 사士 이하이면 노비 4명이라고 명기했다.[59]

부인 임씨의 소원은 나중에 일어날지도 모르는 문제를 예방하기 위해 법률지식을 얻으려는 것이었다는 점에서 변용된 것이었지만, 관찰사는 그녀의 모든 질문에 성심껏 답변했다. 이 소원은 부인 임씨가 직접 초안했는지, 아니면 남성 가족구성원에게 의존했는지에 대한 어떠한 정보도 제공하지 않는다. 이 소원은 부인 임씨가 어떻게 서면 형식의 규범에 순응하면서도 내용면에서는 정식을 벗어나 당국과 소통하기 위해 적극적으로 상소제도를 활용했는지를 보여준다. 소원에서 다루는 내용이 더 큰

---

59) 안승준, 「1652년 오신남의 처 임씨가 계후」, 66-67.

사회뿐만 아니라 가족 내부의 화합을 유지하기 위한 것과 관련이 있는 한 국가는 송자의 억울함이 이미 존재하는 것이든 아니든 간에 그를 폭넓게 수용한 것으로 보인다.

부인 임씨의 소원은 법률지식을 구한다는 점에서 특이했지만, 그녀가 사용한 문어는 공식언어에 부합했다. 한글 소원은 내용면에서는 국가가 공식적으로 인정한 것을 갖추었지만, 적절한 형태의 글쓰기에서는 벗어 나 있었다. 여성은 소원할 때 한자와 한글 두 언어를 모두 전략적으로 사 용하면서 여러 차례 소지를 제출하는 일이 드물지 않았다. 예를 들어 재 산분쟁에 휘말렸던 조씨는 소지를 총 4건 제출했는데, 1816년 9월에 제출 된 그녀의 첫 소지는 한문으로 작성되었으나, 그다음 달에 제출된 나머지 소지 3건은 모두 한글로 작성되었다.[60] 한문과 한글로 작성된 소지를 비 교했을 때, 내용면에서는 별다른 차이가 없기 때문에 송자가 사용하는 언 어를 선택하는 이유를 찾기가 어렵다. 소지에는 언어문제에 관한 암시조 차 나타나 있지 않다. 그러나 언어를 선택한 것이 여성 자신이었다고 가 정하는 것은 그리 어려운 일이 아니다.

예를 들어 부인 이씨의 소지에는 그녀가 직접 소지를 작성했다고 명시 되어 있다. 자식들에게 남긴 유언장에서 그녀는 자신이 초안자임을 보여 주기 위해 직접 한글로 글을 썼다고 강조했다.[61] 마찬가지로 부인 이씨는 의붓아들의 첩자인 석우를 상대로 낸 소지에서도 한글을 사용했다. 그녀 는 그가 저지른 다른 범죄들과 함께 가문승계인의 지위를 빼앗으려 한 것

---

60) 홍은진은 「구례 문화 유씨가」라는 논문에서 조씨의 한글 대본 소지를 처음으로 소개했다.

61) 부인 이씨의 소지와 유언은 김용경, 「평해황씨가 완산이씨」, 82-87에서 확인할 수 있다. 한문과 한자로 된 원문의 내용이 해석과 함께 모두 수록되어 있다.

을 처벌해달라고 호소했다.

　부인 이씨는 선조 시기(재위 1567~1608) 고위관료였던 황여일黃汝一(1556~1622)의 두 번째 부인이었다. 황여일은 첫 번째 부인과는 중윤이라는 아들을 두었고, 부인 이씨와는 중민, 중헌, 중순, 중원 네 아들을 두었다. 가문승계인이었던 중윤은 본처와 사이에 아들이 없었기 때문에 대를 이으려면 아들을 입양해야 했다. 황여일은 죽기 전 이복동생의 아들 중한 명을 입양하도록 했다. 이러한 유지에 따라 중윤은 중헌의 아들 석래를 양자로 삼기로 했다. 그러나 중윤이 갑작스럽게 사망하자 석래의 지위를 탐했던 석우는 그를 중민의 아들로 대체하기 위해 음모를 꾸몄다. 석우는 맏아들인 중민이 살아 있는데 중헌의 아들을 입양하는 것은 사리에 어긋난다고 주장했다. 부인 이씨는 석우의 행동을 불의한 것으로 여기고, 임금에게 상언을 올려 가문승계인 선정에서 그가 아버지 뜻을 거스르려 한다고 알렸다.[62]

　국가에서는 부인 이씨의 소지를 검토한 후 석우를 3년 동안 백령도로 유배 보냈다. 부인 이씨는 석우가 계속 말썽을 일으킬 것을 염려하여 가문승계인으로 석래의 지위를 확고히 하는 유서를 쓰기로 했다. 1651년 3월 20일 부인 이씨는 만일 석우와 중민이 가계의 승계 문서를 조작해 석래를 교체하려고 한다면, 다른 가족들은 자신의 증언을 증거로 해서 관에 알리고 그들을 처벌할 것을 요구하도록 유언장을 작성했다. 그녀는 가족의 질서를 유지하겠다는 의지를 보여주기 위해 직접 한글로 초안을 작성

---

62) 1656년에 쓰인 소지와 같이 임금에게 올린 상언은 더 존재하지 않지만, 부인 이씨의 유언장에 언급되어 있다.

했다고 언급하며 유서를 끝냈다.[63]

1656년 1월 8일 부인 이씨는 관찰사에게 제출할 소지의 초안을 작성했다. 이 소지는 다른 소지들과 달리 관리의 서면 판단이 없는 것이어서 관아에 제출된 적이 없거나 제출된 판본의 사본임을 암시한다. 여하튼 부인 이씨는 소지를 한글로 썼고, 다시 한번 석우를 처벌하기로 작정했다. 그녀는 석우가 백령도에서 풀려난 후에도 어떻게 나쁜 짓을 계속했는지 이야기했다. 석우는 부인 이씨의 문서를 훔치고 중앙의 고위관료들에게 뇌물을 주어 그들의 지지를 얻었다. 여기에 더해 석우는 부인 이씨가 훔친 서류를 돌려달라고 부탁하는 편지를 보냈지만 찢어버렸다. 그녀는 소지에서 다음과 같이 진술했다.

제가 지극히 높으신 감사님께 이렇게 아뢰옵기 한없이 두려우나 통분할 일이 하늘에 닿았으므로 부끄러움과 두려운 줄을 헤아리지 아니하고 적습니다. … 석우는 제가 적은 것을 갈기갈기 찢어버리고 갖가지로 모욕하고 나타나지 않으니, 인간 천지에 이런 무례하고 패악한 놈이 어디 있겠습니까? 그가 서얼의 분수를 헤아려도 이렇게 못할 것이요, 노비와 주인의 분수를 헤아려도 이리는 못할 것이거늘, 이리도 방자합니다. 당초에는 제가 그 역시 골육이라 불쌍히 여겨 내버려두었다가 오늘날 이 모욕을 당했으니, 이놈을 그저 두었다가는 다른 날에 이놈이 불측할 듯합니다. 저도 골육의 정의를 헤아리지 못하여 법대로 처리하고 싶습니다. 이놈이 지은 여섯 가지 죄악, 즉 적조모를 모욕한 죄, 노비가 주인을 배반한 죄, 가문의 승계권

---

63) 이 유언은 이정옥, 「완산이씨 유언고」에서 처음 소개되었고 김용경, 「평해황씨가 완산이씨」, 79-82에서 다시 소개되었다.

을 빼앗으려 도모한 죄, 가문 문서를 도둑질해 팔아버린 죄, 제 아비의 제사를 아니 지내는 죄, 제 어미를 인연 삼지 않은 죄를 법에 따라 엄히 처벌해주십시오. 그가 국법의 지엄함을 깨달을 수 있도록 이 여섯 죄악에 적용할 법을 낱낱이 상고해주십시오. 그리하여 부디 이 늙고 약한 여인을 살펴주십시오. 더 이상 글을 쓰기가 두려워 이만 아룁니다.[64]

부인 이씨의 억울함은 석래의 정당한 지위를 빼앗으려는 석우의 시도에서 비롯했지만, 그녀의 어조는 모욕이나 좌절로 촉발된 분노를 더욱 크게 반향하고 있었다. 부인 이씨는 석우가 집안 어른을 무시하고 자기 권위에 도전하는 것을 응징할 작정이었다. 부인 이씨가 석우를 고발할 수 있었던 것은 그들의 관계가 피로 연결되어 있지 않았기 때문이다.

그녀는 또한 석우와 관계를 주인과 노비 관계로 언급했다. 석우 모친은 이전에 부인 이씨의 노비였다. 부인 이씨는 중윤이 계집종을 첩으로 들이려고 했을 때 그를 허락했다. 종모법에 따르면 자손의 지위는 모친의 지위로 규정되었다. 만일 석우 모친이 평민 지위를 얻지 않고 그를 낳았더라면 원칙적으로 그의 지위는 노비가 되었을 것이다. 석우의 주인이 할머니이자 집안의 어른이었기 때문에 그는 평범한 노비들과 구별되는 삶을 살 수 있었다.

부인 이씨는 한글로 직접 소지를 썼다. 그녀는 자기 판단에 따라 익숙한 언어로 소지를 작성하여 고을 관아에 제출하기로 결심했다. 1509년 여성들은 서울 단계에서 관사와 소통하기 위해 마찬가지로 한글을 사용했

---

64) 김용경, 「평해황씨가 완산이씨」, 82-87.

다. 그러나 상언이 임금에게 한글로 제출되었을 때 완전히 물리쳐진 것은 아니지만, 계속 비판을 받았다. 그럼에도 양반 여성들은 임금에게 상언을 제출할 때, 그들에게 능숙한 문자를 사용하는 데 주저하지 않았다. 양반 여성들은 소원할 때 한글로 글을 썼을 뿐만 아니라, 국왕과 대화에 임하기 위해서도 소원제도를 적극 활용했다. 여성 당사자들은 고충을 해소하는 것 외에도 법률자문을 구하거나 감사의 뜻을 표하기 위해 소원을 소통 공간으로 활용했다.

부인 김씨의 상언은 한글로 쓰였음에도 그대로 국왕에게 직접 제출되었다는 점에서 부인 이씨의 소지와는 다르다. 부인 김씨의 소원은 그녀가 임금의 응답을 받을 때까지 궁궐 앞에서 무릎을 꿇은 채 성은의 망극을 표하는 연극적 공간에서 행해졌다. 영조(재위 1724~1776)에게 제출된 부인 김씨의 두 가지 상언은 고위관료 가문의 여성이 소원제도를 이용하여 군주와 상호 대화를 통해 어떻게 적극적으로 자신의 이해를 추구했는지를 보여준다.

부인 김씨(1655~1736)의 남편 집안은 17세기 후반에서 18세기 초 사이에 조선 조정에서 붕당이 절정에 달했던 시기에 몰락했다. 과부로 집안 어른이었던 부인 김씨는 유일한 가문승계인인 손자를 구명하기 위해 소원에서 정사의 핵심 내용을 일일이 열거하며 목숨을 걸었다. 그녀가 임금에게 호소한 데는 두 가지 목적이 있었다. 하나는 손자가 처벌을 받지 않도록 보호하는 것이었고, 다른 하나는 시동생의 결백을 증명하는 것이었다. 부인 김씨는 조선 궁중에서 가장 공적인 남성 권력투쟁을 내레이션했을 뿐만 아니라, 자기 목숨을 걸고 가문의 반대자를 비난하는 용기도 있었다.

부인 김씨는 1724년 영조가 왕위에 오른 뒤 처음 3년 동안 상언을 두 건 제출했다. 두 상언의 목적 모두 남편의 후사를 보호하려는 것이었지만, 두 번째 상언의 어조는 첫 번째 상언과는 달랐다. 1725년에 제출된 1차 상언은 임금의 관대한 처분에 감사하는 마음을 담기 위해 작성되었지만,[65] 2년 후 제출된 2차 상언은 손자와 시동생을 변호하기 위해 초안된 만큼 절박한 어조를 띠었다.[66] 부인 김씨는 서인의 중추이자 『구운몽』과 『사씨남정기』의 저자로 유명한 김만중金萬重(1637~1692)의 딸이었다. 명문가 출신인 부인 김씨는 유교적 규범에 정통하고 한글 문서에도 익숙했다. 남편 이이명李頤命(1658~1722)은 김창집金昌集(1648~1722), 이건명李健命(1663~1722), 조태채趙泰采(1660~1722)와 함께 노론의 4대신이었다. 노론은 소론과 왕통문제로 격렬한 다툼을 벌였고, 이는 1721~1722년 신임사화辛壬士禍로 이어졌다. 신임사화는 경종 시기(재위 1720~1724) 영조의 대리청정을 지지했던 4대신을 포함한 노론의 많은 인물이 불충으로 탄핵되어 숙청된 사건이었다.

부인 김씨의 가문을 위태롭게 한 노론과 소론 사이의 붕당은 숙종 시기에 시작되어 경종, 영조 시기까지 계속되었다. 숙종 시기 궁중의 화려한 삼각관계는 노론의 숙청을 예고했다. 1681년 숙종은 조선시대의 이상적

---

65) 『영조실록』 6(1/5/9).

66) 임형택, 「자료해제」, 362-65. 부인 김씨의 두 번째 상언 역시 이 논문에 나와 있다. 임형택은 주로 소원의 정치적 측면에 초점을 맞추고 있으며, 유교의 가부장적 맥락 속에서 부인 김씨의 역할과 같은 젠더 측면의 분석으로는 범위를 넓히지 않았다는 점을 인정한다. 두 번째 상언은 한글로 쓰인 편집되지 않은 형태가 존재한다.

여성상으로 자주 그려지는 인현왕후와 혼인했다. 인현왕후가 혼인한 후 8년 동안 후사가 없자, 숙종은 신분이 낮은 장씨를 첩으로 삼았다. 장씨는 후일 경종이 된 아들을 낳았고, 아들이 원자로 책봉되면서 희빈이 되었다. 인현왕후는 궁중에서 쫓겨나 폐서인이 되었다. 인현왕후가 폐서인이 된 지 5년이 지나 숙종은 자신의 행동을 후회하면서 1694년 인현왕후를 복위시키고, 장씨를 왕후에서 다시 희빈으로 강등시켰다. 인현왕후는 1701년 장씨가 행한 저주로 추정되는 병으로 세상을 떠났다. 숙종의 사랑은 장씨에게 사형을 내리면서 끝났다.

조선왕조의 붕당은 두 가지 주요 원인에서 비롯했다. 가문, 지역, 학문적 성향에 따라 붕당이 형성되었고, 각 시기의 정치·사회 문제 역시 그러한 요인들을 결정짓고 있었다.[67] 노론과 소론의 분열은 장씨가 아들을 낳자 더욱 깊어졌다. 노론은 경종이 나이가 적지 않은데도 후사가 없자 후일 영조가 된 연잉군을 왕세제로 책봉하고 대리청정을 하라고 권유했다. 그렇지만 소론은 이를 불충이라 하여 반대했다. 영조의 어머니는 출신이 미천한 최씨였다. 노론이 영조의 대리청정을 지지한 이유 중 하나는 그들이 인현왕후를 복위시키기 위해 애를 썼고, 장씨의 처벌을 요구했기 때문이다. 따라서 그들은 경종이 왕위를 잇는 것이 부당하다고 여겼다. 1721~1722년 신임사화는 경종이 즉위하면서 노론이 숙종 말년부터 경종을 제거하려고 음모를 꾸며왔다는 고변을 계기로 일어나게 되었다.

부인 김씨는 친인척이 모두 노론이었다. 숙종이 처음 인현왕후를 폐위

---

67) 김자현, *Confucian Kingship*, 122(김자현, 『왕이라는 유산』, 너머북스, 2017).

하기로 결정했을 때 인현왕후를 지지했던 그녀의 부친은 유배되었다.[68] 이이명, 이건명, 김창집 등 노론 4대신 중 3인이 부인 김씨와 친인척 관계가 있었다. 이건명은 이이명의 사촌이었고, 김창집은 이이명 며느리의 부친이었다. 부인 김씨는 당대 명문가 출신이었지만, 친인척이 붕당의 희생양이 되는 대가를 치렀다. 그녀의 남편은 처형되었고, 아들 이기지는 고문 끝에 죽었으며, 손자 이봉상은 노비가 될 처지였고, 시동생 이익명은 유배되었다. 부인 김씨와 그녀의 며느리, 손자며느리 세 여성도 전라도 부안으로 유배되었다. 부인 김씨의 가족들은 이봉상을 제외하고는 모두 처벌을 받았다.[69]

조정에서 이봉상을 잡아들여 노비로 만들기를 명했을 때, 부인 김씨는 남편의 가계가 단절될까 걱정되었다. 부인 김씨는 집안의 어른으로서 손자를 구하기 위한 계책을 고안해냈다. 부인 김씨가 자신의 손자를 노비로 만든다는 소식을 처음 들었을 때, 한밤중인데도 손자의 유모와 이 문제를 필사적으로 의논했다. 유모에게는 봉상의 나이쯤 되는 아들이 하나 있었는데, 두 아이는 다행인지 불행인지 얼굴이 비슷했다. 부인 김씨는 손자를 구하려고 그에게 봉상이 도망칠 수 있도록 주인을 위해 목숨을 바칠 수 있냐고 물었다. 유모의 아들은 기꺼이 승낙하고는 강물에 몸을 던져 죽었다. 관아에서 조정의 명을 수행하기 위해 도착했을 때, 그들은 봉상이 이미 죽었다는 말을 들었고, 그 시체가 증거로 내어졌다. 이후 이봉상 사건

---

68) 김만중은 유배 동안 『사씨남정기』를 썼는데, 숙종이 궁중에서 벌인 삼각관계를 비유적으로 비판한 소설이었다. 김만중은 인현왕후를 지지했으며, 그를 유교적 여성의 이상으로 묘사했다.

69) 조선 법사의 사대부에 대한 관례적 처형방식은 사약을 내리는 것이었다. 그러나 이건명은 참수당하여 굴욕적인 죽음을 맞이하였다. 그의 아들 중 두 명은 아버지 시신을 묻고 자살했다. 유숙기, 『겸산집』 14:30, 김자현, *Confucian Kingship*, 274, 각주17에서 인용(김자현, 『왕이라는 유산』, 너머북스, 2017).

은 종결되었고, 조정에서 더는 논의되지 않았다.[70]

부인 김씨는 손자를 구하기 위해 두 가지 죄를 저질렀다. 하나는 노비 소년의 자살을 유도한 것이고, 다른 하나는 손자의 피신을 도우며 국가의 명에 맞선 것이었다. 부인 김씨는 자신의 범행을 인정하고 자백을 결심했다. 그러나 그녀는 경종 때는 자수하지 않았다. 그녀는 전략적으로 적절한 시기를 기다렸다. 그 시기는 영조가 왕위에 오르면서 정치적 환경이 그녀 가문에 우호적으로 변했을 때였다.[71] 영조는 정국을 주도하면서 노론 4대신의 관작을 회복시켰다.[72] 영조는 더 나아가 노론 4대신을 위해 별도로 사당을 세워 향사하도록 명했다.[73] 부인 김씨는 경종 때는 침묵을 지켰지만, 경종의 때 이른 죽음 이후에는 마침내 자신의 죄를 말할 용기를 보였다.[74]

영조 1년에 이이명이 복권되자 그의 아우 이익명이 임금에게 봉상을 사면해달라고 간청하였다. 봉상과 관련한 이익명의 상소는 그가 유배에서 풀려난 직후 임금에게 보내졌다. 그는 죽은 줄 알았던 이봉상이 살아

---

70) 『영조실록』 5(1/4/25).

71) 영조가 왕위에 오르자, 노론의 일원들은 처음에는 시대가 자신들에게 호의적으로 움직였다고 생각했다. 그러나 영조는 전대에 깊어졌던 붕당을 극복하겠다는 의지가 강했기 때문에 노론과 소론을 모두 포용하는 탕평책을 펼쳤다. 영조가 즉위한 해에는 정치 환경이 노론 편에 섰으나, 임금이 노론과 소론 모두를 포용하려 하면서 점차 소론 편으로 기울었다. 자세한 내용은 김자현, *Confucian Kingship*, 117-65 참조(김자현, 『왕이라는 유산』, 너머북스, 2017).

72) 『영조실록』 4(1/3/2).

73) 『영조실록』 7(1/8/16). 이이명의 위패는 충무공 이순신(1545~1598)의 사당이 있는 남해에 모셔지도록 했다. 충무공 이순신은 임진왜란(1592~1598) 때 왜군과 싸워 조선군을 승리로 이끈 영웅이다.

74) 경종이 죽은 후 영조가 보낸 것으로 추정되는 게장을 먹고 죽었다는 소문이 돌았다. 이 주장은 결국 확인되지는 않았다. 그러나 영조는 재위기간 내내 이복형을 죽였다는 의심으로 심각한 상황을 겪어야 했다.

있는 것으로 밝혀졌으니, 곧 임금 앞에 나타나 대죄할 것이라고 상소에서 진언했다.[75] 영조는 상소를 읽고 도망 중인 이봉상의 죄를 거두도록 했다.[76] 그 직후 봉상은 궁중에 자현하여 벼슬을 하사받았다.[77]

부인 김씨는 손자가 죄를 벗고 관직까지 제수되었다는 소식을 듣고는 이제 자신이 자백하고, 임금의 성은에 감사하는 마음을 전할 차례라고 여겼다. 이미 이익명이 이봉상의 처지를 국왕에게 언급했지만, 부인 김씨는 그의 할머니로서뿐만 아니라, 집안의 원로로서도 그 문제를 다시 언급해야 할 의무가 있다고 느꼈다. 가족을 대신하여 임금에게 소원하는 것이 그녀 역할이었다. 부인 김씨는 이익명이 임금에게 상소를 올린 지 한 달도 되지 않아 첫 상언을 작성하고, 충청도 부여에서 서울로 긴 여정을 떠났다.[78]

부인 김씨는 영조에게 감사의 뜻을 표하며 상언을 시작했다. 그러고는 자신이 저지른 범죄를 상세히 자백했다.

**신의 손자 이봉상은 생명을 위해 도피하느라 미처 자수하지 못하였습니다. 그런데 삼가 남편의 아우인 이익명의 보고에 따르면 성상께서 죄를 주지 않았을 뿐만 아니라, 관직까지 제수해주셨다고 하니 이제는 이봉상이 다시**

---

75) 이봉상은 도망하여 산골짜기에 숨어 지냈다. 재물도 있고 의리를 좋아하는 이만득이라는 자가 이봉상을 보고 의심하였으나 거두어 살게 하였다. 이후 이봉상이 사실을 말하자 이만득은 그를 불쌍히 여겨 더욱 후하게 대우했다.

76) 『영조실록』 5(1/4/25).

77) 『영조실록』 5(1/4/28).

78) 부인 김씨의 두 번째 상언과 달리, 이 최초의 상언은 현존하지 않지만 『영조실록』에는 기록되어 있다. 부인 김씨가 첫 번째 상언을 어떤 언어로 썼는지는 확실치 않지만, 두 번째 상언에서 사용했듯이 한글로 썼을 가능성도 있다. 『영조실록』 6(1/5/9) 참조.

살아났습니다. 천지 같은 인자하심과 하해 같은 큰 것으로도 이 일에 비유할 수 없겠습니다. 그러나 신이 어떻게 감히 은전이 특별하다는 것 때문에 참수하는 형벌을 청하지 않을 수가 있겠습니까? 청컨대 한마디 진달하고 죽겠습니다. 망부는 단지 아들 하나 이기지를 두었습니다. 이기지는 아들 둘을 두었는데, 하나는 장님이어서 폐인이 되었고, 오직 이봉상이 후사를 이을 수 있었습니다. 화란이 일어났을 때에는 나이 겨우 16세였는데, 이기지를 장사지낸 뒤 의금부에서 가산을 몰수하고 처자는 노비로 만들도록 했다는 소식이 또한 이르렀습니다.[79] 그러나 제가 어떻게 일신에 닥칠 형벌을 두려워하여 두 세대에 걸쳐 하나 남은 핏줄을 보존시키지 않을 수 있었겠습니까? 그래서 며느리에게 말하기를, "이 아이가 이미 이곳을 떠났으니 이로 인하여 목숨을 도모할 수 있다면 어찌 천명이 아니겠느냐? 그러니 어찌 우리가 봉상을 돌볼 수 있겠느냐?" 하였는데, 마침 가동 가운데 나이와 용모가 이봉상과 비슷한 아이가 있었으므로 제가 대신 죽어줄 수 있겠느냐는 뜻으로 말하였더니, 그 가동이 비분강개한 마음으로 사양하지 않고 강에 몸을 던져 죽어서 이봉상을 도망하여 갈 수 있게 만들었습니다. 그리하여 가동의 시체를 염하고 관에 넣어 관아의 부검을 마친 다음 무덤을 쓰고 신주를 만들었습니다. 이봉상이 살았는지 죽었는지는 한번 떠나간 뒤에 소식이 없었는데, 금년 2월에야 비로소 살아 있다는 것을 알고, 즉시 찾아서 자수하게 하려 하였습니다. 삼가 듣건대, 이봉상이 이미 참봉에 임명되었다고 하니, 진실로 성상께서 끊어진 세대

---

79) 경종 때 이기지와 그의 아버지는 역모로 기소되어 의금부에 수감되었다. 이기지는 아버지가 처형된 지 나흘 만에 고신을 받고 숨졌다. 이 사건으로 이이명의 가족 중 9명이 목숨을 잃었고, 많은 사람이 유배되었다. 부인 김씨와 이기지의 아내, 이봉상의 아내는 3년 동안 모두 전라도 부안으로 유배되었다. 경종이 죽은 후 영조가 왕위에 오르자 이이명의 명예가 회복되었고, 부인 김씨 등은 모두 집으로 돌아갈 수 있었다. 이 상언은 부인 김씨가 유배에서 풀려난 후 영조에게 제출되었다.

를 이어주고 망한 것을 다시 보존시켜주시는 은혜가 지극하지 않았다면 어떻게 천지 사이에 전복된 집안의 아들을 보존할 수가 있겠습니까? 이에 감히 일의 정상을 다 아뢰고, 엎드려 죽기를 기다립니다.[80]

영조는 이 상언을 보고받고 나서 "이제 부인 김씨의 상언을 보니, 나도 모르게 비통한 마음이 든다. 가동이 주인을 위해 목숨을 대신 바친 일은 실로 전고에도 드문 일이다. 사람을 보내어 처벌을 기다리지 말라고 부인 김씨에게 전하라. 주인을 위하여 대신 목숨을 바친 가동의 가족에게도 포상하도록 하라"라고 하였다. 이어 영조는 이봉상을 인견해서 조부의 일편단심을 익히 알고 있음과 1721~1722년 신임사화로 이이명의 혈족이 없으리라 여겼음을 이야기했다. 영조는 또한 이이명의 가계를 회복할 수 있다는 것에 대한 기쁨을 표현했다. 이에 이봉상은 임금에게 그간 도망쳐서 자취를 감추었던 정상을 모두 진달하였다.[81]

고충을 바로잡아달라는 일반적인 소원과 달리 이 상언은 죄를 자수하고 임금에게 성은의 망극을 전하는 것이 목적이었다는 점에서 특이하다. 부인 김씨는 법적 통로를 이용가능한 의사소통 방법으로 활용했다. 그녀는 상언을 매개로 직접 임금과 대화하고 소원을 할 수 있는 법적 능력을 적극적으로 활용했다.

---

80) 『영조실록』 6(1/5/9). 영조는 부인 김씨의 상언을 읽은 후 부인 김씨와 봉상이 처벌을 기다리며 무릎을 꿇고 있던 궁문에 관원을 보내 그들에게 어떠한 처벌도 기다릴 필요가 없다는 유시를 전했다. 영조는 또한 봉상을 위해 목숨을 바친 노비 소년의 가족을 포상하라고 명령했다. 임금은 이후 봉상을 불러 위로했다. 부인 김씨의 상언의 영문번역은 김자현, *Epistolary Korea*, 71~74에 인용된 김지수, "Individual Petitions" 참조.

81) 『영조실록』 6(1/5/9).

부인 김씨는 손자의 도피를 도우며 국가의 명령을 어겼지만, 그런 행동의 결과는 그녀에게 호의적으로 나타난 듯하다. 이봉상의 아들 이영유가 남긴 이이명의 행장에 따르면, 봉상을 감추려는 생각은 처음에 부인 김씨의 사위가 제안한 것이었다.[82] 그러한 생각이 부인 김씨의 것이었든 아니었든 그녀는 그 계획을 실행했다. 가문에 봉사하는 부인 김씨가 집안에서 맡은 역할은 국가의 명령에 복종하는 것보다 훨씬 더 중요했기 때문에 다른 남성 가족구성원보다 봉상의 도피를 훨씬 수월하게 돕도록 만든 것도 바로 그녀의 젠더였다. 만약 이이명이 가문을 이끌었다면 국가에 대한 충이 요구되어 국가의 명을 거역하기는 어려웠을 것이다. 그러나 부인 김씨의 충은 공적 영역인 국가에까지 확대되지 않고 가족 안에 남아 있었는데, 그녀의 최우선 의무는 집안이라는 공간에 한정되어 있었기 때문이다. 더구나 국가의 명령에 불복했을 때 그녀는 다른 남성 가족구성원보다는 덜 심각한 결과에 직면했을 것이다. 조선시대에 아내의 잘못으로 자주 고통을 받은 것은 집안의 가장이었다. 그러나 부인 김씨의 남편은 사화 동안에 이미 죽었기 때문에 그러한 것은 그녀에게 고려되지 않았을 것이다.

　영조가 처음 왕위에 올랐을 때는 정치 환경이 부인 김씨에게 호의적으로 바뀌는 것 같았다. 그러나 영조의 탕평책 시행으로 곧 상황이 바뀌었고, 소론은 점차 관료체제에서 목소리를 높이기 시작했다. 1727년 소론은 다시 한번 부인 김씨 일가를 비롯한 노론 일족을 공격했다. 사헌부에서는 이봉상이 쉽게 사면되면 다른 사람들이 그를 본뜰 것이기 때문에 국가의 명령을 어긴 것에 대해 처벌해야 한다고 주장했다. 이익명 역시 봉상의

---

82) 임형택, 「자료해제」, 359.

도주를 모의하고 진실을 은폐한 죄로 유배되어야 한다고 주장했다.[83]

부인 김씨는 봉상과 이익명을 지키기 위해 임금에게 두 번째 상언을 썼다. 부인 김씨가 두 사람의 이름을 언급한 상언을 제출한 것은 한 달이 채 지나지 않아서였으므로, 그녀가 조정에서 논의되던 내용을 잘 알았던 것이 분명하다. 그녀는 가족을 향해 다가오는 위험을 감지하고 다시 한번 서울로 향했다. 첫 번째 상언과 마찬가지로 그녀는 봉상이 도주하던 날 밤에 있었던 일을 자세히 이야기했다. 하지만 두 번째 상언에서 그녀는 봉상의 도주에 책임이 있는 사람은 자신뿐임을 강조했다. 부인 김씨가 두 번째 상언을 쓴 데는 세 가지 목적이 있었다. 첫째는 소론의 주장을 물리쳐달라고 임금에게 간청하는 것이었고, 둘째는 다시 한번 임금의 관용을 구하는 것이었고, 셋째는 이익명을 변호하는 것이었다. 감사가 첫 번째 소원의 어조인 반면, 두 번째 소원의 어조는 절박이었다. 2년간 짧았던 임금의 보호를 누린 부인 김씨는 가족을 지키기 위해서 다시 한번 목소리를 높여야 하는 극도로 절박한 처지에 놓여 있었다.

한글로 쓴 두 번째 상언에서 그녀는 사헌부의 대계를 알게 되었을 때 자진할 것을 먼저 생각했다고 진술했다.[84] 그러나 스스로 목숨을 끊으면 성은을 저버리는 것이기 때문에 생각을 고쳐서 마음을 바꾸었다고 했다. 그녀의 손자는 관직을 제수받았을 뿐만 아니라 부인 김씨 역시 월름을 받고 있었다.[85] 그녀는 이어 영조에 대한 남편의 충의를 언급하고, 임금이

---

83) 『영조실록』13(3/9/12).

84) 『영조실록』에는 사헌부에서 어떤 형벌을 제시했는지에 대한 언급이 없다. 그러나 부인 김씨의 상언에는 사헌부에서 이봉상에게는 사형이, 이익명에게도 중형이 합당하다고 하였다고 밝혔다.

85) 『영조실록』5(1/4/20). 몇몇 신료가 영조에게 이이명의 부인이 어려운 처지에 있으니, 월름을 제공할 것을 제의했다. 영조는 노론 4대신의 부인 중 유일하게 살아 있으므로 신료들에게 특별히 잘

한때 그녀의 남편과 함께했던 논의의 상세한 내용에 의탁하여 임금의 기억을 환기시켰다. 그녀는 다음과 같이 진술했다.

성상께서 자비를 베푸신 것은 한갓 이 늙은 과부를 불쌍히 여기심이 아니라 진실로 제 남편이 평일의 나라를 위하여 몸과 마음을 다하였던 정성을 굽어 생각하셨기 때문입니다. 성상께서는 십 년을 "한결같이 나라를 근심하며 집안을 잊었다(十年相若 憂國忘家)"고 하시고, "하늘을 감동시키는 지극한 충성이 있다"고 하셔서, 일로 "부디 한 혈속이나 끊지 마라" 서러워하시며 주리는 귀신이 되지 않도록 하시는가 합니다. 이러한 것을 "시절 사람들"이 마저 죽여 없애려 하니, 이는 성상의 호생하시는 덕이 도로 저들의 사사로이 원수를 갚는 것이 될까 서러워합니다.[86]

『영조실록』에는 영조가 이이명이 살아 있을 때 그의 충의에 얼마나 감동했는지를 보여주는 기록이 있다. 이이명은 영조에게 '우국망가憂國忘家' 네 글자를 써서 충의를 표한 적이 있다.[87] 부인 김씨는 상언에서 남편의 말을 정확하게 인용했다. 아내로서 그녀는 남편과 임금 사이의 지극히 친밀한 대화까지도 잘 알고 있었다.

부인 김씨는 상언을 작성하게 된 동기를 설명한 후 화제를 바꾸어 시동생을 변호했다. 그녀는 시동생이 집에서 멀리 떨어진 지역으로 유배되었기 때문에 봉상의 도피를 모의하는 것은 불가능했다고 강조했다. 그녀는

보살피라고 말했다.

86) 임형택,「자료해제」, 362–67.

87) 『영조실록』 4(1/3/2).

심지어 그가 당시 심한 이질을 앓았기 때문에 사람을 알아보지도 못했고, 이를 증언할 목격자 또한 있다고 했다. 그녀는 억울함과 함께 상언을 끝맺으면서 소론이 손자와 시동생을 모두 처형함으로써 가계를 끊으려 하는 것은 부당하다며 임금에게 간청했다. 부인 김씨는 적기를, "그 죄는 오로지 저 혼자 저지른 죄이고, 실로 제 시동생 익명은 간여한 바가 조금도 없습니다. 이는 '시절 사람들'이 힘없는 여자를 해쳐야 저들에게 아무런 의미가 없기 때문에 억지로 뒤집어씌워 익명을 마저 죽여 없애려 하는 것이니, 어찌 지극히 원통하지 않겠습니까? 저는 제가 저지른 죄에 대해 만번 죽기를 사양치 않으며, 형구에 쳐지기를 청합니다. 바라오니, 성상께서는 원혹한 정사를 살피셔서 저만을 버리시고, 봉상의 명을 살려 제 남편의 혈사를 잇고, 제 시동생이 화를 면하게 하옵소서"라고 하였다.[88]

이 상언에서 부인 김씨는 남편의 충의를 강조하고 소론을 비판함으로써 영조가 성은을 베풀어주기를 설득하려 했다. 그녀의 필사적인 호소에도 불구하고, 봉상은 두 번째 상언이 제출된 이듬해에 유배되었다. 부인 김씨는 손자를 다시는 보지 못하고 세상을 떠났다. 부인 김씨의 상언에 대해 임형택은 1729년에 결국 봉상이 유배되었기 때문에 그녀의 노력이 헛수고가 되었다고 했다.[89] 그러나 부인 김씨의 우선적 목표는 가계를 이어가는 것이었으므로 그녀의 노력은 보람이 있었다고 보는 것이 더 적절하다. 11년간의 유배 끝에 1740년 이봉상은 풀려나서 여러 관직을 제수받았다. 그렇지만 그는 모든 제의를 거절하고 은둔생활을 택했다. 비록 봉

---

88) 임형택, 「자료해제」, 362−67.

89) 임형택, 「자료해제」, 381−83.

상이 생전에 여러 번 위기를 겪었지만, 아들과 후손을 낳을 만큼 오래 살았기 때문에 부인 김씨는 목표를 달성한 것이다.


# 결 론


소원 퍼포먼스는 사람들이 소원제도를 적극적으로 활용함에 따라 조선시대 전반에 걸쳐 발전했다. 여성들은 소원이라는 연극무대에서 자신의 원寃을 호소함으로써 법률지식을 얻으려 했고, 권위에 도전한 첩자들을 고소했으며, 국왕에게 감사를 전했다. 여성 당사자는 소원할 수 있는 법적 능력을 행사함으로써 사법적 보호를 추구했을 뿐만 아니라, 국가 당국과 자신의 이해관계를 협상할 수 있었다. 여성들은 더 나아가 당국과 대화에 적극 나서려 했고, 이로써 여성이라는 덕목에 단단히 박혀 있던 자신들의 개성을 발휘할 수 있었다. 여성들은 서면 소원과 구술 소원으로 억울함을 분명히 하면서 가정의 경계선 밖에서 정소 활동을 수행함으로써 도덕적 감각을 변호하기 위해 애를 썼다.

송자들의 법적 행위의 시각화를 통해 퍼포먼스의 힘이 어떻게 조선후기의 뚜렷한 법문화를 창출해갔는지를 살펴보았다. 사람들의 소원 전략과 공공의 무대에서 사용한 언어는 구술적 또는 문자적 퍼포먼스로 젠더와 신분적 정체성을 규정했다. 언어적 관행, 특히 한글로 상언과 소지를 작성하면서 여성들은 젠더 정체성을 수행했다. 예를 들어 부인 김씨는 손자를 구하는 것이 자신의 의무라고 여겼다. 그녀는 소원에서 정치적으로 민감한 사건을 언급하면서도 전략적으로 한글을 사용함으로써 자신의 여성성을 강조하고 붕당의 대립을 피해갈 수 있었다.[90]

여성의 상언과 소지에서 한글을 사용한 배경의 정확한 의도를 알기는 어렵지만, 확실한 것은 한문이 지배하는 공적인 글쓰기 영역에 도전했다는 점이다. 이러한 노력으로 한글은 특히 조선후기의 법적 글쓰기에서 눈에 드러나게 되었다. 여성 송자들은 한글로 글을 쓰는 관행을 통해 조선의 문예문화에서 저속한 대본으로 여겨졌던 한글을 법률문서에서 공식적인 언어로 격상시켰다.[91] 그리고 여성은 남성과 달리 한문과 한글 두 언어로 상언과 소지를 제출했기 때문에 두 언어를 연결하고 이중언어의 관행을 법적 글쓰기에 반영하는 매개자가 되었다.

---

90) 이러한 관점을 제시해준 익명의 논평자에게 감사드린다.

91) 여성의 법적 글쓰기에서 한글 사용에 대한 저자의 아이디어를 명확히 해준 최기숙에게 감사드린다.

●

# 3장
# 여성들의 억울함과 그들의 젠더화된 원冤의 내러티브

나리께 저의 지극한 원冤과 고통스러운 사정을 알립니다. … 만약 그
가 제멋대로 행동하도록 내버려둔다면, 대체 법이란 어디에 있으며, 저희
같은 사람들은 어떻게 관의 다스림을 믿고 따를 수 있겠습니까? … 부디
고을의 질서를 깨뜨리는 그의 죄를 조사하시고, 법에 따라 시비를 가려주
십시오. 간청하옵건대, 의지할 곳 하나 없는 이 과부가 땅을 보존할 수 있
도록 하여 저의 쇠약한 몸을 보살펴주시길 바라옵니다.

　　　　　　　　　　　　　　　− 평민 여성 황조이, 『고문서』25호

　조선 법정은 여성들이 원통함을 호소하고 이웃들을 공적으로 공격할
수 있는 주된 장소였다. 대중들 앞에서 호전적인 감정을 표현할 수 있는
여성의 능력은 어떠한 전근대적 사회이든 중요하였다. 그러한 능력은 그
여성들이 자유롭고 명예로운 사람들임을 드러내기 때문이다.[1] 머슴, 노
비 그리고 중세 유럽의 유대인들 역시 비슷한 적대적인 감정을 갖고 있었

---

[1] Smail, *The Consumption of Justice*, 94.

겠지만, 그들에게는 그러한 감정을 대중 앞에서 공공연히 드러내는 것이 허용되지 않았다. 그런 점에서 조선의 사례는 매우 중요하다.[2] 중세 유럽에서 공개적으로 호전적인 감정을 표현하는 것의 허용 여부에서 신분과 민족성은 성별보다 더욱 중요한 요인이었다. 그러나 중세 유럽과 달리 조선왕조에서 누군가의 성별이나 신분은 그 사람이 법정에서 호전적인 감정을 표출하는 것에 큰 영향을 미치지 못했다. 왜냐하면 그러한 억울한 감정들이 법적 화합뿐만 아니라 사회적·보편적 화합에도 해를 끼친다고 여겨졌기 때문이다.

지방 또는 서울 단계의 소원을 비교하였을 때, 여성들은 임금에게는 주로 가족구성원을 대표해 억울함을 호소한 것에 반하여 지방관들에게는 더욱 자주 개인적 또는 가족과 관련된 억울함을 토로했다.[3] 어떤 종류의 억울함을 여성들이 지방의 법정에서 드러냈을까? 이익과 관련된 변론을 할 때 여성들은 어떤 내러티브 전략을 취했을까? 여성들의 주된 역할이 가사 분야에 국한되었던 상황에서 우리는 어떻게 그들이 법정에서 표현한 억울함을 이해할 수 있을까? 어떻게 해야 개인적 억울함과 가족과 관련된 억울함을 구분할 수 있을까? 과부들이 궁핍·세금 또는 빚과 관련된 소원을 할 때는 개인적 억울함을 법정에 호소한 것이 분명하다. 하지만 대가족과 관련된 일들, 예컨대 조상들의 분묘, 제사 또는 가계 계승과 같은 문제를 요청하기 위해 기혼여성들이 단독으로 법정에 들어선 사례를 살펴보면, '개인적'이라는 것의 의미는 더욱 모호해진다. 그러한 사례

---

2) Smail, *The Consumption of Justice*, 89-132.

3) 조선후기 서울 단계의 소원 관행에 관해서는 한상권, 『조선후기 사회와 소원제도』 참조.

들은 개인적 소원과 가족과 관련된 소원의 경계를 흐릿하게 만들며, 여성들이 공적 영역에서는 침묵을 지켜왔다고 믿어왔던 유교사회에서 여성의 수동성에 대한 우리의 인식을 더욱 혼란스럽게 만든다.

조셉Suad Joseph에 따르면 사람과 사람의 관계는 상대적으로 유동적이며, 개인의 정체성은 스스럼없이 다른 사람에게 얽혀 그 사람의 개성을 완성한다. 다시 말해 개인은 그들 스스로의 감정, 욕망, 태도 그리고 정체성을 형성하기 위해 다른 사람들과 교류한다.[4] 남편이 법정에 출두할 수 없는 기혼여성이 가족과 관련된 문제로 소원했을 때, 그들의 주관성은 가정 내에서 여러 역할을 하는 개별 주체에 영향을 미치는 특정한 가족관계를 통해 협력적으로 구성되었다. 가족 문제로 억울함을 호소하는 소원을 단순히 여성들이 가족들을 대신하여 소원하는 것과 같이 볼 수는 없다. 이 장에서 논의할 소원들은 그래서 다음 두 장에서 논의할, 투옥되거나 죽은 가족구성원들을 대신한 여성 송자들의 호소와는 명백히 다르다.

가족구성원들을 대신하여 말할 때, 송자들은 그들이 대표하는 가족구성원들의 원寃을 풀어주는 것에 초점을 맞추어 변론을 전개하였다. 반대로 여성이 가족 문제와 관련된 억울함을 호소하기 위해 법정에 들어섰을 때는 자신의 원寃을 해소하는 데에 초점을 맞추면서 내러티브를 구성하였다. 개인과 가족의 영역을 가로지르는 이러한 종류의 소원은 온전히 개인적 또는 가족적인 문제로 간주할 수 없다. 이러한 종류의 소원은 여성들이 스스로 온전한 자아를 가지고 가족들을 대표한 것으로 이해해야 한다.

여기에 기술했듯이 군현과 도 단계에서 여성들이 소원한 문제들, 즉

---

4) Joseph, "Brother/Sister Relationships", 55.

개인적 억울함과 가족적 억울함은 모두 그들의 소원에서 표현된 원冤이 어떻게 연민의 내러티브에 의존했는지를 보여준다.[5] 소원은 그 과정에서 표현된 원冤이 반드시 젠더와 관련이 있는 것은 아님을 보여주는데, 사회적 신분이 각기 다른 남녀 모두 그러한 감정을 표출하였기 때문이다. 그러나 원冤을 구성하기 위해 쓰인 이야기는 소원 속에 자리 잡은 서사적 비유가 젠더 규범의 문화적 관행에 부합한다는 점에서 젠더화된 것이었다.

젠더는 여성의 소원에서 원冤의 내러티브를 형성하는 데 사회적 신분보다 더 강조되었다. 사회적 신분에서 원冤의 사용법을 발견하기는 어렵지만, 여성과 남성이 감정을 분명히 표현하는 방식에서는 현저한 차이가 있다. 남성의 경우 분憤과 관련이 있는 반면, 여성의 원冤은 통痛과 더 관련이 깊다. 물론 이것이 사회적으로 고통이 여성의 감정으로 인식되었다거나 분노가 남성의 감정으로 인식되었다는 식의 주장을 제시하는 것은 아니다. 우리는 여성과 남성 모두의 소원에서 이들 두 감정을 발견할 수 있다. 그러나 원冤의 감정은 여성들의 소원에 반영된 감정적 언어가 송자들의 각기 다른 경험과 그들이 구사하는 내러티브 전략 때문에 분노보다는 고통과 훨씬 더 많이 관련되어 있다는 점에서 젠더화된 감정이라고 할 수 있다.

부당한 사건들을 설명할 때, 여성은 연민의 내러티브를 활용함으로써 좀 더 연약하고 종속적인 대상으로서 그들이 겪은 고통을 구체화하여 표현했다. 그러한 내러티브 방식은 여성으로 하여금 남성 송자들보다도 더

---

5) 서울 단계에서 이루어지는 상언과 소지는 다음 두 장에서 다루는데, 여기에서는 여성들이 가족구성원들을 위하여 어떻게 임금에게 적극적으로 소원하는 대리인이 되었는지를 논의한다.

깊은 원冤을 표현할 수 있도록 했고, 그들이 법정에 나서야만 했던 이유를 더욱 강조하였다. 조선시대 여성은 유교적 계층질서하에서 종속적인 지위에 놓여 있었다. 그러나 여성들은 그들의 법적 능력으로 사회적 신분과 상관없이 국가에 적극적으로 소원하고, 남성들과 동등하게 인식된 법적 행위자로서 서로 교류했다. 그럼에도 억울함을 호소한 여성들은 대부분 과부나 무능력한 남편을 둔 부인들이었다.[6) 이 여성들은 남편들에게서 도움을 받을 수 없다는 사실에 공통점이 있었다. 이러한 유형의 여성들은 성적으로 취약했을 뿐만 아니라 일상생활 전반에 걸쳐서도 희생자가 되기 쉬운 연약한 처지에 있었다.[7) 그래서 이 여성들은 조선의 법적 공간에서 공공연하게 드러나는 고통과 고난의 더욱 강력한 메타포가 되었다. 여성들은 연민의 내러티브를 사용해 여성으로서 살아가기 힘들다는 것, 따라서 국가가 나서서 슬픔을 구제하고 원冤을 해소해 그들을 보호할 필요가 있다는 메시지를 전달하였다.

남성들의 소원에서는 그들이 내러티브를 설계할 때 분노에 자주 의존했다는 점을 발견할 수 있다. 예를 들어 남성들은 분통憤痛, 분왕憤枉,[8) 원분怨憤과 같이 두 글자로 된 한자를 함께 써서 분노를 표현하였다. 군현과 도의 법정에 제출된 여성 소지 155건을 살펴보면, 여성이 '분노'와 같은 표

---

6) '무능력한 남편'이란 아프거나 투옥되었거나 집 안에 없기 때문에 소원을 할 수 없는 자들이다.

7) 조선의 과부에 관한 논의는 김기형, 「구비설화에 나타난 과부」; 정지영, 「조선후기 과부」; 김정원, "Negotiating Virtue", 137-65 참조.

8) '왕枉' 자는 그러한 감정이 사람의 몸 안에 억눌려 있다는 뜻을 내포하고 있다. 상언 또는 소지 끝부분에서는 원冤을 풀어달라는 뜻의 신원伸冤이라는 표현을 통상적으로 발견할 수 있다. 조선에는 억울함이나 분노와 같은 부정적 감정이 그 사람 몸에서 해소되어야 한다는 생각이 있었는데, 해로운 기운이 사회에 무질서를 불러일으킬 수 있다고 여겼기 때문이다.

현을 사용한 소지는 10건이 되지 않는다.[9] 여성에게 사회적으로 분노를 표현하는 것이 금지되지는 않았지만, 여성 송자들은 주로 원통冤痛 두 글자에 의지하는 것을 선택하여 내러티브에서 고통을 강조하였다. 여성들이 연약함과 취약함을 표현함으로써 여성성을 전형화한 것과 달리, 남성들은 사회에서의 강하고 우월한 지위를 통해 남성성을 나타냈다. 남성들의 소원에서는 왜 그리고 어떻게 그들이 그런 비참한 처지에 놓였는지 연민의 내러티브에 고심하는 대신, 사건의 진상은 물론 부정의로 분노가 어떻게 발생했는지 좀 더 직관적으로 다가갔다. 남성의 내러티브 전략은 여성의 그것과 비교할 때 두 가지 차이점이 있었다. 그들은 최소한 개인적 슬픔을 표현하는 데는 연민의 내러티브를 사용하지 않았으며, 또한 남성으로서 정체성을 표현할 때는 가족관계를 말하지 않았다.

여성들이 개인적 슬픔을 표현할 때는 대개 남편들에게 무슨 일이 일어났는지, 어떻게 생계를 유지했는지 또는 공동체에서 어떤 종류의 어려움을 겪었는지를 설명하였다. 여성들은 독립적으로 인식된 법적 주체로 법의 영역에 들어갔지만, 소지에서 자신의 성씨에 더하여 누구 아내인지로도 신분이 확인되었다. 그들의 내러티브 전략은 젠더의 계층질서가 여성들의 젠더화된 내러티브 전반에 걸쳐 강조되었고 그로써 여성들이 젠더 역할에 관한 사회적 공동체의 기대에 부합하였음을 보여준다. 다시 말하면 젠더 규범을 법적 공간으로 끌어오면서 여성들은 이익을 구하기 위해 여성의 덕목과 관련된 유교적 수사법을 전용하였다. 법적 행위자로서 여성은 관심사를 사적인 문제에 국한하면서 내러티브 전략에서 인간성의

---

9) 군현과 도의 법정에 제출된 소지의 출처에 관해서는 2장 주석 55 참조.

감각을 설계함으로써 법적 정체성을 다시 한번 젠더화했다. 나아가 여성과 남성의 내러티브 방식에 현저한 차이가 있다는 점과 그들 사이의 사회적 신분에서 차이를 발견하기 어렵다는 점을 고려하면, 사법 영역에서 여성의 지위를 규명할 때 젠더는 신분보다 더욱 중요한 정체성을 갖고 있었다고 할 수 있다.

상언 또는 소지를 초안하는 과정이 복잡하고 대부분 여성과 문맹 남성들의 소지를 남성 대서인이 작성했음에도 송자들은 억울함을 이야기한 원래 화자였기 때문에 그 목소리는 국가에 제출된 상언 또는 소지에 항상 담겨 있었다. 대서인들은 송자들이 서술하는 본래 이야기를 먼저 듣지 않고는 문서를 작성할 수 없었다. 원冤의 내러티브를 구성하는 과정은 다양한 층위의 스토리텔링을 수반하였으며, 궁극적으로는 두 갈래로 갈라진 젠더화된 내러티브를 생산하였다. 유교사회에서 여성성에 대한 관행적 규범을 염두에 두고 상언 또는 소지를 작성하는 대서인들의 역할은 새로운 이야기를 만들어내는 것이 아니라 임금 또는 고을 수령의 호의를 얻을 수 있도록 억울함을 효과적으로 '가공하는' 것이었다.[10]

대서인들이 법문서 속의 내러티브를 형성하는 데 도움을 주었지만 여성 역시 내러티브를 '가공하는' 작업에 참여했다. 4장에서 살펴보겠지만, 하층 여성들은 남편을 위해 구술로 소원할 때 정절과 효라는 유교적 수사법을 사용하였다. 이는 여성들이 억울함을 표현하는 데 대서인의 도움 없이도 어떤 종류의 언어를 쓸지 잘 알고 있었음을 뜻한다. 따라서 대서인

---

10) 16세기 프랑스에서 사면을 청원하는 편지의 '허구적' 요소들의 역할에 관해서는 Davis, *Fiction in the Archives* 참조.

들만이 내러티브를 '가공하는' 일을 수행하지는 않았을 것이다. 여성들은 억울한 사정을 단순히 이야기하는 데서 그치지 않고 대서인과 함께 수령의 호의를 얻을 수 있는 방향으로 내러티브를 형성하는 데 참여했다. 언어적 관행의 관점에서 여성 송자들은 신분을 막론하고 젠더 규범에 관련된 유교적 수사법을 채택했다. 이는 여성들이 유교적 통치의 관대함이 발휘되어 국가가 미약한 백성들의 억울함을 바로잡아주기를 요구했기 때문에 당국의 권한을 강화했을 뿐만 아니라 여성 주체에게도 힘을 실어주었다.

## 법적 내러티브의 젠더화

평민 여성과 양반 남성은 지방과 서울 단계 모두에서 가장 적극적인 송자였다.[11] 이는 법률문서 작성서식을 기록한 『유서필지儒胥必知』에도 반영되어 있다. 『유서필지』의 저자를 분명히 알 수는 없지만, 학계에서는 18세기 후반에서 19세기 초반에 책이 집필되었을 것으로 추정한다.[12] 여기에서 여성 소지의 작성서식은 평민 여성에 맞추어져 있는데, 이는 그들이

---

11) 저자는 『고문서집성』(vol. 1–76)과 『고문서』(vol. 16–26)에서 확인할 수 있는 여성 소지 147건에 추가하여, 『문헌과 해석』에서 발견한 양반 여성의 소지 4건, 그리고 다른 학술지에 전체 원문과 함께 소개된 양반 여성의 소지 4건을 조사하였다. 이를 종합하면 저자는 군현과 도의 법정에 제출된 여성 소지 155건을 분석하였다. 한상권의 통계에 따르면, 정조 시기에 제출된 여성 상언 418건 중 310건은 평민 여성이, 108건은 양반 여성이 제출한 것이다. 또한 56건은 노비가 제출했는데, 다만 이 건수는 노와 비 모두의 소원을 포함한 것이다. 통계에 관해서는 한상권, 『조선후기 사회와 소원제도』, 110–11 참조.

12) 이 문헌에 대한 추가 설명은 전경목, 『유서필지』, 367–405 참조.

빈번하게 소원에 참여했음을 나타낸다. 여성 송자는 처음에 자신의 거주 지역을 기재하고, 뒤이어 성씨와 사회적 신분을 기입하도록 했다. 『유서필지』 해당 항목에는 다음과 같이 기술되어 있다.

"여성이 소원을 제기할 때는 ~에 사는 ~조이[召史]의 소원을 먼저 써야 한다. 예를 들어 소원하는 여성의 성이 김金씨이면 김조이[金召史]라고 쓰고, 성이 이李씨이면 이조이[李召史]라고 쓴다.[13] 신분은 각각의 성 다음에 표기한다. 서두와 말미의 문장은 이와 같은 방식으로 써야 한다. 또한 소원하는 여성이 스스로를 지칭할 때는 반드시 '의녀矣女'라고 표기해야 한다."[14]

이 인용문은 문서에서 여성 송자에 대해 유일하게 언급한 부분이다. 나머지는 남성 소지의 서식을 다루었는데, 대개는 양반 남성의 문서작성에 관한 것이다. 자신의 성별을 특정해야만 했던 여성 송자들과 달리 남성 송자들은 그렇지 않았다. 양반 남성은 단순히 스스로를 '민民'이라 칭했으며, 그밖의 신분인 남성은 '의신矣身'이라 칭하였다.[15] 민民이란 통상적으로는 '백성'을 가리키지만, 양반 남성은 이 단어를 소원에서 신분을 드러내는 용어로 사용하였다. 양반 남성도 의신矣身이라는 용어를 스스

---

13) 분석한 소지를 근거로 하여 살펴보면, 소사 또는 조이라는 말은 평민 여성의 신분을 의미한 반면, 씨氏는 양반 여성을 나타냈다. 이 같은 용어는 여종 이름의 경우에는 함께 쓰이지 않았는데, 그들은 순전히 성씨를 제외한 이름만으로 불렸기 때문이다. 『유서필지』는 국가가 어떻게 평민 여성을 관아에 소원하는 가장 적극적인 법적 당사자로 인식하였는지를 반영한다. 영문책에서는 혼동을 피하기 위해서 조이나 씨와 같은 용어를 쓰지 않았다. 그 대신에 양반 여성에 대해서는 '부인Madam'이라는 용어를 썼으며, 평민 여성은 성씨로 언급하고 신분을 명기하였다. 여종의 경우 소지에 명시된 대로 그들의 이름을 사용하였다.

14) 『유서필지』 범례. 1872년 전주에서 목판으로 인쇄된 초판본은 서울대학교 규장각에 소장되어 있다(no. 6700(1872)). 전경목, 『유서필지』, 41 역시 참조.

15) 전경목, 『유서필지』, 41.

로를 지칭하는 데 쓰긴 했지만, 양반이 아닌 남성의 경우 민民이라는 용어를 쓰는 것은 금지되어 있었다.[16]

송자들은 성별이나 신분과 상관없이 원통함을 호소할 때 처음에는 다음과 같은 문장으로 시작하였다. "이와 같이 삼가 소원을 올립니다." "이와 같이 삼가 지극히 원통한 사정을 아룁니다." 남성들의 소원에서 그들은 억울함을 설명하고 상황을 구체적으로 진술하였다. 여성들의 소원에서 그들은 먼저 왜 자신이 분쟁에 연루되었는지를 설명하고, 취약한 처지를 강조하였다. 그런 다음 비로소 분쟁의 자세한 사항을 설명하거나, 그들이 겪고 있는 곤란함에 대해 수령에게 호소하였다. 소지 말미에는 대부분 여성이 "엎드려 바라건대, 잘 살펴보신 후에 저의 고통스러운 억울함을 덜어주시기를 바라옵니다"라고 적은 반면, 남성은 대개 "엎드려 바라건대, 제가 분통하고 억울함을 견디기 어려우므로, 잘 살펴주시기를 간절히 바라옵니다"라고 적었다.

소지에 표현된 다양한 원통함에 대해 조사해보면, 앞서 언급한『유서필지』에 잘 드러나 있는 바와 같이 남성이 분노를 표현한 것을 발견하기는 어렵지 않다. 예를 들어 양반 남성의 묘지소송과 관련한 소지는 다음과 같다. "저 우매한 자가 법전 규정이 어떠한지도 모르고 묻어서는 안 될 아주 가까운 곳에 밤을 틈타 몰래 매장하니 분함을 이길 수가 없습니다. 이에 우러러 호소하는 바입니다."[17] 비슷한 방식으로, 양반이 아닌 남성이 채무와 관련된 사건에 연루되었을 때, 소지의 서식은 다음과 같이 제

---

16) 소지에 민民을 쓰는 용례에 관해서는 전경목,『고문서』용어풀이」 참조.

17) 전경목,『유서필지』, 173.

시되어 있다. "그는 그동안 집안 형편이 부유해졌음에도 이 핑계 저 핑계로 오늘내일 미루며 끝내 갚지 않고 있습니다. 세상에 어찌 이런 강도 같은 자가 있겠습니까? 원통하고 분한 심정을 이기지 못해 이에 감히 우러러 하소연하는 바입니다."[18]

원寃과 분노의 감정은 1794년 3월 양반 남성 이치관이 남원 수령에게 제출한 소지에 비슷하게 반영되어 있다. 이 소원은 이치관이 평민 남성 이명린과 묏자리를 두고 벌인 분쟁과 관련하여 세 조카인 이정전, 이득전, 이공전과 함께 연명으로 제기한 것이다.[19] 묏자리는 토지, 노비와 더불어 성별과 신분이 각기 다른 송자들이 통상적으로 제기하는 문제였다. 이른바 산송山訟이라 불린 묘지 분쟁의 경우 산중턱 또는 묏자리 사용과 관련한 분쟁이었다. 토지·노비소송과 더불어 산송은 조선후기 세 가지 주요 소송사건 중 하나였다. 토지·노비소송과 달리 산송은 조선왕조 전기에는 드물게 보고된다. 그러나 조선후기에 접어들면서 사회가 점차 유교화함에 따라 18~19세기에 이르면 가장 자주 일어나는 소송 유형이 되었다.

묏자리를 둘러싼 갈등은 세 가지 이유로 발생하였는데 풍수風水, 경제적 이해관계, 성리학 사상의 확산이 바로 그것이다. 1980년대 이 주제를 연구하기 시작한 학자들은 풍수 문제에 집중하면서 풍수학적 믿음이 효관념과 결합하여 이러한 분쟁으로 이어졌다고 분석하였다.[20] 1990년대

---

18) 전경목, 『유서필지』, 199.

19) 송준호·전경목, 『조선시대 남원 둔덕방의 전주이씨와 그들의 문서』, 65, 전경목, 『『고문서』 용어풀이』, 143-44에서 인용.

20) 김용무, 『조선후기 산송 연구』.

들어서서는 묘지 갈등을 연구하는 학자들이 풍수학에서 관심을 돌려 묘지 분쟁을 땔감이나 목재와 같은 묘지 주변의 자원 이용과 관련한 삼림지의 소유권 다툼으로 이해하였다.[21] 묘지 분쟁을 증가시킨 여러 원인 중 하나는 당시 국가가 산지를 활용하는 문제와 관련하여 적절한 정책을 입안할 능력이 결여되어 있었다는 점이다. 비록 산지가 공공의 재산으로 취급되기는 했지만, 백성들은 그를 점유하기 위해 다양한 수단을 전용하였다. 예컨대, 사람들은 조상의 묘지 주변을 경계선으로 삼고서 땔감을 구하거나 벌목을 목적으로 들어오려는 나무꾼과 다른 사람들을 막았다. 묘지 구역이 3~4세대에 걸쳐 세습되면서 이 구역은 점차 개개인이 점유하게 되었다. 조선 말엽에는 각기 다른 산지가 다른 사유재산과 같이 사고 팔렸음을 당시 계약으로 알 수 있다. 국가는 산지를 개개인이 점유하는 행위를 처벌하지도 공식적으로 인정하지도 않았으므로 묘지 분쟁이 점차 증가하였으며, 이것이 조선후기 주요한 사회현상이 되었다.[22]

다른 학자들은 부계사회의 강화와 조선후기 성리학 사상의 확산을 강조한다. 묘지 분쟁은 처음에는 양반들 사이에서만 일어나는 것으로 여겨졌지만, 18세기 후반에는 천민들에게까지 비슷한 분쟁이 점차 퍼져갔다.[23] 이치관 사건에서 알 수 있듯이, 분쟁에 관련된 상대방은 평민 신분이었다. 이치관은 소지에서 이명린이 불법적으로 자기 조상 묏자리에 시신을 묻었다고 적었다. 이치관은 가족들이 복상동에 있는 조상의 묏자리

21) 김선경, 「조선후기 산송」; 한상권, 「조선후기 사회와 소원제도」; 전경목, 「조선후기 산송 연구」; 조윤선, 「조선후기 산송연구」.

22) 전경목, 「산송을 통해 본 조선후기 사법제도 운영실태」, 5–31. 추가 문헌으로는 전경목, 「조선후기 산송 연구」 및 「조선후기 산송의 한 사례」; 김선경, 「조선후기 산송과 산림 소유권」 참조.

23) 김경숙, 「조선후기 산송과 사회갈등 연구」 및 「18, 19세기 사족층」.

를 오랜 기간 보살펴왔지만, 이명린이 함부로 가족 시신을 그곳에 묻었다고 진술했다. 이치관은 고을 관아에서는 묘지의 경계를 알고 있으며, 수령이 그의 가족들이 해당 구역을 사용하도록 승인했다고 주장했다. 그는 다른 사람 묏자리에 시신을 묻는 것은 불법이라면서 이명린이 법을 모르는 무식한 자라고 비난했으며, 그가 법을 어겼다고 고소했다. 그는 진술하기를, "분하고 원통함[憤冤]을 이기지 못하겠습니다"라고 하였다.[24]

이 소원의 내러티브 구조를 분석해보면, 양반 송자가 평민 남성과 연루된 분쟁을 바로 언급하면서 자신의 주장을 시작했음을 알 수 있다. 그러고는 상세한 분쟁 상황과 자신의 분하고 원통함을 전달하였다. 그는 이명린이 법을 어겼으니 반드시 처벌받아야 하며, 묏자리에서 시신을 도로 가져가도록 강제해야 한다는 주장으로 소원을 끝맺었다. 남성의 소원에서 이러한 내러티브 구조는 매우 보편적이다. 남성도 감정에 호소하였지만, 그들의 내러티브는 여성 송자에 비하면 덜 감정적이었다.

그렇다면 비슷한 상황에서 여성의 내러티브는 얼마나 다를까? 다음은 시아버지의 묘지를 지키기 위해 소원한 평민 여성 정조이의 사례다. 신해년 3월 충청도 공주에 거주하던 김만복의 아내 정조이는 한문으로 쓴 소지를 전라도 금산의 수령에게 제출하였다.[25] 정조이는 이미 이 소원 이전에도 전임 수령에게 시아버지 묘지 앞에 친족의 시신을 몰래 묻은 이순봉을 상대로 소원한 바 있었다. 전임 수령은 이순봉에게 몰래 묻은 시신을

---

24) 송준호·전경목, 『조선시대 남원 둔덕방의 전주이씨와 그들의 문서』, 65, 전경목, 『「고문서」 용어풀이』 143-44에서 인용.

25) 해당 소원이 이루어진 날짜는 신해년(1731, 1791 또는 1851년)에 제출되었다는 것 이외에는 알 수 없다.

도로 파내어 다른 곳에 묻도록 명하였다. 그러나 이순봉은 끊임없이 변명만 늘어놓으면서 명령 이행을 지연하였다. 정조이 남편은 이러한 상황에 몹시 상심한 끝에 병을 얻게 되었다. 정조이는 원통함을 토로하면서 다음과 같이 진술하였다. "이러한 상황에서 어찌 제가 비참하게 홀로 살아갈 수 있겠습니까? 저는 괭이를 쥐고 이순봉의 묘지로 가 시신을 파내고 난 뒤 자진이라도 할 계획입니다. 제 남편은 그러한 연후에야 회복될 수 있고, 제 시어머니도 목숨을 보전할 수 있을 것입니다. 이것이 제 소원입니다. 엎드려 간청컨대 저의 특별한 원冤을 가엾이 여겨주십시오. 천번만번 빌건대 이 사건을 해결해주시길 바라옵니다."26)

수령은 이순봉의 범죄를 조사하고 두 묘지의 그림을 가져오라고 명령했다. 수령은 이순봉이 묘지를 불법으로 침입한 것이 명백하다면 체포되어야 한다고 판결했다. 이 소원에서 추가 내용은 알 수 없지만, 정조이의 뒤이은 소원을 보면 이순봉은 시신을 파내도록 명령받은 것으로 보인다. 같은 해 11월 정조이는 또다시 이 문제를 호소하였는데, 이순봉이 명령에 따르지 않았기 때문이다. 그녀는 금산으로 가서 20일을 체류하며 고을 밖에 나가 있는 수령에게 직접 소원할 수 있기를 기다렸다. 수령이 돌아오자, 정조이는 다시 한번 그녀가 처한 상황에 대해 소원하였다. 소지를 검토한 수령은 이순봉을 장형으로 처벌하도록 명령하고, 이번에는 특별히 몰래 묻은 시신을 도로 파내야 하는 날짜를 명시했다.27)

수령의 명령에도 불구하고, 이순봉은 계속하여 시신 이장을 회피하였

---

26) 『고문서』, 16:200-1.

27) 『고문서』, 18:438-39.

다. 정조이는 을묘년 8월 금산을 세 번째로 방문하는 수밖에 없었다.[28] 하지만 수령이 갑자기 대구로 발령 나고, 새로운 수령으로 교체되었다. 정조이는 신임 수령에게 이전에 어떤 일이 있었는지를 되풀이하여 설명하고, 억울함을 풀어달라고 간청했다. 그녀는 진술하기를, "저는 심지어 손으로 묘지를 파헤치고 싶은 심정이며, 시신이 이장되어야만 비로소 다툼이 해결될 것입니다. 엎드려 빌건대 이 사건의 문서들을 자세히 살피시어 저의 원冤을 가엾이 여겨주십시오. (이순봉으로 하여금) 부디 (시신을) 특별히 정해진 기한 내에 옮기도록 하여 숨이 끊길 지경에 이른 제 남편과 제가 목숨을 부지할 수 있도록 해주십시오. 천번만번 피눈물을 흘리며 이 사건을 해결해주시기를 바라옵니다"라고 하였다.[29]

수령은 이순봉을 체포하도록 명하고, 소송에서 졌음에도 시신을 옮기지 않았는지를 신문하였다. 수령은 이순봉으로 하여금 10월 10일까지 파내도록 하였다.[30] 이순봉이 새로운 명령을 이행하지 않자 정조이는 같은 달 수령에게 필사적으로 다시 한번 호소하였다. 정조이는 남편이 수령의 명을 들었을 때는 회복할 가망이 있었다고 진술했다. 그러나 이순봉이 명령을 무시했기 때문에 그의 기쁨도 잠시뿐이었다. 수령은 전임자와 마찬가지로 이순봉을 엄히 다루어 가두도록 명령하였다.[31]

정조이 사례에서 이순봉은 법의 허점을 적절히 이용하여 시신을 파내는 일을 미루었다. 원칙적으로는 시신을 묻은 사람만이 도로 파낼 수 있

---

28) 여기에서의 을묘년은 1735, 1795 또는 1855년으로 보인다.

29) 『고문서』, 18:439-40.

30) 『고문서』, 18:439-40.

31) 『고문서』, 18:440-1.

었으며, 다른 누군가가 허락 없이 임의로 파내는 경우에는 유배형에 처해졌다. 고을 관아에서조차도 사건을 특히 심각하다고 여기지 않는 이상, 강제로 시신을 꺼내도록 명령할 수는 없었다. 그리하여 만일 묏자리를 지키기 위해 처벌을 감수한다면 사건을 중재하기가 어려웠다.[32] 이순봉도 이를 알고 있었으므로 계속해서 시신 파내기를 미루었다. 이순봉이 시신을 파내도록 명령을 받았다는 사실 외에는 정조이 사례의 결과는 알려져 있지 않다. 그럼에도 정조이의 소원은, 그녀가 시아버지의 묘지를 되찾기 위해 남편이 아직 살아 있고, 엄밀히 따지면 그가 송자 역할을 맡았어야 함에도 수차례에 걸쳐 거주지에서 멀리 떨어진 관아에 호소한 노력에 의미가 있다고 할 수 있다.

남성과 달리 여성은 억울함의 정도나 과부, 아내, 어미로서 부당하게 취급되는 데에 따른 감정을 전달할 때 연민의 내러티브를 사용하여 여성성을 이끌어냈다. 그러나 그러한 내러티브가 반드시 여성의 나약함만을 암시하는 것은 아니다. 예를 들어 정조이는 아내로서 남편의 병으로 자신이 겪은 고난을 강조하였고, 여성으로서 법적 갈등을 해결하기에는 역부족임을 밝혔지만 동시에 스스로를 가족을 위해서는 가장 역할도 수행할 수 있는 강인한 행위자로서 특징지었다. 그녀는 괭이를 쥐고 시신을 파낸 뒤 자결하겠다고까지 하면서 해결책을 찾고자 하는 확고한 의지를 전달했다. 남편이 비통함을 이겨내지 못했기 때문에 정조이가 전체 가족의 책임을 떠맡았으며, 직접 이순봉에게 대적했다. 그녀 남편은 분쟁에 맞설 여력이 없었던 반면, 정조이는 시아버지 묘지를 회복하기 위해 적어도 다

---

32) 김경숙, 「18, 19세기 사족층」, 75–83.

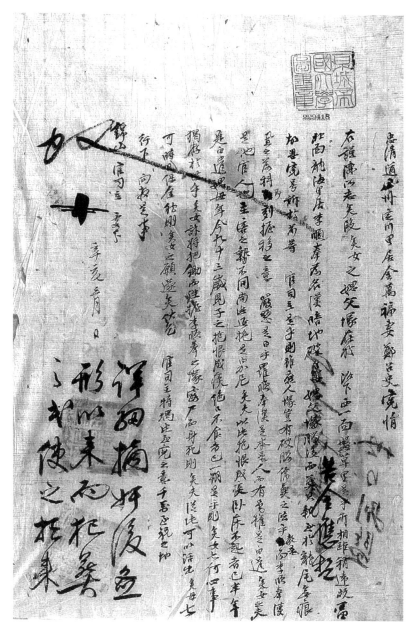

정조이의 첫 번째 소지, 「고문서」 229418, 서울대학교 규장각

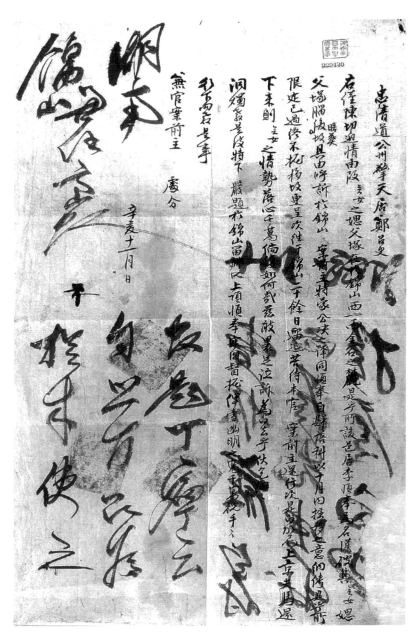

정조이의 두 번째 소지, 「고문서」 229420, 서울대학교 규장각

정조이의 세 번째 소지, 「고문서」 229423, 서울대학교 규장각

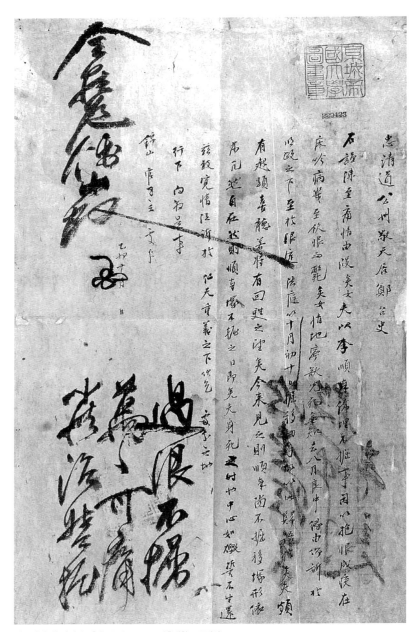

정조이의 네 번째 소지, 『고문서』 229424, 서울대학교 규장각

섯 번 이상 금산을 찾았는데, 이는 남편의 권위가 상대적으로 약함을 보여준다. 이것은 또한 내러티브 전략이었을 가능성이 있다. 남편의 역할을 도맡는 아내는 가족이 얼마나 절박한 상황에 있는지를 보여줄 수 있었고, 성공적으로 연민을 불러일으킴으로써 수령의 호의를 얻을 수 있었다. 어떻든 간에 정조이는 스스로를 젠더화하였지만, 동시에 여성성과 남성성을 복잡하게 결합한 내러티브를 사용함으로써 젠더를 재구축하였다. 그녀는 집안 가장의 법적 역할을 수행함으로써 여성성과 남성성을 모두 대표하였고, 그로써 여성성의 규범을 재정의했다.

결혼이 여성의 법적 능력에 영향을 미치지 않았으므로, 아내들은 남편들이 법정에 직접 출두할 수 없었을 때 남편 역할을 대신할 수 있었다. 여성이 아내로서 가족 문제를 소원하기 위해 등장하였을 때, 여성의 내러티브는 남편과 가족 전체의 이익을 위해 호소한다는 점을 분명히 드러내도록 설계되었다. 그러한 내러티브는 여성들로 하여금 여성의 덕목을 구체화하여 스스로를 표상하도록 하였고, 가부장적 권위를 부정하지 않으면서 젠더 규범에 순응하도록 하였다. 이와 반대로 남성이 가장으로서 소원할 때는 가족관계를 꼭 언급하지는 않으며 내러티브를 구성했는데, 남성자신이 가족의 책임자였기 때문이다. 여성 송자들은 여성의 종속적 지위라는 사회문화적 관습에 순응하면서도 동시에 가족의 억울함을 대표하면서 가족구성원의 감정적 만족에 초점을 맞추기보다는 궁극적으로 개인적인 원冤을 호소하기 위한 언어를 사용했다. 그러한 내러티브 전략은 조선의 법적 공간에서 여성의 자아정체성과 감정을 표상했다.

## 여성의 개인적 억울함들

　여성은 법정에 들어설 때 보편적으로 국가가 기대하는 여성의 미덕에 관한 유교적 수사학을 사용하였지만, 가정에서의 역할에 기초하여 자신들의 이익에 가장 잘 부합하는 방식으로 내러티브를 구축했다. 여성들의 삶의 경험은 각자 다른 사회적 신분에 따라 다양했지만, 언어적 습관은 신분 간의 경계를 넘어 여성의 덕목에 대한 유교적 내러티브로 동일화되었다. 그러한 언어를 사용할 수 있다는 것이 반드시 모든 여성 주체가 관행적 규범에 따라 살았다는 것을 의미하지는 않는다. 하지만 여성은 관행적 연설을 이용해 적극적으로 국가에 호소함으로써 이익을 추구할 수 있었다.

　여성의 내러티브는 어떻게 유교화되었으며, 왜 여성들은 신분 여하를 불문하고 여성의 덕목에 관한 유교적 수사법에 의존하게 되었을까? 1392년 조선이 건국되었을 때 성리학을 유일한 이데올로기로 채택하였는데, 조선 사회는 국가가 가부장제와 부계주의의 유교적 모델을 시행하는 규범적인 유교사회를 계획함에 따라 급격한 변화를 겪어야 했다. 사회의 유교화는 유교적 규범과 한국 고유 관습 간의 활발한 교류로 성취된 변화 과정이었다.[33] 비록 유학의 특정 요소가 조선 이전에도 존재하기는 했지만, 성리학을 공식 이념으로 채택하면서 전통적인 가족구조의 재편성과 병행한 것은 조선 건국 초기의 일이었다. 예를 들어 고려왕조 시기에는 아

---

33) 김자현, "Confucianization of Korean Society"; Deuchler, *Confucian Transformation of Korea*, 231-82(마르티나 도이힐러, 『한국의 유교화 과정』, 너머북스, 2013).

들과 딸이 동등한 가족구성원으로 대우받았으며, 기혼과 미혼 여부를 불문하고 동등한 몫을 상속받았다. 결혼 관습으로는 처가에 거주했으며, 여성은 친정에 능동적으로 남아 있었다. 재혼은 문제가 되지 않았고, 필요할 때 이혼이 가능했다. 사회는 부모 양가계 중심으로 이루어져 딸의 자녀도 가계를 이을 수 있었다.

조선에서 이러한 관습들은 유교적인 부계중심 가부장적 제도에 따라 변화하였다. 조상에 대한 제사가 도입됨에 따라 봉사 의무는 아들에게만 돌아갔으며,[34] 딸들은 더 이상 가족의 동등한 구성원으로 대우받지 못했기 때문에 유산을 일부분만 받을 수 있었다.[35] 혼인 관습도 시집살이를 하는 것으로 바뀌었으므로 여성은 친정을 떠나 남편 가족을 모셔야 했다. 이혼은 사회적으로 낙인 찍혔으며, 양반가 여성들은 이혼이 제한되었다. 본처와 첩은 분명히 구분되었으며, 그들 사이에 위계질서와 갈등을 불러일으켰다. 사회는 부모 양계주의에서 부계주의로 바뀌면서 오직 아들만이 가계를 이을 수 있었다.

한국의 유교화에 대한 전통적 학설은 이러한 변화가 실제로는 점진적으로 이루어졌으며, 17세기 중반에 이르러서야 명확해졌다고 본다.[36] 이러한 변화는 여성들, 특히 양반가 여성들의 제사·경제 그리고 사회적 특

---

34) 조선초기에는 딸들이 제사의무를 동등하게 나누어 부담하였으며, 유산도 아들들과 동등하게 나누어 받았다. 그러나 이러한 관습들은 17세기 중반부터 사회가 점차 유교화됨에 따라 변화하기 시작하였다. 제사상속의 관습에 대해서는 Deuchler, *Confucian Transformation*, 179–201, 231–82 참조(마르티나 도이힐러, 『한국의 유교화 과정』, 너머북스, 2013).

35) Deuchler, *Confucian Transformation*, 231–82 및 Peterson, *Korean Adoption and Inheritance*.

36) Deuchler, *Confucian Transformation*, 231–82; Peterson, *Korean Adoption and Inheritance*; 최재석, 『한국가족의 연구』.

권을 박탈함으로써 그들에게 불리한 영향을 미쳤다. 이처럼 유교화가 여성들에게 미친 부정적 영향을 부인할 수는 없지만, 그들이 조선후기로 갈수록 다른 특권들은 상실했음에도 법적 권리는 박탈당하지 않았다는 점은 강조되어야 한다.

조선 여성에 대한 최근 연구는 양반이 아닌 여성들의 삶을 분석하면서 얼마나 많은 여성이 양반 여성들보다 훨씬 더 다양한 삶을 살았는지를 입증하였다. 그들의 삶은 사회·경제적 상황에 따라 더욱 복잡한 양상을 보였으며, 젠더 규범의 공식적 표현에 덜 구속받았다.[37] 이러한 최근 연구는 한국사를 통틀어 대개는 보이지 않는 위치에 있던 하층 여성의 삶을 분석하기 위해 다양한 자료를 사용한다는 점에서 중요하다. 이들 최근 연구 결과는 조선후기 사회에 대해 다음과 같은 중요한 질문들을 던진다. 하위계층은 어느 정도까지 유교화되었는가? 만약 양반이 아닌 여성들의 성관습과 혼인관습이 유교화 과정의 영향을 크게 받지 않았다면, 유교화의 어떠한 측면이 인구의 대다수를 차지했던 그들 삶에 반영되었는가? 이러한 질문들에 대답하기 위해서는 유교화 과정을 다양한 구성요소로 분해하여 젠더화되고 계층화된 사회의 맥락에서 다층적 표상을 분석할 필요가 있다.

소원에서 여성의 언어학적 관행에 관한 한 여성 송자들은 사회적 현실의 차이에도 불구하고, 유교적 덕목의 수사법에 의존하였다는 점에서 유교화되었다고 볼 수 있다. 예를 들어 여성들의 집안 문제와 관련한 관심

---

37) 정지영, 「조선후기의 여성호주 연구」; 김경숙, 「조선후기 여성의 정소 활동」; 김정원, "You must Avenge on My Behalf."

사에서는 그들이 부부관계에 충실함과 효심을 강조하는 내러티브를 구사하는 것이 매우 일반적이었다. 비록 하층 여성들의 삶은 양반 여성들의 삶과는 달랐지만, 그들 역시 성리학적 관료들을 대상으로 대화할 때에는 유교적 언어를 구사하였다.

이제 여성이 소지에서 표현한 다양한 개인적인 억울함에 대해 살펴보자. 군현과 도 단계에서는 여성들이 토지, 채무, 묘지, 세금, 노비, 혼인, 가계, 사회적 신분, 구타 등과 관련한 문제에 대해 억울함을 호소했다. 양반 여성들의 소원에서 그들의 선명한 존재감은 다른 활동들이 특히 조선 후기에는 대개 집 안 안채에 한정되었음을 감안하면 특별히 중요하다. 그러나 양반이 아닌 여성들의 소원과 비교했을 때, 양반 여성들의 소원은 가계 또는 입양과 재산, 묘지소송에 더 국한되어 있다. 평민 여성들의 소원은 내용이 더 다양하고, 일상생활과 관련된 실용적인 부분을 다루고 있다. 평민 여성 정조이의 사례에서 보았듯이, 연민에 호소하는 것은 각기 다른 유형의 개인적 억울함을 소원할 때 모든 사회적 신분의 여성에게 공통된 내러티브 전략이었다. 하층민 여성들은 여성 젠더에 더하여 억압된 사회적 신분을 언급하였는데, 이는 그들이 원冤을 풀기 위해 법정에 섰음을 좀 더 정당화해주었다.

사회가 유교화함에 따라 여성들이 지위를 협상하기 위해 연민의 내러티브를 사용한 방식을 연구하려면, 먼저 양반 여성들이 특권을 상실하게 되는 조상에 대한 제사 문제 등과 관련한 억울함이 깔려 있는 소원을 살펴보아야 한다. 양반 여성 정씨의 소지는 한글로 쓰였으며, 숙종 시기(재위 1674~1720)인 1689년 7월 예조에 제출되었다.[38] 사망한 유학幼學 조지원의 아내인 정씨는 서울 지역의 유명한 가문 출신이었다.[39] 그녀의 고조부인 정엽은 선조 시기의 덕망 높은 관료였다. 정씨의 아버지가 아들이 없었으므로 정일재가 양자로 입양되었다. 그의 입양은 효종(재위 1659~1674)이 직접 승인하였는데 임금은 보통 명망 있는 가문의 입양 절차에 관여하였다. 그런데 정일재를 후사로 삼은 가문의 선택이 불운한 것이었음이 드러났다. 정일재는 극도로 무책임하였고 가문승계인으로서 의무를 다하지 않았다. 그는 방탕하였으며, 상속받은 가산을 모두 탕진하였다. 게다가 그는 여필주라는 사람에게서 많은 돈을 빌렸는데 빚을 갚지 못하게 되자 가옥이 여필주에게 넘어가고 말았다. 여필주는 정일재의 집에 들어가서 그대로 점거하였고, 정일재는 집 안에 모시던 신줏단지를 저버리고 무책임하게 사라졌다. 가문의 유일한 딸인 정씨는 친정의 곤경을 그대로 두고 볼 수만은 없었다. 그래서 그녀는 정일재가 집으로 돌아올 때까지 가문의 신주를 돌볼 수 있도록 허락해달라고 예조에 소원하였다.

국가의 관점에서 정씨의 요청은 받아들일 수 없었는데, 국가 이데올로기인 부계원칙을 부정하는 것이었기 때문이다. 법적 승계인이 존재하는 상황에서 딸로 하여금 신주를 모시게 하는 것은 가당치 않은 일이었다. 그러나 예조에서는 정씨의 요청을 쉽게 거절할 수 없었는데, 그녀가 고위 관료의 후손이었기 때문이다. 또한 임금의 법적 승계인에 대한 승인 역시 예조에서 그녀의 사안을 다루는 것을 더욱 어렵게 만들었다. 예조에서

---

38) 이 소지는 이병기, 『근조내간선』, 29-33에 처음 소개되었으며 안승준, 「1689년 정씨 부인」에 재차 소개되었다.

39) 유학幼學은 과거시험에 합격하지 못해 관료가 되지 못한 양반계층을 의미한다.

는 정씨의 원통함에 동조하였으며, 가문의 제사를 자기 재산으로 거행하려는 정씨의 노력은 칭송했다. 그럼에도 딸로 하여금 신주를 돌보게 하는 것에는 회의적이었다.

조선초기에는 혼인한 딸이 친정 제사를 지내는 것이 불가능한 일이 아니었다. 그러나 부계제도가 점차 사회 전반에 스며들면서 딸들은 제사를 주재하는 권리를 박탈당했다.[40] 정씨의 사례는 17세기 중반 어느 시점에 시작되어온 이 같은 관습상의 변화과정을 잘 설명해준다. 예조에서는 정일재의 무분별함을 인지하였지만, 부계원칙이 점차 사회에서 자리 잡고 있었기 때문에 쉽사리 정씨의 요청을 수락할 수 없었다. 예조의 결정문에는 "그녀의 사건은 극히 주의하여 심리해야 하는데, 그녀의 요청을 받아들이면 직계 장손에 대해 제약이 부과되는 것처럼 여겨질 수 있기 때문이다"라고 기술되어 있었다.[41] 예조에서는 정씨가 조상의 신주를 돌볼 수 있는지 명백히 밝히기를 꺼렸다. 예조의 기본 태도는 그녀 사건이 신중하게 심리되어야 한다는 것이었다. 『숙종실록』에 따르면, 1708년 정엽의 외손 등이 정일재를 파양해주기를 요청하고, 그 대신 문관 정계장을 후사로 삼은 것으로 되어 있다.[42]

비록 정씨가 잠시나마 조상의 신주를 모실 수 있도록 허락받았는지는 알기 어렵지만, 그녀의 바람은 마침내 다른 법적 승계인을 임명하는 것으로 조정되었다. 정씨는 확고하게 친정 가문의 명예를 회복해달라고 요구

---

40) 딸들의 주제권主祭權 박탈에 관한 상세한 설명은 Deuchler, *Confucian Transformation*, 129–78 참조(마르티나 도이힐러, 『한국의 유교화 과정』, 너머북스, 2013).

41) 안승준, 「1689년 정씨 부인」, 93.

42) 『숙종실록』 46(34/8/20).

했고, 이것이 당국에 잘 전달되어 효심을 칭송받았다. 비록 정씨는 스스로 무지하고 약한 여성임을 자처하면서 연민의 내러티브를 구사했지만, 가족 중 그 누구보다도 자신이 효성스럽고 정성이 깊음을 또한 강조하였다. 그녀는 다음과 같이 진술하였다.

> 비록 제가 아녀자에 불과하지만, 저는 문숙文肅[정엽]의 유일한 직계후손입니다. 제 부모님과 조부모님 사당이 다른 사람 집에 있으면서 여씨 형제의 모욕을 매일 받으니, 어찌 아들과 딸의 구분이 있을 수 있겠습니까? 제 형제가 언제 돌아올지 알 수 없으므로, 저는 제 가족의 사당을 [제 집으로] 하루속히 옮기고 싶습니다. 하지만 예조의 허락 없이 옮기는 것은 부적절하오니, 청컨대 제 처지를 굽어 살피셔서 판결해주시기를 바라옵니다.[43]

덕망 있는 가문에 유일하게 남은 후손이라는 사실은 정씨에게 막중한 책임감을 부여하였다. 유교사회에서 효는 친부모에 대해 갖는 자연스러운 빚으로 여겨졌다. 그러나 부모·자식 관계는 여자가 혼인하게 되면 시부모에게로 옮겨갔다. 부모에 대한 자연스러운 감정은 젠더에 따라 달리 강조되었는데, 남성의 부모에 대한 감정은 자연스러운 도덕적 질서에 기초하여 친부모를 향한 반면, 여성의 시부모에 대한 감정은 사회적으로 형성되었기 때문이다.[44]

그러나 『내훈內訓』과 같은 문헌에서는 여성의 친정부모에 대한 효도와

---

43) 안승준, 「1689년 정씨 부인」, 89-95.

44) 김자현, "Filial Emotions and Filial Values", 129-77.

시부모에 대한 효도가 다르지 않다고 보았다.[45] 『내훈』에서는 여성의 효가 친정과 시댁이 같으며, 남녀에 따라 근본적 차이도 없다고 하였다.[46] 정씨의 사례는 어떻게 하여 친정부모에 대한 딸의 효심이 혼인 후에도 계속 표현될 수 있었는지, 그리고 조선후기에도 혼인한 여성의 억울함이 친정 문제에도 관련될 수 있었는지 잘 보여준다.

정씨가 언급한 가계와 조상에 대한 제사는 주로 양반 여성에게 국한된 문제였다. 하지만 토지, 채무, 묘지와 관련된 억울함은 양반과 평민 여성 모두가 소원에서 제기한 관심사였다. 토지분쟁과 관련해서는 조선후기에 두 가지 다른 종류의 소원이 존재한다. 즉 토지의 소유권에 관한 분쟁과 분실한 토지문서를 입안하는 요청에 관한 것이었다.[47] 토지를 빼앗기지 않기 위해서는 자신의 권리를 입안받는 것이 필요했다. 한 예로, 계축년 9월 충청도 태안 고남에 사는 과부 남씨가 도둑맞은 토지문서를 입안해달라고 수령에게 소원하였다.[48] 이 여성은 자신이 일찍이 과부가 되었으며, 돌봐줄 자녀도 시댁식구도 없다며 내러티브를 시작했다. 그녀는 조상에게서 물려받은 논 다섯 마지기로 생계를 유지하고 있었다.[49] 하지만 집에 도둑이 난입하여 폭 48척과 길이 60척에 달하는 토지문서를 훔쳐가

---

45) 김자현, "Filial Emotions and Filial Values", 129–77.

46) Duncan, "The *Naehun* and the Politics of Gender", 43–7.

47) 입안立案을 구하는 소원에 관해서는 정긍식, 「자료 : 16세기 입안」 참조.

48) 계축년은 1733, 1793 또는 1853년을 언급하는 것으로 보인다. 이 소지에서 성이 남인 여성은 씨氏나 조이[召史]를 사용하지 않음으로써 자신의 신분을 특정하지 않았다. 그녀는 스스로를 그저 과부로 칭하였다.

49) 그녀가 상속받은 토지 5마지기가 남편에게서 받은 것인지, 친정부모에게서 받은 것인지는 불명확하다. 그녀는 3마지기는 정묘년에 조씨라는 종에게서 구매한 것이라고 밝혔을 뿐이다.

고 말았다. [50] 그녀는 간청하기를, "부디 [도둑맞은 토지문서를] 입안해주시어 제가 장래에 토지를 사거나 팔 때 증거로 쓸 수 있도록 해주십시오"라고 하였다. 수령은 소원 내용을 보증할 수 있도록 그녀의 이웃 사람을 심문하도록 명령했다. 같은 달 그녀는 자기 사건이 입증되었고 세 사람 이름이 제시되었으므로 문서를 입안해달라고 다시금 소원했다. 수령은 그달 11일 입안을 발급해주도록 명했다. [51] 이 여성은 수령으로부터 한 주 정도 뒤 입안을 받을 수 있었다.

과부 남씨가 문서를 도둑맞은 경우라면, 양반 과부 오씨는 집에 불이 나서 문서가 타버린 경우였다. 그녀는 수령에게 문서를 입안해달라고 비슷하게 요청하였고, 목적을 달성하는 데 성공했다. 오씨는 정묘년 5월에 소원을 하였는데, [52] "삼가 아뢰는 저의 일은 다음과 같습니다. 제 삶은 불운하였습니다. 저는 젊었을 때 남편을 여의고, 자녀도 없이 과부로 살았습니다. … 불행하게도 지난달 제 집이 모두 타버리는 불운을 당했습니다. … 부디 이 사건을 상세히 살펴주십시오. 제 땅으로 증명되었다면 입안을 발급해주십시오"라고 하였다. [53] 오씨는 과부 남씨와 유사한 양식으로 내러티브를 시작했는데, 일찍이 과부가 되었으며 자녀가 없다는 것이 그러했다. 오씨 역시 약간의 토지에 의존하여 생계를 버텨왔으며, 토지 소유권을 증명하기 위해 입안이 필요했다.

---

50) '척尺'은 조선에서 길이를 측정할 때 사용하는 단위였다. 지척과 양전척은 거리를 재는 데 사용되었다. 후자는 양전사업과 양안에 쓰였다. 15세기에 1등급 토지의 양전척 1척은 99.296cm와 같았다. 박홍수, 「도량형 제도」, 617, 김선주·김정원, *Wrongful Deaths*, xiii에서 인용.

51) 『고문서』 20:234-35.

52) 정묘년은 1747, 1807 또는 1867년으로 보인다.

53) 『고문서』 20:236.

독녀獨女라고 지칭한 여성 박씨는 을유년 음력 정월 제출한 소지에서 다소 다른 유형의 내러티브를 구사했다.[54] 그녀 역시 연민에 호소하는 방식으로 시작하였으며, 그해 심각한 가뭄에 시달려 세금을 내기 어려울 지경이라고 하였으나, 과부나 아내 또는 어미로서의 지위에 놓여 겪는 어려움을 강조하지는 않았다. 그녀는 "제가 연약한 여인이기 때문에 [제 잃어버린 문서에 대해] 입안을 받지 못하면 토지를 사거나 팔지 못할 것입니다. 저는 [이 소원에] 추가하여 저의 연간 재산목록을 제출합니다. 부디 이를 살피셔서 입안해주십시오"라고 진술하였다.[55] 집안에서 자신들의 지위를 스스로 언급한 다른 여성들과 달리 박씨는 독녀라고 지칭하며, 스스로를 독립적으로 규정하였다.

토지문서에 대한 입안 요청은 양반이나 평민 여성에만 한정되지 않았다. 심지어 여종조차 입안을 호소했다. 공노비인 차정은 고을 수령에게 아비의 장례 도중 잃어버린 두 문서를 입안해달라고 소원했다.[56] 문서들 가운데 하나는 그녀의 아비가 생전에 토지를 사들였다는 기록이며, 다른 하나는 그녀가 그 아비로부터 받은 상속문서였다. 원통함을 호소하면서 소원을 시작한 그녀는 공노비로서 흉년에 삶을 부지하기가 얼마나 어려운지를 말하였다. 그러한 상황에서 그녀가 아버지로부터 토지를 물려받은 것은 다행이었지만, 자신의 소유권을 입증할 문서가 없다는 것은 불행한 일이었다. 그녀는 토지를 팔려고 할 때 사람들이 의심을 품을 수 있기

---

54) 을유년은 1705, 1765, 1825 또는 1885년으로 보인다.

55) 『고문서』 20:360-61.

56) 조선시대 노비들은 두 유형으로 구분된다. 공적으로 또는 국가가 소유하는 공노비公奴婢와 사적으로 소유하는 사노비私奴婢가 그러하다. 2월에 제출된 이 소지는 원문의 상태가 좋지 않기 때문에 어느 해에 제출되었는지 파악하기 어렵다.

때문에 관에서 그녀의 토지소유권을 입증해줄 필요가 있다고 했다. 그녀는 나아가 자신의 토지를 빼앗으려는 형제자매나 다른 친척들에게 증거로 제시할 수 있도록 입안 문서를 갖기를 원한다고 했다. 수령은 사안이 입증되는 대로 문서를 입안해주도록 하였다.[57]

비록 모든 소원이 성공적이었던 것은 아니지만, 수령들은 송자들이 토지 소유권을 입증할 만한 충분한 증거를 제시하였을 때는 그를 입안해준 것으로 보인다. 여성들은 사회에서 미약한 처지에 있었기 때문에 여성으로서 느끼는 원冤의 정도를 강조하기 위해 대개 연민에 호소하는 내러티브로 소지를 시작했으며, 수령들에게 그들의 이익을 보호해달라고 호소하면서 끝맺었다. 하층민 여성들은 양반 여성들과 달리, 더 연약한 존재로서 이중 표현을 사용하였다. 하층민 여성들은 여성성에 의존할 뿐만 아니라 평민이나 여종으로서 사회적 신분 또한 강조한 것이다. 더욱 억압받거나 특권에서 배제된 존재들일수록 원冤이 더 깊었고, 억울함의 정도도 더함을 시사했다.

채권·채무 문제에서 평민 여성들은 다른 신분의 여성들보다 훨씬 더 많이 소원하였는데, 이는 그들이 차용·융통과 같은 법적 거래에 더욱 적극적으로 연관되어 있었음을 암시한다. 채권·채무와 관련된 사안에서 증오나 원冤과 같은 감정은 채무자와 채권자 간에 불가피하게 나타날 수밖에 없었는데, 특히 채무자가 빚을 갚기 어렵거나 채권자가 부당하게 이자를 받으려고 할 때 그러했다. 송자들은 채권을 청구하거나 채무를 면하기 위해 법정을 이용하는 것을 꺼리지 않았으며, 법정을 사이가 틀어진 상대

---

57) 『고문서』 20:143.

방을 처벌하는 수단으로 삼기도 했다.

다음의 소지들은 이웃 간의 다툼뿐만 아니라 사회적 유대까지도 특징화하기 위해 감정의 언어를 사용한 사례들이다. 과부로 홀로 살고 있던 서조이는 신축년 9월 이웃인 황치룡에게 빌려준 돈을 받지 못하게 되자, 자신의 딱한 사정을 이야기했다.[58] 그녀는 먼저 자신이 자식도 없이 일찍 과부가 되었으며, 그로써 이웃들에 의지하며 떠돌아다니는 신세가 되었음을 설명했다. 그녀는 예순이 되자 자신이 무일푼이면 아무도 죽은 뒤 시신조차 거두어주지 않을 것이라 생각되어 두려움이 앞섰다. 그리하여 그녀는 낮에는 쌀을 찧고 밤에는 바느질을 하면서 돈을 모았다.

그녀가 70냥 가까이 저축했을 때 가진 돈으로 이자를 불리기로 계획했지만[59] 황씨가 결혼자금이 필요하다고 하자 돈을 빌려주었다. 황씨는 혼인한 뒤 농사가 잘되어 풍족하게 살았다. 그리하여 서조이는 황씨에게 빚을 갚으라고 요구했으나 황씨는 거부하였다. 그녀는 소지에서 자신의 분노를 토로하기를, "그는 저의 한결같은 요청을 무시하려고 꾀를 부리기만 한 것이 아니라, 제게 먹을 것조차 남겨주지 않을 정도로 무례한 태도를 보였습니다. … 제가 얼마나 더 분개할 수 있겠습니까? 그는 마땅히 돈을 갚아야 합니다. 저와 같은 가난한 여인이 돈을 돌려받지 못한다면 제 시신을 묻을 돈조차 마련하기 어려울 것입니다. 제가 죽은 뒤에는 별다른 방도도 없으니, 피눈물을 흘리면서 간청합니다. 부디 이제 살날이 얼마 남지 않은 이 늙은 여인을 가엾이 여겨주십시오. 울며 애원하오니,

---

58) 신축년은 1721, 1781, 1841 또는 1901년으로 보인다.

59) '냥兩'은 조선에서 통화로 쓰인 동전의 단위였다. 한 냥의 무게는 대략 37g이었다.

황치룡을 잡아들여 그로 하여금 즉시 제 돈을 갚도록 해주십시오"라고 하였다.

경기도 김포 수령이 내린 판결에서는 황씨의 행동을 간과할 수 없으므로 그를 체포하도록 명한다고 하였다. 수령은 나아가 서조이가 돈을 되찾도록 해서 외로운 과부의 원통함을 구제해야 한다고 했다. 황씨는 9월 22일 고을 관아에 붙잡혀 들어갔다.[60] 이 사건에서 서조이의 내러티브 전략은 과부로서 취약한 신분을 강조하는 것뿐만 아니라 고령의 여성 소원에서 드물지 않았던 많은 나이에 호소하는 것에 바탕을 두고 있었다.

젊은 남성과 분쟁에 연루된 여성은 보통 어떻게 무례한 대접을 받았는지를 강조하면서 그가 공동관계에서 화합을 무너뜨렸음을 호소하였다. 그러한 내러티브 전략은 잘못을 바로잡아 원冤을 달래고자 하는 것을 크게 정당화하였다. 서조이가 채권자로서 소원을 하고 배상을 호소했다면, 황조이는 채무자로서 소지를 제출했다. 황조이는 정미년 12월 부당하게 이자를 뽑아내려던 채권자를 상대로 소송을 제기했다.[61] 그녀 남편은 살아생전에 강원도 춘천에 살던 양반 유씨로부터 40냥을 빌렸다. 빚이 이듬해에는 불공정하게 책정된 이자로 100냥까지 늘어나게 되자, 유씨는 황조이 남편에게 빚을 갚지 못하면 소유하던 토지와 들판을 영구히 팔아넘기라고 요구하였다. 황조이 남편은 즉시 빚을 갚을 도리가 없었기 때문에 유씨가 요구하는 대로 각서를 작성하였다. 그러나 작황이 좋지 못하여 여전히 빚을 갚을 수가 없었고, 유씨는 토지를 저당잡은 상태에서 계속 더

---

60) 『고문서』 25:126-27.

61) 정미년은 1727, 1787, 1847 또는 1907년으로 보인다.

많은 돈을 받게 되었다. 남편이 죽자 황조이는 자신에게 남은 토지가 거의 없다고 호소했다.

송자 황조이는 유씨가 고리로 빚을 40냥에서 100냥까지 늘리고, 갚지 못한 15냥에 대해서는 토지를 저당잡기까지 했다고 불평했다. 그녀는 9년이면 원금을 갚기에 충분한 기간이라고 주장했다. 나아가 그녀는 모든 이웃이 유씨의 불공정한 셈법을 알고 있으며, 그래서 억울함을 구제해줄 것을 소원했다고 하였다. 그녀는 소지를 끝맺으며 "부디 그가 고을 안에서 혼란을 초래한 죄를 조사하여 잘못된 점을 법에 따라 고쳐주십시오. 제 야윈 몸을 지켜주실 것을 간청하며, 그리하여 어디에도 의지할 바 없는 이 과부가 토지를 보존할 수 있게 해주십시오"라고 진술하였다.[62]

수령은 판결에서 이미 이전에 고소를 하였음에도 다시 소원한 것에 대해 송자를 꾸짖었다. 여성 송자가 수령에게 사건을 신속히 판결하도록 압력을 주기 위해 같은 내용의 소원을 단기간에 수차례 반복하여 행하는 것은 흔한 일이었다.[63] 아마도 황조이는 이 사건이 여전히 심리 중이었던 것에 절망하여 소원을 했던 것으로 보인다.

황조이는 이듬해인 무신년 2월, 또다시 유씨를 고소했다.[64] 이번에는 수령에게 응하여 그녀가 이전에 성가시게 소원을 하였음을 언급하면서도 그러한 부담을 무릅쓰고 소원을 다시 하게 된 점을 설명하면서 소지를

---

62) 『고문서』, 25:356-57.

63) 많은 사건이 군현과 도 단계에서 지연되었으므로, 일부 학자들은 송자들이 자주 하급법정을 건너뛰어 바로 임금에게 억울함을 해소해줄 것을 소원하였다고 주장한다. 한 학자는 심지어 그러한 관습이 근대 사법제도의 발전을 지체시켰다고까지 주장하기도 한다. 조윤선, 『조선후기 소송연구』, 287-302; 전경목, 「산송을 통해 본 조선후기 사법제도 운영실태」, 5-31.

64) 무신년은 1728, 1788, 1848 또는 1908년으로 보인다.

시작했다. 그녀는 지난 두 달 동안 무슨 일이 있었는지는 물론 현재 상황을 소상히 설명하였다. 그녀의 이전 소원이 제출된 직후 수령은 유씨에게 황조이의 토지를 빼앗지 못하도록 판결을 내렸다. 황조이는 승소한 뒤에도 유씨가 지속해서 간섭을 해오자 토지를 매각하려고 시도하였다. 토지를 매수하려는 사람이 나타나자, 유씨는 매수인에게 자신이 조만간 상급 관아에 소원하여 토지를 돌려줄 것을 요청하면 그가 돈을 모두 잃게 될 것이라고 협박하였다. 이에 아무도 토지를 사려 들지 않자 황조이는 소작농을 찾아보기로 결정했다. 그러나 유씨는 그 토지를 경작할 경우 가만두지 않겠다고 비슷한 방식으로 이웃들을 협박했다.

상황이 이렇게 되자 송자 황조이는 토지를 소유하고 있어도 팔지도 경작하지도 못하게 되어 아무런 쓸모가 없다고 하였다. 그녀는 "저는 이미 이전 소지에서 유씨의 비열한 행동을 고소한 바 있으며, 관아에서는 그를 조사하였습니다. 그러나 이번 달 말에 그가 더욱 못되게 행동하였으니, 너무나 놀랄 뿐입니다. 만약 그가 무분별하게 행동하도록 내버려둔다면 법은 어디에 있고, [저희가] 어찌 관아의 명을 믿을 수 있겠습니까? 유씨는 종종 나리를 무례한 언사로 모욕했습니다. 제 말이 마치 그를 힐난하는 것처럼 보일 수 있겠습니다. 하지만 저는 관아의 문초에 감복하였으며, 그가 나리를 공격하는 말에 분개하였습니다. 이리하여 허리를 굽혀 호소하는 바입니다"[65]라고 진술하였다.

수령은 2월 19일 판결에서 황조이가 잠시 물러나 있도록 했는데, 이는 다른 지역에 살고 있는 유씨를 체포하기에는 수령에게 재량권이 없었기

---

65) 『고문서』 22:105-6.

때문이다.[66) 이전 소지와 비교했을 때, 마지막 소지에서 황조이는 연민에 호소한 내러티브에 덜 의존하였으며, 과부로서 취약한 처지도 덜 환기시켰다. 그녀는 대신 공손한 태도를 유지하고, 성가신 소원을 하는 것과 같은 인상을 주지 않으려고 주의를 기울였다. 내러티브의 태도는 이전 소지들과 달리 과감하고 단호해 보이기까지 했다. 두 달 전 호의적인 판결을 받았으므로, 그녀는 더욱 자신감을 얻었을 것으로 보인다. 그녀가 연민에 호소한 내러티브에 의존하여 수령의 동정을 유발하려고 했을 때, 동시에 대담하게도 수령의 명령이 적절히 집행되지 않을 경우 그녀가 그러한 명령을 어떻게 신뢰할 수 있겠느냐고 반문하였다. 비록 그녀가 감히 수령의 권위에 도전하려 한 것은 아니지만, 과감하게 잘못된 점을 고칠 것을 요구하였으며, 수령이 약자의 원冤을 풀어주어야 한다고 주장하였다.

전술한 토지나 채권, 채무 관련 사건들에서 양반 여성과 하층민 여성의 소지 사이에 분명한 차이점을 찾기는 어렵다. 그러나 혼인이나 사회적 신분과 관련된 사건을 분석하였을 때에는 그 차이점이 분명해진다. 혼인 관련 사건에서 하층민 여성들의 삶은 그들이 20세기의 전환기에 순결 이데올로기에 덜 구속되어 있었음을 보여준다.[67) 송조이라는 평민 여성의 다음 소지는 하층민 여성의 혼인문제가 양반 여성들과 어떻게 달랐는지를 보여준다.

소지는 평민 여성의 딸 혼인문제에서 비롯한 억울함에 초점을 맞추었

---

66) 『고문서』 22:105−6.

67) 하층민 여성들이 어떻게 조선후기의 유교적 정조 관념으로부터 상대적으로 덜 구속받았는지에 관해서는 정지영, 「조선후기 과부」; 김정원, "Negotiating Virtue" 참조. 중국 청조의 정조 관념과 여성의 도덕적 행위에 관해서는 Theiss, *Disgraceful Matters* 참조.

지만, 실상은 송조이와 사위 간의 재산분쟁이 주요 쟁점이었다. 소지의 목적은 그녀의 재산에 대해 입안해달라고 요청하는 것이었다. 송조이는 계묘년(1903) 6월 함경도 원산의 수령에게 소원하여 의원이었던 사위 김진원을 고발하였다. 송조이 딸은 진원이 그녀 마을에서 의원을 시작할 때 그와 결혼하였다. 고작 4년을 같이 산 뒤 진원은 아내 곁을 갑자기 떠나 다시 자기 고향 마을 원산으로 돌아갔다. 송조이 딸은 남편이 돌아오기를 기다렸지만, 3년 내내 소식을 듣지 못했다. 송조이는 딸이 마음고생을 하는 것을 보며 가슴이 찢어질 듯했기 때문에 딸과 함께 원산까지 진원을 찾으러 가기로 했다. 처음에는 딸이 다행스럽게도 남편과 다시 결합할 수 있을 듯하였다. 그러나 이 재결합은 진원이 다시 아내를 무시하면서 깨지고 말았다.

송조이는 원산으로 이사하기 위해 재산을 팔았다. 그녀는 딸이 진원과 재결합하자 혼인관계가 계속 유지되기를 희망하며 1,000냥을 딸에게 주었다. 그러나 진원은 아내의 돈을 대부분 가져가서 자기 명의로 재물을 사들였고, 남은 돈도 탕진하였다. 더 심각한 일은 진원의 첩이 송조이 딸을 집 밖으로 내쫓아버려 딸이 송조이와 살러 다시 돌아온 것이었다. 그러는 동안 송조이 딸은 여자아이를 하나 낳았는데, 아이는 추위에 죽고 말았다. 송조이에 따르면 진원은 가엾은 아이가 죽었음에도 가족을 돌보지 않았다고 했다. 이 사건으로 송조이는 이들 부부의 혼인관계가 더는 가망이 없다고 판단하고 딸과 함께 원산을 떠나 고향땅으로 돌아가기로 결심했다. 송조이는 재산을 사위에게 거의 대부분 줘버렸기 때문에 일정

부분이라도 되돌려달라고 해야 했다. 그래서 사위에게 이를 요구하였으나, 사위는 거부하였다. 사위에게 극도로 분노한 송조이는 억울함을 구제해달라고 소원하였다. 그녀는 부부가 다시 결합하는 것이 불가능함을 주장한 뒤 수령이 명령을 내려 딸과 사위의 혼인관계를 끊어달라고 요청하였다. 수령은 진상을 조사한 뒤 판결에서 진원을 체포하도록 명하였다.[68]

　　송조이는 소지에서 딸의 혼인이 진원 때문에 망가졌다고 밝혔지만, 소지의 목적은 사위로부터 재산을 회복하는 데에 있었다. 송조이의 전략은 진원이 어떻게 자기 재산을 차지했는지를 상세히 설명하기보다 진원을 부도덕하고 혼인 파탄에 책임이 있는 사람으로 그려내는 데에 있었다. 송조이는 경제적 이익만을 위해 고소한다는 인상을 주지 않으려고 딸이 진원 때문에 겪어야 했던 긴박한 상황을 강조하였으며, 모녀에게 이것이 얼마나 비참한 일이었는지를 강조하였다. 다른 많은 여성의 소원처럼, 송조이는 일찍이 과부가 되어 외동딸과 같이 서로 의지하며 살았음을 설명하면서 소지를 시작했다. 그녀는 사위와 재산분쟁이 어떻게 발생했는지 설명한 뒤 사위에 대한 원한을 드러내면서 원冤이 사위의 불효막심한 행동으로 극도에 달하였음을 밝혔다. 그러한 내러티브 전략은 억울함을 해소하고 동시에 경제적 구제도 받으려는 그녀의 소원을 강력히 뒷받침했다.

　　송조이의 소원은 평민 여성의 다양한 삶의 측면을 보여준다. 먼저 그녀는 겉보기에는 양반 여성들과 다른 삶의 모습을 묘사한다. 가장 큰 차이점은 본처와 첩 간의 위계관계였다. 송조이는 "첩이 본처를 집 밖으로 쫓아냈습니다"라고 말하면서 양반 가문에는 있는 사회적 신분에 따른 분

---

68) 『고문서』 25:502-3.

명한 위계체계가 하층민 집안에는 결여되어 있음을 보여준다. 이는 평민 남성의 첩이 본처와 동등한 사회적 신분일 수 있었는지에 대한 질문을 야기한다. 양반 가문 여성들 간의 위계질서는 분명히 드러나며, 첩은 법적인 본처에 비해 열등한 지위에 놓이게 된다. 비록 송조이가 첩의 신분은 언급하지 않았지만, 이 사건은 양반 가문 어디에나 있었던 여성의 위계질서가 하층민 집안에서는 결여될 수도 있었음을 보여준다. 이것이 어떤 평민 집안에서도 그러한 위계질서가 존재하지 않았다는 것을 의미하지는 않지만 적어도 각각의 개별사례를 분석해 하층민 가정의 처첩관계를 분명히 할 필요는 있다.

두 번째 차이점은 혼인의 의무와 관련된 소원에서 명백하다. 비록 혼인을 중매인의 중매로 했지만, 진원은 아내와 관계를 진지하게 생각하지 않았다. 이 특별한 결혼 이야기는 하층 신분의 남성이 쉽게 아내를 떠날 수 있었고, 심각한 결과 없이 남편으로서 역할을 소홀히 할 수 있었다는 것을 보여준다.

세 번째 차이점은 송조이와 사위 사이의 유교사회와 관련된 관계의 의미이다. 사회 통념상 여성과 그녀의 시부모, 남성과 그의 장인 간의 갈등 사례를 찾기는 어렵다. 그러나 사위와 장모 간의 갈등 사례는 찾기가 어렵지 않다. 어떻게 우리가 남성과 장모 간의 분쟁을 이해할 수 있을까? 유교사회에서 여성은 시부모를 친딸이 하듯 대하며, 남편이 죽은 뒤에도 시부모를 섬기도록 요구받았다. 그러나 실제로는 혼인한 여성들도 종종 친정부모를 돌보았다. 예컨대 평민 신분인 과부가 갈 곳이 없으면 혼인한 딸에게 의지하여 딸의 집에서 살았다.[69] 비록 남자가 아내의 부모를 모실 의무는 없었지만, 이것이 장모에게 효를 다할 의무가 면제되었다는 것을 의미하지는 않았다.[70] 효에 관한 한 여성과 남성은 시부모와 친정부모, 처가부모와 본가부모 모두에게 진심으로 의무를 다해야만 했다.

끝으로 사위를 상대로 고소한 친정엄마의 역할을 고찰해볼 필요가 있다. 특히 유교의 법은 아내가 남편을 고소하는 것을 금지하였다. 송조이 사례에서 어머니가 딸 역할을 대신한 것으로 보이는데, 아내가 남편을 상대로 소원할 권리가 없었기 때문이다. 비록 여자가 남편을 고소하는 것은 제한되었지만, 딸의 남편을 고소할 권리는 주어졌다. 역으로 보이는 것처럼 성별이 아내와 남편 간에 가장 중요한 요소였지만, 장모와 사위 간의 관계에서 가장 중시된 요소는 성별보다는 나이였다.

이제 사회적 신분의 문제로 돌아가 살펴보자. 조선시대에는 평민 여성과 여종 간의 사회적 신분 변동이 상대적으로 유연하였으며, 평민 여성이 여종이 되거나 그 반대가 되는 상황이 드물지 않았다. 사회적 신분 문제에 대해서는 평민 여성들은 자신들이 부당하게 여종으로 취급받았음을 호소하면서 평민으로서 자유권을 보호하려는 경우가 자주 있었다. 힘 있는 양반이나 부유한 평민들은 때로 빈곤한 평민들 또는 이미 속량한 종을 강압적으로 노비로 만들기도 했다.

소원인들은 특권 집단에 고통받는 자신들의 억울함을 구제해달라고 호소했다. 부당한 취급에 대한 그들의 고발은 결국 국가로 하여금 그러한

---

69) 『고문서』 17:378.

70) 지배권력이 재산분쟁 사례에서 어떻게 기혼 남성의 장모에 대한 효를 강조하였는지에 관한 추가 논의는 김지수, "Law and Emotion" 참조.

착취를 방지하기 위해 새로운 법을 제정하도록 하였다. '압량위천壓良爲賤'을 막기 위한 법은 관련된 여러 소원의 결과로 18세기 초『속대전』에 규정되었다. 압량위천, 즉 평민을 억압하여 노비로 만드는 문제는 조선후기의 주요 사회적 부조리 가운데 하나로, 평민 여성들이 신분에 대해 소원할 때 연민에 호소하는 내러티브를 구사하도록 만들었다.

평민 여성 김조이는 신사년 4월 고을 수령에게 호소하여 그녀 딸이 어떻게 부당하게 종으로 대우받는지를 설명하였다.[71] 김조이는 "저는 제 억울함에 대해 호소합니다. 이 세상에 수없이 많은 억울한 일이 있겠지만, 제 억울한 것보다 더 고통스러운 것은 없을 겁니다. 제 부모는 이미 계묘년에 죽고 저희(제 남편과 저)는 가난에 시달리면서 더 이상 의지할 바가 없게 되었습니다"[72]라면서 소지를 시작했다. 그녀는 이어 그녀와 남편이 극심한 가난에 시달렸지만, 양반인 이씨의 도움으로 운 좋게 살아갈 수 있었다고 털어놓았다. 부부는 처음에는 이씨의 심부름을 맡아 했지만, 나중에는 이씨의 처남인 신씨에게 의지하였다. 그러나 김조이는 남편이 죽자 신씨의 첩이 되어 그와 사이에서 세 아이를 낳았다. 신씨가 죽은 뒤 김조이의 불행이 시작되었는데, 신씨의 아들이 김조이 딸을 강압적으로 떼어내 자기 종으로 삼으려 들었기 때문이다. 그녀는 신씨 아들이 자기 딸을 종으로 부리는 것은 그가 애초에 딸을 소유한 적이 없기 때문에 위법이라고 주장하였다. 김조이는 이 주장을 뒷받침하기 위해 자신이 평민 신분임이 드러나도록 이씨가 써준 문서를 제출하였다.

---

71) 신사년은 1701, 1761, 1821 또는 1881년으로 보인다.

72)『고문서』25:480-1.

김조이 사례의 핵심은 신씨의 아들이 그녀 딸을 종으로 부릴 수 있느냐였다. 고을 수령은 신씨 아들이 김조이 딸을 종으로 부리는 것이 부적절하다고 판단했는데, 그들의 관계가 법적인 주인과 노비 관계로 구속력을 갖지 않았기 때문이다. 판결의 논리에 따르면, 김조이와 그녀의 딸이 단지 신씨 가족에게 일시적으로 의지하였다는 사실만으로 신씨 아들이 김조이 딸을 종으로 부리는 것은 부적절하다는 것이었다. 고을 수령은 송자의 원寃을 인정하였으며, 이 사건을 압량위천 유형에 해당하는 것으로 보았다.[73]

평민으로서 자유를 보호하기 위해 소원하는 것과는 반대로, 빈곤한 평민들은 가끔 그들 자신의 몸을 경제적 이유로 팔아 노비가 되는 경우도 있었다. 신분은 태어나면서 규정되었지만, 노비들이 신분을 사서 노비에서 해방되거나, 평민들이 자신의 의지로 노비가 되는 것이 불가능한 일은 아니었다. 평민과 노비 간의 사회적 유동성은 조선후기에는 상대적으로 유연했던 것으로 보인다. 예컨대, 1750년 정월 정복삼의 아내인 평민 여성 김조이는 경주 수령에게 소원하여 자신이 노비 신분임을 입안해달라고 요청했는데, 그녀는 자신을 종으로 팔아야만 했던 이유를 자세히 설명하였다. 김조이는 남편이 살아 있었지만 가족을 홀로 부양해야 했다. 그녀 남편은 고질병에 시달려서 일을 할 수 없었다. 흉년까지 들자, 가족들은 이 마을 저 마을을 떠돌아다녀야 했다. 최근에는 김조이 시아버지가 사망하여 장례비용을 준비하고 남은 가족들이 머무를 거처와 음식을 마련할 필요가 있었다. 김조이는 재정적 곤란에서 벗어나기 위해 스스로를 팔

---

73) 『고문서』 25:480-1.

아 종이 되기로 결심했다. 김조이는 비참한 상황을 수령에게 간청하면서 처음에는 이 지독한 상황에서 벗어나기 위해 자살을 시도했지만, 결코 그러한 선택이 쉬운 것이 아니었다고 했다. 그리고 가족들의 긴급한 필요를 충당하기 위해 스스로 천한 신분이 되기로 마음먹었다고 했다. 김조이는 수령에게 스스로를 종으로 판 것을 입안해줄 것과 그리하여 주인과 관계에서 일어날지도 모르는 갈등을 피하게 해줄 것을 요청하였다. 수령은 판결에서 소원인 김조이는 스스로의 판단에 따라 행동해야 한다고 답신하였지만, 입안해달라는 요청은 거부하였다.[74]

김조이가 소원을 한 목적은 고통을 구제해주기를 바란 것이 아니라, 장래에 발생할 수 있는 분쟁을 예방해달라는 것이었다. 수령은 소원인이 스스로를 종으로 만드는 결정을 막지도 않았지만, 그 요청대로 동의해주지도 않았다. 국가 권력은 목전의 억울함을 구제하는 때에는 당사자 사이에 개입하였지만, 잠재적 억울함에는 상대적으로 거리를 둔 것으로 보인다. 이는 국왕에게 올린 소원과 지방 관아에 올린 소원의 차이점 중 하나이다. 정의를 실현하기 위해서 국왕은 사건을 판결할 때 소원인이 이야기하는 지금의 억울함에만 관심을 기울인 것이 아니라, 잠재적 억울함을 없애는 데도 날카로웠다.

소원인들이 자주 지방의 관아를 우회하여 임금에게 직접 호소한 데는 다양한 이유가 있었는데, 임금이 백성들의 고통을 구제하는 일에 더욱 사려 깊었다는 사실이 그 이유 중 하나였을 것이다. 아버지와도 같았던 임금은 모든 백성의 목소리를 포용하면서 젠더와 신분에 상관없이 송자

---

74) 『고문서집성』 65:281.

의 원冤을 풀어줌으로써 공정함을 표상하는 정의의 기준점이었기 때문
이다.

## 결 론

  억울함을 구제하려 소원하는 것은 부정의에 손상되었던 도덕적 질서
를 회복하기 위해 취할 수 있는 정당한 행동이었다. 여성은 소원을 하면
서 유교적 가부장제하에서 본인들의 개성 혹은 인격personhood을 얻을 수
있었다. 억울함을 구제해달라고 호소하는 행위는 때로는 젠더 위계질서
를 강화하였지만, 때로는 여성의 강력한 주체성agency을 보여주는 형태로
나타났다. 여성들이 자신들에게 잘못한 자들을 고소해서 바로잡으려고
노력하는 것은 스스로 이익을 보호하려는 행동이었다. 부당한 대우를 받
은 이들에게 소원은 자기주장과 자기구성의 수단이었다. 여성 주체가 도
덕적 개인으로서 법적으로 침해당했을 때, 여성의 주체성은 소원이라는
퍼포먼스로 행사되었다. 여성은 소원의 법적 능력을 활용해 적극적으로
당국과 대화에 관여하였으며, 이는 그들에게 부정의에 목소리를 높일 수
있도록 했다. 또한 연민에 호소하는 내러티브를 구사하여 억울함을 뚜렷
이 함으로써 도덕 감정을 보호하기 위해 분투하였다.

  군현과 도에 올린 소지들은 원冤의 감정을 구성하기 위해 구사된 내러
티브가 개인이나 가족의 억울함 모두에 관한 사건에서 어떻게 젠더화되

었는지를 보여준다. 남성 송자들이 자신들의 원冤과 관련된 분노를 표출한 반면, 여성 송자들은 대개 자신들의 고통과 고난을 강조하였다. 여성들은 여성 젠더를 강조하기 위해 사회 내에서 자신들의 연약함과 취약함, 종속적인 지위를 강조하는 연민의 내러티브를 활용해 원冤을 표상했지만, 동시에 국가에 자신들의 원冤을 해소해줄 수 있는 국가 본연의 권한을 따르라고 과감하게 요구하였다. 또 여성의 연약함에 호소하면서도 동시에 법적 행위자로서 자신들을 법적 침해로부터 보호하기 위해 강력하고 과감하게 진술함으로써 법적 정체성을 재차 젠더화하였다.

여성들은 법의 영역에서 분노를 표출하는 것이 금지되지는 않았지만, 내러티브는 나약한 여성으로서 사회에서 겪어야 했던 고통과 고난을 강조하는 것에 더 초점을 맞추었다. 여성들은 소원의 법적 능력을 활용해 당국과 나누는 대화에 관여했는데, 이것이 그들이 원冤을 공개적으로 드러낼 수 있도록 하였다. 그 방법으로 그들은 당국의 호의를 얻을 수 있도록 젠더화된 내러티브를 채용했다. 다양한 당사자가 젠더 위계질서를 강화하는 내러티브 전략을 고안한 것으로 보이지만, 여성들 스스로 어떤 내러티브를 구사해야 하고, 어떤 법적 제도를 이용해야 이익을 구할 수 있을 뿐만 아니라 원冤을 달랠 수 있는지도 잘 알고 있었다.

●

4장

**살아 있는 자를 대신하여
무죄를 입증하거나 용서를 간청하기**

남편과 아내가 혼인하여 인연을 맺으면 백 년을 함께한다. 남편은 아내를 배려해야 하고, 아내는 남편을 섬겨야 한다. 불화가 있을수록 남편은 더욱 화를 참아야 하며, 아내는 더욱 남편을 섬겨야 한다. 그리해야 가정의 질서가 보존될 것이다.                  — 김정국, 『경민편警民編』

정조(재위 1776~1800) 6년인 1782년, 경상도 예천에서 사는 이조이가 서울까지 올라가 임금이 궁궐 밖으로 행차할 때 격쟁하였다. 징을 쳐서 임금의 주의를 끄는 데 성공한 이후 그녀는 살인죄로 투옥된 남편 정약필을 위해서 외쳤다. 정약필은 어머니 상중에 먼 친척이었던 정재범을 때려서 죽게 한 혐의로 기소되었다. 이조이는 억울함이 공개적으로 알려진 뒤, 사정을 더욱 소상히 아뢰기 위해 형조로 보내졌다. 신문 도중 그녀는 남편의 노비였던 인덕 역시 범죄에 연루되었는데, 책임을 떠넘기기 위해 부당하게도 남편 약필을 주범으로 몰아세웠다며 호소하였다. 형조에서는 신문을 끝낸 뒤 그녀의 격쟁을 받아들여 임금에게 보고했다.

그녀의 진술에 따르면 재범은 장례식 날 만취하여 통제할 수 없이 날뛰고 신주를 부수며 약필을 공격했다. 재범은 또한 정재대 집으로 가서 기둥을 도끼로 찍어내며 집을 부수었다. 재범은 계속해서 폭력을 휘두르고 인덕의 집으로 가서는 그의 아버지를 두들겨 팼다. 이에 약필과 재대, 인덕 모두가 재범을 말리다가 결국 그를 때려서 죽게 만들었다. 사건 직후 재범의 죽음은 지방 관아에 보고되었고, 세 사람은 용의자로 붙들렸다. 이 시점에서 이조이는 인덕이 부당하게 자기 남편에게 혐의를 돌리려 했다고 호소하였다. 아뢴 바를 들은 임금은 경상도 관찰사에게 재범의 살인사건을 조사하도록 명하였다. 관찰사는 증언과는 다른 증거를 바탕으로 임금에게 약필이 주범이었다고 입증하였다. 살인사건의 판결은 8년이나 지체되었으며, 임금은 마침내 1790년 판결을 내려 약필을 유배에 처하고 인덕은 무죄로 하였다.[1]

조선후기에 살인사건에 연루된 가족구성원을 위해 임금에게 호소하였을 때 국가의 주된 관심은 사건의 진상을 파악하는 일이었다. 송자들이 이조이가 그러했던 것처럼 투옥된 가족을 위해 억울함을 드러냈을 때, 국가는 조사에 착수하여 해당 사건이 정말 잘못된 기소로 원冤을 불러일으킬 만한 것이었는지 가리고자 하였다. 만약 그러하다면 국가는 잘못된 바를 바로잡아서 송자뿐만 아니라 수감되었던 자들의 원冤을 풀어주고자 하였다. 만약 그렇지 않다면 소지는 반려되었으며 송자들은 군주를 속이

---

[1] 정재대는 살인사건 재판 도중 옥사하였다. 해당 자료는 정대재의 사인을 명시하진 않았지만, 고신으로 죽었으리라고 추정할 수 있다. 『심리록』 9:77 및 『추관지』 2:164-72 참조.

려 든 죄로 처벌받았다.

어떠한 점이 송자들에게 서울까지 올라가서 가족들을 위해 호소하게 만들었을까? 송자들이 가족들을 위해서 원寃을 공개적으로 드러낼 때는 어떻게 하여 억울함의 내러티브를 분명하게 표현했을까? 송자들은 어떻게 부당하게 대우받은 가족들을 대표하거나 그들에게 공감했을까? 이조이와 같이 공적인 공간에서 남편을 대표하는 여성 송자들은 그것이 유교문화에서 상징적·담론적 권력을 위반하는 것이었다는 점에서 볼 때 어떤 의미가 있는 것이었을까? 어떻게 여성이 규범적 처방과 사회적 현실 간의 긴장관계를 효과적으로 협상하는 페르소나를 채택하였을까?

남편과 아버지를 위한 상언 또는 격쟁은 조선후기에 국왕에게 제출된 것들 중 가장 흔한 유형이었다. 15세기 소원제도가 여전히 초창기였을 때 국가는 소원을 개인적 억울함에 대한 것으로 제한하였다. 그러나 조선이 성리학을 유일한 이념으로 채택하고, 유교화 작업이 사법의 영역을 포함한 사회의 다양한 영역에 스며들면서 국가는 송자들로 하여금 유교적 가족관계에 기초하여 다른 사람들에 대한 억울함을 표현하는 것을 허용했다. 18세기 초반 국가는 소원이 가능한 네 가지 새로운 유형, 즉 신사건사新四件事를 입법하면서 친족 간의 신성한 결속을 강화하였다. 즉 아들이 아버지를 위하여, 아내가 남편을 위하여, 아우가 형을 위하여, 노비가 주인을 위하여 소원할 수 있었다.

이 네 가지 새로운 유형과 함께 국가의 법적 주체에 대한 인식은 이전에 개인의 원寃에 기초하던 것이 가족구성원의 원寃까지 포함하는 방향으로 바뀌어갔다. 반대로 감정의 동인으로서 개인의 인식은 가족구성원의 원冤을 대표하는 바로 그 관행을 통해 관계적 자아, 즉 상호주체성을 포함하는 쪽으로 옮겨갔다.

네 가지 유형의 새로운 소원, 특히 아내가 남편을 위해 소원하는 경우는 '교차 주관적 자기실현'과 억울함을 바로잡는 것 사이의 관계를 입증한다. 교차 주관적 자기실현 개념은 자신의 자아 감정을 표현하는 것은 상대방 자아와 밀접하게 연결되어 있으며, 사람들은 자신의 감정과 정체성을 형성하는 데 다른 사람들과 교류가 필요하다는 사고에 기반한다. 이것은 또한 가족관계로 연결되어 개개인의 자아에 영향을 미치는 다층적 주관성을 의미한다.[2] 연결성의 개념은 조선 사회의 맥락에서 관계형성의 경제를 특징짓는 데에 유용하다. 소원 관행은 여기에서 송자와 송자가 대표하는 가족구성원 간의 관계성을 묘사하기 위해 이런 연결성의 관점에서 논의된다. 반대로 법적 영역에서 상호주관성은 가족구성원의 원冤을 표상함으로써 형성된다.

18세기 초반 법전에 규정된 네 가지 유형의 소원은 이전 시기에 이미 실행되던 사례들을 입법화한 것이다. 가족구성원들을 위한 소원 건수가 지속적으로 증가함에 따라 확립된 관행과 국가의 유교적 가족관계의 이상을 동시에 반영하는 새로운 조문들이 『속대전』에 규정되었다. 가족구성원을 위한 억울함을 표출할 때, 여성과 남성이 가장 자주 법정에 들어선 경우는 각각 남편과 아버지를 위해 발언할 때였다. 그러한 현상은 어떻게 여성과 남성이 조선왕조 후반기에 헌신적인 아내나 효성스러운 아

---

2) Jean-Klein, "Mothercraft, Statecraft, and Subjectivity", 100-27.

들과 같은 유교적 전형을 내면화하였는지를 입증한다. 이것은 효와 정절이라는 유교적 윤리의 두 지주가 법적 관행에 제시되었다는 점에서 조선의 법적 영역이 유교화되었음을 의미한다. 소원인들이 가족구성원을 위해 발언할 때, 여성은 스스로를 남편의 옹호자로, 남성은 스스로를 아버지의 옹호자로 규정하였다. 이는 가족구성원을 위한 소원이 항상 법전에 규정된 것과 같은 위계질서 아래에서 수행되었다는 것을 의미하지는 않는다. 그럼에도 아내의 역할과 아들의 역할은 서울 단계에서 국왕의 정의를 구하고자 할 때 강조되었다.[3]

네 가지 새로운 유형에서 중요한 점은 어리고 종속적인 구성원에게 가족의 어른을 위해 법정에서 발언할 권한이 부여됨에 따라 의도적이었든 그렇지 않든 사회의 유교화가 어떻게 집안의 권력을 재분배하였는가에 관한 것이다. 이들 관계는 아버지와 아들, 남편과 아내, 형과 아우의 관계처럼 유교의 기본적인 친족관계의 결속에 기반을 두고 있다. 새로운 규정은 또한 주인과 노비 간의 관계도 포함하였는데, 노비가 확장된 가족구성원으로 취급받았기 때문이다. 비록 네 가지 유형은 가족관계의 위계질서에 기초했으나 법정에서 연장자를 대변한 연소자들은 동시에 아랫사람들이 어느 정도까지는 권력관계를 뒤바꿀 수 있도록 해주었다.

남편을 대신한 여성들은 스스로 가정에서 역할을 강화하였고, 가사성의 담론과 연관시켰다. 그러나 남편을 법적 영역에서 대변하는 것은 가부장적 가정 내에서 권력의 역학관계를 복잡하게 했다. 남편들은 소원을 할

---

3) 일본에서 남편을 위한 여성의 소원에 관한 논의로는 Walthall, "Devoted Wives/Unruly Women" 참조.

수 없을 때 잘못된 것을 바로잡거나 잘못한 것을 빌기 위해 여성의 법적 능력에 의존하게 되었다. 드러나지 않은 남편은 아내의 퍼포먼스와 내러티브 전략에 의존해야 했다. 여성들은 남편의 원寃을 표상하기 위한 소원에서 개인적 억울함을 표현할 때와는 다른 다양한 내러티브 전략을 활용했다. 여성들이 자신의 원寃을 말할 때는 보통 연민의 내러티브에 의존하면서 사회적 약자이자 종속적인 존재로서 구체화된 고통을 강조하였다. 그러나 아내로서 소원할 때 그들의 내러티브는 남편과 가족을 위한 도리를 다하고 있다는 것을 보여주기 위해 정절과 효의 가치를 반영하는 방식으로 바뀌었다. 조선에서 가족구성원을 대신하여 억울함을 바로잡는 것은 협력적이고 상호적인 소원에 의존하였다.

여성 송자들이 능동적·적극적으로 남편을 대변하였기 때문에 국가는 공식적으로 여성을 남편을 위해 변호하는 법적 주체로 인정하였을 뿐만 아니라, 법의 영역에서 정절이라는 유교적 여성의 덕목을 강화하기도 하였다. 달리 말하면 집안에서 여성의 역할은 가부장제에 충실함을 강조함으로써 남편이 스스로를 변호할 수 없을 때 남편의 원寃을 표상하는 법적 역할에까지 확대되었다. 조선후기 정소 활동에서 정절 관념은 여성의 소원 관행에 반영되었으며, 아내들이 남편을 연민하면서 대신 호소하도록 이끈 요인 중 하나였다.

서울 단계에서 가족의 억울함을 표상하는 것은 보통 두 가지 상황 중 하나에서 이루어졌다. 하나의 상황은 가족구성원이 살인이나 경제적 범죄, 권력남용, 사회관습 위반 등의 사유로 투옥되거나 유배된 경우였다.

이러한 네 종류의 범죄 중 살인은 피고인을 대변하는 소원의 주된 대상이었다.[4] 이러한 사건에서 송자들은 투옥된 가족구성원을 대신하여 무죄를 입증하거나 용서를 간청하기 위해 호소하였다. 다음 장에서 주로 다루게 될 다른 하나의 상황은 가족구성원이 부당하게 이웃 주민이나 고을 관리에게 살해당한 경우였다. 이러한 사건 유형의 송자들은 고통받는 넋을 달래기 위해 죽은 자를 대신해서 정의를 구하고자 하였다.

## 희생자의 가족구성원에게 공유된 고통의 사회성

조선후기 가족구성원을 대변하는 송자들 수가 급증하면서 이들이 가족구성원과 조정 관리들 사이를 매개하게 되었다. 대변되는 가족구성원은 직접 소원을 제기할 수 없는 부재하는 인원들이었다. 비록 가족관계에서 위계질서에 따라 법적 대변은 제한되었지만, 관습적 대변이 굳이 반드시 분명해질 필요는 없었다. 매우 자주 가족들 중 연소자가 연장자를 위해 소원하거나 가족관계에 대해 다양한 대표가 있었으나 예외도 있었다. 즉, 노비를 위해 주인이 소원하는 경우는 찾아볼 수 없다. 비록 송자들이 규율되어 있는 가능한 범주를 벗어나기도 했지만, 공권력은 그러한 일탈에 관용적이었으며 규제를 가하지는 않았다.

---

4) 심재우의 연구에 따르면, 『심리록』에 기록된 형사사건 1,112건 중 150건이 피고인이나 피해자 가족의 소원과 관련이 있다. 이들 150건 중에서 142건(95%)이 살인사건이고, 2건은 경제적 범죄, 3건은 공권력 남용, 3건은 사회관습 위반에 관한 것이다. 상세한 사항은 심재우, 「심리록 연구」, 90-117, 175-216 참조.

가족을 대표하는 일은 부재하는 실체 자체를 회상할 수 있는 '이미지'로 대체하면서 중재하는 수단으로 보일 수도 있다. 대표하면서 무엇이 부재되었는지를 상상할 수 있는데, 무엇을 대표하고 무엇이 대표되는지를 구별할 수 있다.[5]

이러한 대표의 개념화는 존재하지 않는 인원을 송자들이 대체하고, 동정심을 불러일으키려는 시도를 하면서 부재한 자와 공권력을 중재한다는 점에서 조선의 정소 활동에 적절하게 적용된다. 송자들이 부재한 사람들의 억울함을 대표할 때, 또한 그들 스스로 부정의가 부재된 자에게 가해짐으로써 겪어야 했던 감정적 고통에 대해서도 강조하였다. 그리하여 대표의 기능이 여기에서 중첩된다. 부재한 자를 현존하게 하며, 부당하게 대우받은 주체인 송자 자신의 존재를 보여준다.[6]

부정의에 의한 희생자들과 그들의 가족구성원들은 원寃을 내재화하여 권력과 복잡하게 관련되어 있다. 부정의가 극도의 고통으로 이어지면 다른 사람 감정의 내면성에 접근할 수 있는데, 이를 '고통의 사회성'[7]이라고 한다. 이 공유된 고통의 감정은 다른 이들의 몸으로 이동하며, 고통을 슬픔으로 변환시킨다. 감정은 단순히 개개인에게 머무르지 않으며, 몸들 사이로 이동하여 이른바 감정의 전염을 유발한다. 감정은 그 자체로 다른 이들에게 옮겨지며, 다른 이들에게 옮겨진 것은 동일한 감정적 느낌으로 간주된다. 그러나 전이된 감정이 반드시 다른 주체가 느꼈던 것과 동일한 감정일 필요는 없다. 그 대신에 감정의 객체는 감정 자체보다도 더 잘 순

---

5) Chartier, *Cultural History*, 7.

6) Chartier, *On the Edge of the Cliff*, 91.

7) Ahmed, *The Cultural Politics of Emotion*, 193.

환된다. 그리하여 감정이 한 사람에서 다른 사람으로 옮겨질 때 항상 사람들마다 똑같지는 않다.[8] 조선의 소원 행위에서 부당하게 취급받은 자들의 감정적 고통은 가족구성원들의 몸에까지 영향을 미치지만, 그들이 공유하는 감정적 고통이 같은 것인지는 그리 중요한 문제가 아닐 것이다. 더 중요한 것은 송자들이 가족구성원으로서 희생자들의 고통을 어떻게 이해하고 받아들이고 대표하여 정의를 추구하느냐이다. 송자들은 가족구성원을 위해 호소할 때 먼저 가족구성원들의 원寃에 대해 연민을 가지며, 이러한 공유된 원寃의 감정이 그들로 하여금 서울까지 먼 여정을 떠나게 만들었다.

송자들은 희생자를 대표하면서 부재한 가족의 억울함을 표출할 뿐만 아니라 직접 감정을 성리학적 관료들을 설득하기 위해 표출하였다. 송자들은 고통스러운 감정을 효과적으로 표현하기 위해 다양한 전략을 고안하였다. 예를 들어 그들은 자주 사랑하는 가족을 잃는 고통을 손가락을 잘라 그 피로 상언을 쓰는 식으로 보여주었다.[9] 게다가 임금이 행차하는 동안 몇몇은 피로 상언을 쓴 종이를 들고 원寃을 표현하고자 하였다. 이러한 방식으로 억울함을 표현한 것은 내재된 고통을 외부로 표출하기 위해서였다. 비록 그런 소원이 불법이었지만, 그러한 전략을 사용한 송자들은 목표를 달성하였다. 피로써 상언을 쓰는 행동은 송자들의 억울함이 진정성이 있음을 보여주었다.[10] 일부 사례에서 그러한 상언은 공권력의 연민

---

8) Ahmed, *The Cultural Politics of Emotion*, 1–19.

9) 『영조실록』 95(36/4/20), 117(47/10/27) 및 『추관지』 2:29–30.

10) 피로 쓰인 상언이 연민을 유발하기 위해서뿐만 아니라 송자의 진정성을 표현하기 위해서도 쓰였다는 점을 지적한 소렌센Clark Sorensen에게 감사를 표한다.

을 불러일으키는 데 성공하였는데, 이로써 사안에 대한 철저한 조사로 이어졌다. 이것이 사건 자체가 표현된 감정이나 동정의 유발로 판결이 내려졌음을 의미하는 것은 아니다. 이 사례들은 송자들에 의해 표현된 감정들이 공권력으로 하여금 더 철저히 조사하도록 영향을 미쳤음을 증명한다.

## 가족 구성원들을 위한 소원: 사건사 유형의 이전과 이후

조선시대에 국가는 근본주의적으로 가족, 가족 내 권력관계, 가족과 국가의 관계를 다시 정의하였다. 백성들을 재창조하고 더욱 유교화된 사회구조를 건설하기 위해 성리학적 관료들은 오래 지속된 국가의 관습에 도전하였으며, 사적 관계 대부분에 정치적 요소를 주입하였다. 그들은 새로운 성리학적 국가를 건설하기 위해 어떻게 가족이 재형성되어야 하는지에 대해 논쟁하였다. 그들은 또한 성리학적 이상과 기구가 어떻게 해야 가족을 구성하는 감정적인 유대관계나 젠더 간의 역학관계, 법적 관습 그리고 경제적 합의를 변형할 수 있는지도 토론하였다. 그들은 어떻게 해야 유교적 윤리, 삼강오륜을 가정과 공동체에 끌어들일 수 있는지를 논의하였다. 가족구성원들은 집안에서 서로 부딪치면서 점차 고려 이래의 관습과 유교적으로 혁신적인 법과 문화 사이에 균형을 맞추어 타협하게 되었다. 조선의 관료들은 가족을 변형시키려는 야심에 가득 찬 시도를 하였는데, 정치와 일상생활에서 젠더 문제가 얼마나 깊이 얽혀 있는지 보게 되었다. 이에 따라 그러한 이상이 법전과 법적 관행에 반영되었다.

　가족구성원들을 위해 소원하는 규정은 영조 시기(재위 1724~1776)에 편찬된 『속대전』에 처음 등장하였다. 그러나 이러한 법전화 이전에는 국가가 소원 가능한 유형을 송자 본인에 관련된 문제들로 제한하였다. 육체적 처벌, 친권, 처 또는 첩으로서 가족 지위문제, 평민이나 노비의 사회적 신분문제가 그것이다. 이러한 초기의 사건사四件事, 즉 네 가지 유형에 덧붙여 『속대전』은 신사건사新四件事, 즉 새로운 네 가지 유형의 소원 방식을 규정하였는데, 아들이 아버지를 위해, 아내가 남편을 위해, 아우가 형을 위해, 노비가 주인을 위해 소원하는 경우였다.

　이것들은 처음에는 숙종 시기(재위 1674~1720)에 수교로 처음 나타났다. 1704년의 수교는 노비가 주인을 위해 소원하는 유형이 없다는 점에서는 『속대전』 규정과 조금 다르다. 하지만 1720년 숙종의 수교에서는 노비에게 주인을 대표할 수 있도록 허용하되, 주인이 자녀가 없을 경우에만 그리하도록 하였다. 26년 뒤인 1746년 『속대전』이 반포되었을 때에야 노비가 무조건적으로 주인을 위해 소원할 수 있도록 규정되었다.[11] 새로운 네 가지 소원 유형의 합법화는 기본적인 가족관계뿐만 아니라 충忠·효孝·열烈이라는 유교 윤리의 세 가지 원칙을 강화하기도 했다.

　비록 새로운 네 가지 유형이 18세기 초에 최초로 규정되긴 했지만, 가족구성원들을 대표하는 관습은 조선초기 태종 시기(재위 1401~1418)로 거슬러 올라갈 수 있다. 예를 들어 1412년 박처승의 아들은 신문고를 친 뒤 투옥된 아버지를 위해 호소하였다. 박씨는 아버지가 죽은 뒤 그 첩을 취

---

11) 『원신보수교집록』 419.

했다는 이유로 기소되었다. 박씨의 아들뿐만 아니라 두 아우인 박강성과 박신승 역시 형 사건에서 오심이 있었다고 호소하였다.[12] 이 사건의 결말은 알려지지 않았지만, 15세기 초반에도 역시 송자들이 가족구성원을 위하여 소원하였음을 알 수 있다.[13]

여성도 예외는 아니어서 15세기 초반에 역시 정소 활동에 참여하였으며, 가족구성원을 위해 소원하기도 하였다. 1409년 초에 고위관료 최금강의 아내는 신문고를 쳐서 잘못된 기소로 투옥된 남편을 위해 억울함을 표시하였다. 그녀는 남편이 불공정하게 혐의를 입어 투옥되었다고 소원하였다.[14] 1435년 세종 시기(재위 1418~1450)에는 한 여성이 임금에게 자기 아들인 갈주에게 자비를 베풀어달라고 간청하였다. 갈주는 문서를 위조하여 재산을 받은 죄로 이계충에게서 고신을 받았다. 갈주의 범죄는 명백한 증거가 있었으므로 그 어머니의 소원은 법정에서 배척되었다.[15] 18세기 이전에 노비들도 역시 주인을 위해 대표하였다. 인조 시기(재위 1623~1649)에 해남 수령 조정립이 횡령 혐의로 투옥되자 노비를 시켜 자신의 무고함을 호소하도록 했는데, 조씨가 지은 죄의 증거가 명백했으므로 그러한 행위는 별다른 효과가 없었다.[16]

---

12) 『태종실록』 24(12/12/11). 『현종실록』 1(0/8/6)에서 아우가 형을 대표한 사건도 참조할 것.

13) 아버지를 위해 아들이 소원한 다른 예시는 1418년 사건에서 찾을 수 있다. 이 사건에서 박섭은 아들에게 자신을 위해 소원하라고 지시하였다. 연소한 가족이 연장자 명령에 따라 임금에게 억울함을 전달하는 것은 결코 드문 일이 아니었다. 『태종실록』 35(18/1/30) 참조. 18세기 이전 아들이 아버지를 위해 소원한 사건은 『인조실록』 13(4/윤6/6), 25(9/8/11), 34(15/5/21); 『현종실록』 13(7/12/16); 『숙종실록』 6(3/2/11)에서도 찾을 수 있다.

14) 『태종실록』 17(9/2/17).

15) 『세종실록』 67(17/1/14).

16) 『인조실록』 42(19/7/20).

갈주 어머니가 아들을 위해 소원한 사건에서 볼 수 있듯이, 모든 사건이 18세기에 규정된 바와 같은 네 가지 유형을 고수한 것은 아니었다. 예컨대 효종 시기(재위 1649~1659)인 1653년 아들이 종친의 첩인 어머니 효덕을 위해 소원하였다. 그녀는 임신 중인 다른 첩을 살해한 혐의로 기소되었다. 그녀 아들은 어머니의 무죄를 주장하기 위해 호소하였다. 담당 관원은 효덕을 사형에 처해야 한다고 주장하였으나, 임금은 감형하여 그녀를 북방 변경으로 유배 보냈으니, 이 사건이 종실과 관련된 문제였기 때문이다.[17]

다른 예외적 사례는 현종 시기(재위 1659~1674)에 발견할 수 있는데, 아버지가 딸을 위해 소원한 경우이다. 1667년 윤씨 아버지 윤국경은 임금에게 상언하여 딸의 원통함을 대신 말하였다.[18] 이정의 아내인 윤씨는 양부인 이유정과 같이 살았다. 이유정의 손자 최세경도 역시 이들 가족과 같이 살았다. 어느 날 윤씨와 최씨가 남다른 관계라는 소문이 돌았다. 이 소문은 법사의 관원들에게까지 전해졌고 윤씨와 최씨가 모두 간통죄로 투옥되었다. 신문과정에서 윤씨는 스스로를 변호하면서 "최세경은 몰래 한밤중에 제 방으로 들어와 저를 강간하려 하였습니다. 저는 완고히 저항하였고 위난으로부터 벗어날 수 있었습니다"라고 주장하였다. 반면 최씨는 스스로를 변호하면서 "윤씨가 다른 남자와 정을 통하였습니다. 그녀는 비밀이 드러나자 저를 자신을 보호하기 위한 핑계거리로 삼은 것입니다"라고 주장하였다.[19] 신문과정에서 윤씨의 아버지는 임금에게 관원이 자기

---

17) 『효종실록』 10(4/5/29).

18) 양반 여성은 보통 성씨로 칭해졌다. 그러나 이 기록에서는 윤씨 이름인 '단일' 역시 명시되어 있다.

19) 『현종실록』 14(8/11/14).

딸의 사건을 불공정하게 처리하였다고 호소하였다.[20] 그는 병조판서 홍중보가 최씨를 부추겨 일처리를 공평무사하게 하지 못했다고 주장했다. 아버지의 상언은 마침내 홍중보를 판의금부사직에서 사직하도록 만들었다.[21] 그러나 사건 결과는 양 당사자 모두에게 좋지 않게 끝맺어졌다. 증언이 서로 충돌하고 증거가 부족하여 관원들은 사건을 공정하게 판결하기 어려웠으며, 신문은 지나치게 지연되었다. 임금은 사건을 결정지으면서 상황의 복잡한 특성을 인지하고 다음과 같이 말하였다. "최세경과 윤씨의 증언 모두 의심스럽다. 이러한 사건에서는 용의자가 실토하게끔 하려면 형신을 가하는 것이 불가피하다. 그러나 형신하는 과정에서 무고한 사람 하나가 부당하게 죽을 우려가 있다. … 이 사건은 풍교에 관한 것이고, 용의자들은 쉽사리 석방할 수 없다."[22] 임금은 마침내 최씨와 윤씨 모두를 정배하도록 명하였다.[23]

이 사건들은 송자들이 법전에 규정된 계층질서를 항상 준수하지는 않았다는 사실뿐만 아니라 국가가 그러한 관행을 비판하거나 규제하지도 않았다는 점을 보여준다. 결과적으로 송자들은 지속적으로 가족구성원들을 위해 가지각색의 방식으로 소원을 하였다. 『속대전』에 규정된 네 가지 유형은 유교적으로 계층질서적인 가족관계에서 합의되었고 가장 빈번하게 호소된 사건들에 입각하여 구체화한 것으로 보인다. 그럼에도 송

---

20) 윤씨 아버지 윤국경은 진사였다. 조선에는 두 단계 과거시험이 있었다. 낮은 단계의 소과와 더 높은 단계의 대과가 그러하다. 낮은 단계의 시험에 대해서는 생원이나 진사의 직위를 수여하였고, 높은 단계의 경우 문과의 직위를 수여하였다.

21) 『현종실록』 14(8/11/3), (8/11/13).

22) 『현종실록』, 14(8/11/14).

23) 사건에 대한 보다 상세한 설명은 『현종실록』, 14(8/7/29), (8/11/3), (8/11/13), (8/11/14) 참조.

자들이 대표하는 사람들은 혈연·혼인 관계가 있거나 노비와 같이 추가된 가족구성원이었으므로, 국가는 네 가지 유형이 『속대전』에 규정된 이후에도 송자들과 그 부재한 사람들을 동일한 주체로 대우하였다.

가족구성원을 위한 소지들을 분석하기 위해 18세기 후반 정조 재위기 24년 동안에 발생한 형사사건 기록인 『심리록』을 분석하였다. 『심리록』의 형사사건 1,112건 중에서 살인사건 재판과정 중 가족구성원들을 위하여 송자들이 호소한 사건은 150건이다. 비록 여기서는 150건이지만, 실제 소원 수는 180건 이상일 텐데, 몇몇 사건은 한 송자가 연관되어 있고, 어떤 송자들은 수년간 지속된 재판 도중 두세 번 이상 호소하였기 때문이다(아래 표 참조).[24]

180건 중 여성이 78건, 남성이 102건을 소원했다. 70건 이상은 '아내가

**투옥된 가족을 위해 소원한 『심리록』의 기록, vol. 1–32**

| | 네 가지 유형 | | 다른 유형 | | 총계 |
|---|---|---|---|---|---|
| 여성 | 아내가 남편을 위해 | 71 | 딸이 아버지를 위해 | 1 | |
| | 여종이 주인을 위해 | 1 | 어머니가 아들을 위해 | 4 | |
| | | | 여자형제가 남자형제를 위해 | 1 | |
| | 소계 | 72 | 소계 | 6 | 78 |
| 남성 | 아들이 아버지를 위해 | 77 | 아버지가 아들을 위해 | 4 | |
| | 아우가 형을 위해 | 11 | 형이 아우를 위해 | 2 | |
| | 남종이 주인을 위해 | 4 | 남편이 아내를 위해 | 1 | |
| | | | 친척이 친척을 위해 | 3 | |
| | 소계 | 92 | 소계 | 10 | 102 |
| 총계 | | 164 | | 16 | 180 |

24) 이 발견은 심재우가 종합한 소원과 관련된 『심리록』의 150건 기록과 부합한다. 그러나 그의 연구는 소지류 전체 수효를 포함하지는 않았다. 심재우, 「『심리록』 연구」 참조.

남편을 위해서'와 '아들이 아버지를 위해서' 두 유형에 속했다. 이는 가정에서 아내로서 여성의 역할이 다른 어떤 위치보다도 우선하였으며, 남성의 가장 우선적 역할은 아들 노릇이었다는 점을 암시한다. 조선후기에 가족구성원들을 위해 억울함을 표현하는 문제에 관해서라면, 유교화된 사회에서는 여성에게는 충실한 아내일 것을, 남성에게는 효성스러운 아들일 것을 기대하였다. 법적인 공간에서 아내로서 여성의 역할과 아들로서 남성의 역할은 조선후기 소원관행에서 열烈과 효孝를 강화했다. 비록 아내들과 아들들이 가장 적극적으로 남편과 아버지를 위해 소원하였지만, 송자들이 항상 하위의 가족이 연장자를 위하여 호소하도록 분류된 네 가지 유형에 구애받은 것은 아니었다. 실제로 소원 행위는 가족관계와 관련되어 한 가지 예외를 제외하고는 다양한 유형으로 시행되었는데, 그 예외는 주인이 노비를 위해 소원하는 경우였다.

억울함이 적절하게 전달되면, 국가는 연장자인 가족구성원이 연소자를 위해 소원하는 것을 반대하지는 않았다. 예를 들어 남편이 심지어 아내를 위해 소원하고 용서를 간청하기도 하였다.[25] 남편들에게 네 가지 유형을 위반한 점을 나무라는 대신, 국가는 이들이 표현한 억울함의 종류에 대해 더욱 고려하였다. 비록 네 가지 유형이 성별, 연령 그리고 사회적 위계에 기반을 두었지만, 그러한 순서의 소원은 송자들에게 공적인 장소에서 상위 가족구성원을 위해 말할 수 있는 권한을 부여하였다. 가족 중에서 하위의 지위에 있는 일원이 상위의 지위에 있는 사람을 위해 말할 때는

---

25) 『심리록』에는 아내를 위해 남편이 소원한 사건이 1건만 실려 있지만, 저자는 실록에서 2건을 더 찾았다. 『태종실록』 32(16/7/28) 및 『숙종실록』 8(5/3/10) 참조.

차식어수포청죄인差食於囚捕廳罪人. 조선총독부법무국행형과, 『사법제도연혁도보』, 서울대학교 중앙도서관

먼저 그들의 원寃을 드러내고, 사랑하는 친척이 없음으로써 그들이 얼마나 비탄에 잠겨 있는지를 표현하였다. 국가가 공식적으로 이러한 감정을 인식한 때에만 대표하는 하위 일원의 억울함을 달래기 위해 사건 조사에 착수하였다. 이런 의미에서 젠더, 나이 그리고 신분은 가족관계성의 변화하는 관계망에 복잡하게 엮여 있었으며, 여성과 연소자로 하여금 남성과 연장자를 위해 사법적 영역에서 발언할 수 있게 하였다.[26]

---

26) 주인이 노비를 위해 소원하는 사례는 발견할 수 없었으므로, 그러한 신분에 대해서는 여기에

## 투옥된 남편들을 위한 소원

여성 송자들이 투옥 또는 유배된 남편들을 위해 호소할 때 국가의 최초 반응은 남자가 부당하게 기소되었는지를 조사하는 것이었다. 투옥된 남편을 위하여 석방을 구하는 담화를 할 때 여성들은 자주 공권력의 연민을 유발하는 유교적 수사법을 구사하였다. 몇몇 여성은 심지어 남편을 구하기 위해 사실을 과장하거나 왜곡하기도 하였다. 몇몇 여성 송자가 전략적으로 남편의 무고함을 위조하여 입증하려고 시도할 때, 다른 이들은 남편의 범죄를 인정하고 솔직하게 사면을 요청하기도 하였다. 여성들은 진실을 말하지 않았을 때 스스로 임금을 속인 죄로 육체적 처벌을 받는 위험을 무릅써야 했다. 다음에서 논의하는 사례들은 여성 송자들이 어떻게 그들 남편들의 무죄방면을 추구하였으며, 국가는 그들이 표명한 억울함을 입증하기 위해 얼마나 노력했는지를 설명해준다.

조선시대에 다양한 덕목이 여성과 남성에게 속하였고, 국가는 그러한 구분된 덕목의 모범이 된 백성들을 포상하였다. 남성들이 통상적으로 충忠과 효孝로 경의를 받았던 반면, 여성들은 열烈로 존중을 받았다.[27] 아내는 자신이 시집 간 부계에 도덕적으로 의무를 다해야 했는데, 이는 여성이 평생에 걸쳐 남편뿐만 아니라 시부모와 가문 후계자에게까지 헌신해야 하는 것이었다. 비록 국가가 여성이 재혼하여 낳은 아들을 과거시험에

---

포함하지 않았다. 관계성에 관해서는 Joseph, "Gender and Relationality" 참조.

27) 비록 아들이 효를 실행한 사례가 가장 높은 공공의 가치를 지녔지만 그렇다고 해서 딸의 효행이 저평가되었음을 의미하지는 않는다. 혼인한 딸들도 친정부모에게 계속 효도하였고, 효행이 고르지 못함에도 특정 범위에서는 그러한 효도가 기대되었다. 여성의 효에 대해서는 김자현, "Filial Emotions and Filial Values" 참조.

응시하지 못하게 함으로써 양반 여성에 대해서는 재혼을 간접적으로 규제하는 방식으로 이러한 덕목을 법적으로 강요하였지만, 양반이 아닌 여성들은 그러한 규제에서 자유로웠다. 그러나 조선후기의 유교화로 법규보다는 사회적 규범이 양반이 아닌 여성들도 평생에 걸쳐 부계에 헌신하도록 하였다. 그럼에도 양반이 아닌 과부들은 자주 경제적 이유로 18세기에조차 재혼을 선택하기도 하였다.[28] 존중받은 세 가지 유교적 덕목인 충忠·효孝·열烈 중에서 효는 양 젠더와 모든 사회적 신분계층의 의식구조에 가장 잘 반영되었다. 유교사회에서 효는 가장 중요한 덕목으로 여겨졌을 뿐 아니라 가족의 화합과 사회질서를 유지하기 위한 핵심요소이기도 했다.[29] 신분 여하를 막론하고 여성들은 남편을 위해 임금에게 소원할 때 자주 이러한 효에 호소하곤 했다.[30]

이덕신의 아내 김조이는 1786년 2월 남편의 사면을 요청하며 상언을 제출했다. 그녀의 남편은 불법적으로 담배를 판매한 죄로 유배를 갔다. 그녀는 간청하기를, 여든여덟이나 된 남편의 할아버지가 죽기 전 손자를 보고 싶어 한다고 하였다. 그러나 관원들은 덕신의 죄를 함부로 용서하기 어렵다고 아뢰었고, 임금도 여기에 동의하였다.[31] 1년 뒤 덕신의 할아버지와 어머니가 모두 죽자 김조이는 두 번째로 상언을 제출하여 남편이 장례에라도 참석할 수 있게 해달라고 간청하였다. 그러나 국가의 대응은 이

---

28) 과부의 재혼에 관해서는 정지영, 「조선후기 과부」 참조.

29) 중국 청나라의 살인사건 판결에서 아들의 효와 자비에 관해서는 Buoye, "Filial Felons", 109–24 참조.

30) 헤게모니와 효 감정의 유명한 담론들에 관한 논의로는 김자현, "Filial Emotions and Filial Values" 참조.

31) 『일성록』, 정조, 10/2/26.

전과 같았다.[32)

1786년 다른 여성 이조이가 잘못된 혐의를 받아 전라도 보성으로 쫓겨난 남편 이명규를 위해 상언을 제출하였다. 그녀의 진술에 따르면, 남편의 여든 된 아버지가 밤낮으로 아들이 돌아오기를 바라며 울고 있으며, 그 결과 건강도 심각하게 나빠지고 있다고 하였다. 그래서 그녀는 남편이 면죄되기를 빌었다. 관원들은 명규가 원래 자기가 저지른 죄로 쫓겨갔으니, 불쌍히 여겨 무죄로 할 수 없다고 하였다.[33) 1787년 오조이도 비슷한 소원을 했다. 그녀의 남편 임초번은 평안도 용천으로 유배를 갔다. 그녀는 임금에게 남편의 여든 된 어머니의 죽음이 임박하였음을 이유로 그를 풀어달라고 간청하였다. 관원들은 남편이 거주지로부터 그리 멀리 떨어지지 않은 곳에 있음을 이유로 아내가 경솔하게 소원하였다고 비판하였다. 그들은 임금이 이 소원을 받아들이지 말아야 한다고 건의하였다.[34)

이들 세 경우를 살펴보면, 국왕과 관원들은 모두 아내들이 효의 수사법에 의존하여 공권력의 연민을 유발하고자 하였음에도 남편들에게 관대한 모습을 보이기를 삼갔다. 남편이 저지른 범죄가 용서할 수 없는 것으로 간주되었다면, 국가는 아내의 애원에도 불구하고 어떠한 자비도 베풀지 않을 것처럼 보였다. 이들 세 소원과 반대로 비슷한 수사법을 사용하여 남편이 풀려나게 한 여성 송자도 있었다. 1786년 2월 강조이는 강간 미수 혐의로 체포된 남편을 풀어달라고 간청하는 상언을 제출하였다. 그녀 남편은 장 백 대를 맞은 뒤 전라도 영광으로 유배를 갔다. 강조이는 상

---

32) 『일성록』, 정조, 11/2/6.

33) 『일성록』, 정조, 10/2/26.

34) 『일성록』, 정조, 11/3/9.

언에서 남편이 부당하게 과부에게 고소당하였으며, 70대인 시부모가 아들을 보고 싶어 한다고 썼다. 그녀는 시부모가 소원을 이룰 수 있도록 남편이 일시적으로라도 집으로 돌아오게 해달라고 간청하였다. 임금은 그녀의 남편을 석방하도록 했는데, 법이 범죄자 부모가 죽거나 늙거나 돌봄이 필요한 특정한 상황에는 일시적인 석방을 허용하였기 때문이다.[35] 이 사례에서 임금과 관원들이 강조이 남편의 범죄를 용서 가능한 것으로 여겼음을 추측할 수 있는데, 강간 미수는 이전 사건들에 비해 덜 심각한 것으로 고려되었을 것이기 때문이다. 게다가 강조이는 순전히 나이 든 부모를 변명거리로 삼으려 했을 뿐만 아니라 석방에 따른 속전도 낼 것을 약속하였다. 국가는 아내들이 자주 효의 유교적 수사법에 의존하여 용서를 구하려는 것임을 알았으나 그들의 수사법은 오직 남편의 범죄가 용서 가능한 것이라고 여겨졌을 때만 설득력이 있었다.

투옥되거나 유배된 남편들을 위한 여성들의 상언 또는 격쟁은 본디 자기 이익을 위한 간청이었으므로 국가는 진실을 확정하는 데 주의를 기울였다. 1786년 2월 다른 여성 강조이가 임금에게 모두 70대인 시부모 나이를 호소하며 비슷한 방식으로 남편의 석방을 요청했다. 이 특별한 사건에서 임금은 남편을 풀어주라고 했다.[36] 하지만 명령을 집행하기 전에 관원들은 호적에서 나이를 조사하여 확정하고자 했다. 결국 시아버지는 63세이고, 시어머니는 58세임이 들통났다. 관원들은 임금에게 송자들이 최근 더욱 기망을 일삼고 속이려고까지 한다고 아뢰었다. 그들은 송자의 남편

---

35) 『일성록』, 정조, 10/2/26.

36) 임금이 왜 남편을 용서했는지는 불명확하다. 기록에서는 내용을 더는 확인할 수 없다.

석방을 무효화하라고 청했는데, 임금 앞에서 거짓 진술을 한 여성의 범죄가 간과될 수 없었기 때문이다. 임금은 이에 동의하여 강조이를 벌하도록 명하였다.[37]

효의 수사법은 여성 송자들이 남편의 사면을 간청하기 위해 사용하는 통상적인 전략 가운데 하나였다. 다른 사례에서 여성들은 남편들이 좋게 보이도록 하려고 의도적으로 이야기를 지어냈다. 예컨대 1781년 서울 거주자인 이정봉은 노한걸을 습격하여 죽였다. 이씨의 아내 박조이는 격쟁에서 임금에게 한걸이 그녀 남편을 뒤쫓던 중 넘어져 뼈가 부러진 데에서 기인해 죽은 것이라고 주장했다. 임금은 사건을 조사하라고 명했고, 형조에서는 임금에게 남편이 이미 범죄를 자백하였기에 박조이가 거짓으로 억울함을 꾸며낸 것이 맞으므로, 그녀의 소원은 받아들여서는 안 된다고 아뢰었다. 하지만 그녀의 남편에 대한 처벌은 사형에서 유배형으로 감형되었다.[38]

비슷한 맥락에서 임금에 대한 거짓 진술은 1780년 김조이의 소원에서도 발견할 수 있다. 김조이의 남편으로 평양에 거주하던 윤동필은 신동기를 때려 죽게 하였다. 동필이 투옥되자 김조이는 남편을 옹호하는 호소를 하였다. 그녀는 동기의 목숨이 남편의 습격으로 끊긴 것이 아니라 등 뒤의 곪은 상처 때문에 끊어진 것이라고 주장했다. 정조는 평양의 관찰사에게 명하여 사안을 조사하도록 하였다. 형조판서 이성원은 관찰사의 장계를 토대로 임금에게 아뢰어 김조이가 상언에서 남편을 변호하기 위해 주

---

37) 『일성록』, 정조, 10/2/26.

38) 『추관지』 2:147-50.

장한 바는 거짓으로 드러났다고 알렸다. 송자는 임금에게 거짓을 고한 죄로 처벌받았다.[39]

　서울로 올라가 투옥된 남편을 위해 호소한 여성들은 대부분 평민이었지만, 여종들 역시 남편을 옹호하기 위해 서울로 향했다. 두 사람이 관련된 다툼은 항상 신분이 동등한 당사자 사이에서만 일어난 것은 아니었다. 신분이 서로 다른 백성들 사이에서도 다툼이 자주 벌어졌다. 다음 사례는 여종이 평민 남성에게 살해당한 남편을 위해 소원한 것이다. 서울에 거주하는 정판봉은 황흥곤을 살해한 혐의로 1786년 2월에 기소되었다. 황씨 아내 연리는 성균관의 공노비였는데 판봉이 투옥된 같은 달에 임금에게 처음 소원을 하였다. 그녀는 상언에서 "정판봉이 제 남편을 죽였습니다. 장을 맞기도 전에 그는 이미 자기 죄를 실토했습니다. 부디 형조로 하여금 법에 따라 그를 처벌토록 해주십시오"라고 적었다. 형조는 판봉에 대한 조사가 이제 막 시작되었으므로 연리가 임금에게 성급하게 상언한 것은 경솔했다고 주장했다. 그들은 연리의 호소를 심각하게 받아들여선 안 된다고 주장했고, 임금은 그에 수긍했다.[40] 희생자의 아내로서 연리는 판봉이 빨리 자백해서 가벼운 처벌을 받는 것을 막기 위해 상언한 것이었다. 연리의 고발은 가해자가 재판과정에서 고신을 충분히 겪지도 않았다는 점에 억울함을 표현한 것이다.

　한 해 뒤인 1787년 4월 판봉의 아내 김조이는 구술로 임금에게 남편의

---

39) 『추관지』 2:69-72.

40) 『일성록』, 정조, 10/2/26. 이 살인사건은 『심리록』 17:156-60에도 기록되어 있다. 여기의 쪽수는 번역본의 것이 아니라 한문 원본의 것이다.

살인사건에 대해 격쟁하였다.[41] 김조이는 사촌인 홍곤이 남편이 멀리 있는 동안 집에 찾아와 자신을 성적으로 괴롭혔다고 주장했다. 김조이 남편이 돌아와 그를 꾸짖자, 홍곤은 술에 취한 것처럼 연기하다 마룻바닥에서 떨어져 스스로를 다치게 했는데, 며칠 뒤 죽고 말았다. 이 격쟁에서 그녀는 남편이 용서받아야 한다고 간청했다. 사안을 조사한 뒤 형조는 판봉이 죄인임을 확인하였으나, 김관덕이 공범으로 정씨와 더불어 홍곤을 습격하였으며 사건이 조사 중일 때 종적을 감추었다고 보고하였다. 그들은 판봉의 아내가 이미 죽은 홍곤에게 책임을 뒤집어 씌웠다고 비난하였다. 그들은 그녀의 격쟁을 고려해선 안 되며, 그녀 역시 거짓 진술을 하였으므로 처벌해야 한다고 보았다. 임금은 관덕을 신속히 붙잡아 사안을 명백히 밝히도록 하였다. 임금은 나아가 형조로 하여금 관덕이 잡히지 않을 경우 포도청의 포도대장을 처벌토록 했다. 판봉의 살인사건을 판결하기 위해서는 관덕을 붙잡는 일이 필요했다.[42]

넉 달 뒤 관덕이 붙잡혔다. 그가 신문을 받던 같은 달에 그의 아내이자 역시 종이었던 순애는 구술로 격쟁하여 공정한 조사를 요청했다. 형조에서는 송자가 남편이 열 달 동안 숨어 지내다가 붙잡힌 직후 무턱대고 격쟁하였음을 비판하였다. 임금도 그녀를 꾸짖고는 "비록 소원이 남편을 위함이나 그가 체포된 지 얼마 되지 않는데 행했다는 점에서 너무 경솔하다"라고 말하며 그녀의 격쟁을 묵살하였다.[43] 2년이 넘게 걸린 판봉 사건

41) 『일성록』의 기록들은 송자를 그녀의 성씨인 김으로 기록한 반면, 『심리록』에서는 그녀 이름인 성년으로 기록했다.(『일성록』, 정조, 11/4/4 및 『심리록』 16:156-60)

42) 『일성록』, 정조, 11/4/4.

43) 『일성록』, 정조, 11/8/18.

의 기록을 보면, 관덕 외에도 살인을 도운 다른 공범이 있었던 것으로 보이나 붙잡히진 않았다. 정조는 이 공범 없이는 사안을 공정하게 판결하기 어렵다고 결론을 내렸다. 그러한 상황에서 판봉을 계속 붙잡아두는 것은 불공정하다고도 판단했다. 정조는 다음과 같이 말하였다. "공범이 체포되지 않았다면, 사건의 진상을 온전히 파악하기는 어렵다. 증거를 충분히 모으지 못한 이상 죄인이 살인을 하였는지에 대해 정판봉의 신문에서는 더 이상 알 수 없다. … 법은 하늘 아래 공정해야 한다." 그리하여 정조는 판봉에게 장을 치고 그해 내려진 사면령에 따라 석방하도록 했다.[44]

양반 여성들도 하층민 여성들과 마찬가지로 남편을 옹호할 때 소원을 과장하는 면에서는 다를 바가 없었다. 숙종 재위기인 1715년 이돈의 아내 안씨는 임금에게 상언을 올려 1712년 과거시험에서 부정행위를 저질러 유배 중인 남편을 위해 호소하였다. 이씨의 손자 이시룡은 할아버지를 위해 소원하여 주장하기를 그에게 내려진 처벌이 너무 부당하다고 하였다. 형조에서는 사안을 상언에 기반해 다시 조사하였으나, 억울함을 제기할 여지가 없다고 결론을 내렸다. 3년 뒤 안씨는 남편 이씨를 위해 다시 호소하였다. 그러나 임금은 해당 사안이 이미 다시 조사되어 억울함을 구제할 만한 것이 없었기 때문에 그러한 상언을 불편해하였다. 임금은 상언을 받아들이지 말라고 명하였다.[45]

남편들은 살인범죄와 강간미수, 탐오행위, 밀무역 이외에도 문서위조, 국고횡령, 도덕규범 위반 등의 죄를 저질렀다. 나아가 남편들이 신분

---

44) 『심리록』 16:159−60.

45) 『숙종실록』 56(41/9/18).

이 다른 사람과 다투는 것도 특별한 일이 아니었다. 진조이의 사례에서 그녀의 노비 남편은 주인을 모욕한 혐의로 투옥되었다. 그녀는 임금에게 자비를 간청하며 남편의 석방을 요청하였다.[46) 유학 정익원의 아내인 민조이는[47] 남편의 무죄방면을 요청하였다. 그는 윤태평에 대해 잘못된 고소를 하여 유배되었다.[48] 박조이는 비슷한 이유로 남편의 석방을 애원하였는데, 그는 술에 취한 상태에서 관아의 관원을 모욕하였다가 유배되었다. 이 사건에서 형조는 임금에게 그를 쉽게 석방해서는 안 된다고 주장하였는데, 그가 저지른 범죄가 가볍지 않으며 3년의 유배 중 이제 겨우 1년이 지났을 뿐이었기 때문이다.[49]

여성들은 투옥된 남편들을 위해 적극적으로 소원하였는데, 특히 남성이 사형선고를 받았을 때 더욱 그러하였다. 한편으로는 현실적인 이유에서 아내는 남편의 유무죄와 상관없이 가족들의 생계를 보호하기 위해 그의 석방을 요청하기도 하였다. 다른 한편으로는 사회에서 여성의 소원을 남편이 부당하게 죽임당하거나 투옥되었을 경우 여성이 발휘할 수 있는 아내다운 덕목으로 여겼다. 남편 사건의 처리에 대한 억울함에서 비롯한 감정은 아내에게는 '자연스러운' 것으로 인식되었고, 인간적인 감정과도 일맥상통하는 것으로, 국가는 남편에 대한 여성의 소원을 들을 때 이런 점을 고려했다. 부당한 사형을 고쳐줄 것을 구하는 소원과 달리 아내가

---

46) 『일성록』, 정조, 13/4/27.

47) 이 사건에서 볼 수 있듯이, 조선후기에는 유학들이 자주 평민 여성과 혼인하였다. 평민 남성이 스스로를 유학이라 칭하는 것은 결코 드문 일이 아니었다. '유학幼學' 용어의 사용에 대한 논의는 최승희, 『고문서를 통해 본 조선후기 사회』, 59–96.

48) 『일성록』, 정조, 13/4/27.

49) 『일성록』, 정조, 13/4/27.

용서를 구하거나 투옥된 남편의 무죄를 입증하려는 소원은 국가에서 신중하게 걸렀다. 국가는 여성이 한 주장 중 어떤 범위가 진실 또는 거짓인지 결정하고자 했다. 비록 국가가 여성들에게 남편을 위해 행동하고 말하기를 기대했지만, 그들의 말은 사건이 철저한 조사를 거친 이후에야 판결 과정에 영향을 미쳤다.

여성이 투옥된 남편을 옹호하거나 사면을 빌기 위해 소원할 때, 공권력은 그들 말을 꼼꼼하게 조사하여 거짓 진술로 속이려는지 판단해야 했다. 국가가 여성의 억울함을 듣는 가장 큰 목적은 남편이 잘못 기소되어 정의가 실패하는 경우를 방지하기 위함이었다. 그러나 동시에 국가는 남성에 의해 부당하게 대우받은 자들에게도 정의가 이루어지도록 적절한 처벌을 집행하는 문제에 민감했다. 국가는 범죄를 저질러 투옥된 남편을 위한 소원에 엄격하게 접근하긴 했지만, 다음 장에서 살펴보는 바와 같이 죽은 희생자를 위한 억울함 토로에 대해서는 좀 더 관대한 경향을 보였다. 여기에서 분석된 사례들은 국가가 대부분 사건에서 재조사 결과 남편의 범죄가 확인되었을 때에만 여성의 소원을 무시하였음을 보여준다. 여성은 효의 내러티브를 활용하고 남편을 향한 정절을 보여주면서 부계가족 유지의 중요성을 강조함으로써 남편을 구하려 하였다. 그러나 이러한 내러티브는 임금으로 하여금 재량으로 판단하도록 설득하기에는 충분하지 않았다. 국가의 관점에서 보면, 법을 집행하고 정의를 시행하는 것이 유죄인 남편을 부계제도를 유지하기 위해 풀어주는 것보다 훨씬 더 중요했다.

# 결 론

　개인의 억울함을 임금에게 표현하는 것으로 시작하는 소원 행위는 조선후기 들어 점차 가족구성원들을 위해 소원하는 것까지 포함하는 쪽으로 바뀌었다. 가족구성원들을 대표하는 관행은 18세기 초반 새로운 네 가지 유형이 법전화되기 이전에도 있었다. 국가와 사회의 지속적인 상호작용으로 소원과정이 진화하면서 개인적인 원冤의 의미도 그에 따라 변화하였다. 법적 주체의 형성은 사법 관행이 조선후기 들어 상호협력적이고 상응하는 소원으로 나아가면서 상호주관성을 포함하는 방향으로 확대되었다. 소원이 최초로 제도화되었을 때, 국가는 원冤을 송자에 국한된 감정으로 규정하고 개인적인 원冤에 대해서만 소원토록 허용하였다. 그러나 사람들이 점차 가족구성원에 대한 연민에서 원冤을 해소해달라고 애원하기 시작하자 국가도 결국에는 다른 이를 위하여 소원하는 관행을 인정하였다.

　가족구성원들에서 송자에게까지 원冤의 감정이 이동하면서 국가는 네 가지 새로운 유형을 유교적 가족관계에 따라 법전화하였다. 가정에서 아내로서 여성의 역할은 조선후기 사법 영역에서 열烈을 대표하기 위한 법적 역할을 수행하게 하였다. 여성이 남편의 법적 대리인으로 활동할 때, 그녀의 자아 감각은 남편과 밀접하게 연결되었고, 감정과 정체성을 형성할 때도 남편과 관계를 맺었다. 가족구성원을 위한 소원을 하면서 여성들은 집안에서 입지를 높일 수 있었으며, 상호주관적이고 가족적인 연계성에 의존한 소원은 관계성과 주관성을 올려주었다.

소원할 수 있는 법적 권한을 부여한 것은 물론 국가였지만, 송자들은 적극적으로 그들의 필요에 따라 소원하는 역할을 수행하였다. 유교적 젠더제도 아래에서 국가가 여성의 소원 능력을 승인한 것은 여성으로 하여금 공적 영역에서 남편을 옹호할 수 있는 여지를 만들어주었다. 소원이 여성으로 하여금 법적이고 아내다운 의무를 수행할 수 있도록 만듦으로써 젠더 규범을 공식적으로 강화하였지만, 이는 동시에 판결의 변경이나 용서를 구하는 데 아내의 내러티브와 퍼포먼스에 의존할 수밖에 없는 남편들을 대표할 수 있는 권한을 주었다.

●

5장

## 망자를 위한 정의의 추구

백성들이 하고 싶은 말을 전달할 길이 막히게 되면 원성이 쌓이게 된다. 덕망 있는 수령은 백성들이 마치 자기 집과 같이 편히 관아에 들어설 수 있도록 해주는 자이다.
　　　　　　　　　　　　　　　　　　　　　　　　－정약용, 『목민심서牧民心書』


1771년 10월 27일 김조이가 남장을 하고 궁궐 앞에서 징을 쳤다. 그녀는 고을 수령에게 부당하게 고문을 받아 죽은 아버지를 위하여 울부짖으며 호소하였다. 그녀는 고통과 슬픔을 표시하기 위해 손가락을 잘라 피로써 상언을 작성하였다. 형조에서는 그녀의 상언을 접수하여 임금에게 보고하였다. 김조이의 사례를 들은 영조는 사건을 철저히 조사하라고 명령하였다. 사건에 부당한 면이 있었음이 밝혀진 뒤 영조는 해당 수령을 투옥하고 파직하도록 하였다. 영조는 그 뒤 연민을 표하는 의미에서 김조이에게 미곡을 포상으로 지급하였다.[1] 김조이는 소원이라는 법적 권한을 행사함으로써 수령이 죄를 받도록 하였고, 아버지에게 가해진 부정의를

---

1) 『영조실록』 117(47/10/27).

바로잡을 수 있었다.

수령이 파직되어 투옥됨에 따라 김조이 아버지에게 가해졌던 부정의는 완전히 바로잡혔는가? 원冤의 감정은 부정의에 대한 의식과 어떻게 관련이 있는가? 송자들은 어떤 종류의 억울함을 망자들을 대신하여 표시하였는가? 죽은 가족구성원들을 위하여 상처와 원冤을 표상한 송자들의 의도는 무엇이었는가? 국가는 정의의 실패를 예방하기 위해 어떠한 노력을 하였는가? 조선후기 법정에서 가족구성원들이 겪은 두 가지 종류의 부정의는 다음과 같은 불공평의 예시를 보여준다. 한 가지는 앞선 사례에서 간략히 소개하였듯이 지방 수령의 고신 남용이었고, 다른 한 가지는 힘 있는 백성이 면천된 노비나 궁핍한 평민을 노비화하는 '압량위천壓良爲賤'이었다.

조선후기 가족구성원들이 호소한 두 종류의 부정의는 수령들의 고신 남용과 압량위천과 관련한 법들이 어떻게 새로이 18세기 초 법전에 규정되었는지를 보여준다. 이 두 종류의 부정의는 조선후기에 억울함으로 공식적으로 인정되었다. 이는 사람들이 '부당'하고 '불공정'한 것으로 여겼던 이들 두 종류의 부정의가 이전에는 국가의 억울함에 대한 정의에서 배제되어 있었음을 암시한다. 그러나 사람들이 점차 이들 두 부정의와 관련하여 사적 영역에서 겪었던 고통을 '공적인' 담론에 추가해 고발하기 시작하자, 국가도 마침내 두 유형의 부정의에 대한 소원을 합법적 억울함으로 허용하였다. 소원 관행은 국가와 사회의 절충으로 이루어졌고, 사회는 그리하여 억울함 또는 원통함과 원冤의 의미를 규정하였다.

소원제도의 초기 국면에서 관과 백성들 간에 '부정의'를 이해하는 데 차이가 있었다. 다시 말하면, 국가가 부정의를 인식하는 것과 백성들이 부정의를 느끼는 것 간의 경계는 명확한 문제가 아니었다. 조선에서 소원 제도는 수많은 정소 관행을 통해 억울함의 의미를 협상하는 현장이었다. 백성들은 부정의에 수동적인 태도를 유지하는 대신 적극적으로 잘못된 점을 고치기 위해 억울함을 제기하였다. 법정에 당도한 모든 사건이 고쳐 진 것은 아니었다. 그러나 송자들은 억울함을 소리 높여 이야기함으로써 국가가 좁게 규정했던 억울함의 범주를 넓히는 데 성공하였다. 이 장에서 다룰 두 종류의 부정의는 조선후기 국가와 사회의 절충 사례를 보여준다. 애당초 주관적으로 부정의하다고 여겨졌던 두 억울함은 결국 18세기 초 반에 들어서면서 객관적인 부정의로 인정되었다. 비록 법을 만들고 집행 하는 것은 국가였지만, 정의를 시행하는 절차를 형성하는 것은 관과 백성 모두였다. 조선시대를 통틀어 사람들이 국가에 소원한 가지각색의 문제 는 소원의 형태와 억울함의 의미를 형성하였다. 두 종류의 부정의는 공적 영역에서 사람들이 원<sup>冤</sup>을 표현한 결과로 발생한 변화들을 대표한다.

송자들은 판결 과정에 영향을 미칠 수 있도록 가족의 억울함을 대표하 기 위해 노력했다. 자신의 감정적 만족을 구하려 소원한 개인적 억울함과 달리, 가족의 억울함을 호소한 송자들은 부당하게 취급받은 가족구성원 들과 공유하는 고통의 감정을 강조하였다. 송자들은 호소의 가치를 더욱 증대하기 위하여 희생자에게서 체현된 고통에 더하여 자신들의 대리적 고통을 표현하였다. 그들은 죽은 가족구성원들을 위해 말하면서 '언어의 창안자'가 되었으며, 조정 권력자들에게 가족구성원들이 겪은 고통의 현실성을 전달하였다.[2] 망자는 말이 없으므로 망자의 고통을 언어로 드러내고 경험을 공적인 담론의 영역에 들여보내는 것은 가족구성원들의 몫이었다.

망자를 위해 호소하는 것은 투옥된 가족구성원들을 위해 말하는 것과 같은 방식으로 다루어질 수 없다. 투옥된 사람은 적어도 그들 스스로를 변호하거나 신문 과정에서 자백이라도 할 수 있겠지만, 망자는 영구적으로 자기 자신을 위해 말할 능력조차 없다. 그러므로 가족구성원들은 망자의 억울함을 구제하기 위해 그들이 겪었던 육체적 고통을 구제할 법적 수단을 찾아 법사와 군주에게 전달해야 했다.[3] 망자를 대표하는 부담은 이런 사건에서 더욱 중대하였는데, 송자들이 망자의 고통을 '상상하여' 어떻게 자신들이 사랑하는 가족구성원들이 고을 주민들이나 수령에게 잔혹하게 살해당했는지를 재구성해야 했기 때문이다.[4] 부정의에 대한 의식은 부정의를 막아야 할 고을 수령이 공적 지위를 이용해 무고한 희생자를 만듦으로써 부정의가 극에 달했을 때 증폭되었다. 비록 가족구성원의 간청이 반드시 판결을 바꾼 것은 아니었지만, 최소한 공권력이 재조사를 해서 공정한 판결을 내려야 한다는 필요성을 강조하였다. 여기에 분석한 상언과 격쟁들은 어떻게 그것들이 공정한 조사가 이뤄지기 위해 재판 판결을 연장했는지, 그리고 죽은 가족구성원들을 위해 정의를 추구하는 것이 얼마나 중요하였는지를 보여준다.

---

2) Scarry, *The Body in Pain*, 10.

3) Scarry, *The Body in Pain*, 3-11.

4) 고통과 그것의 상상적 구현 간의 관계에 대해서는 Scarry, *The Body in Pain*, 161-80 참조.

이 장에서 다룰 두 종류의 부정의는 가족구성원들의 부당한 죽음과 관련된 억울함을 이야기하면서 확인되었다. 송자들이 두 부정의로 가족구성원들을 잃은 경우는 확실히 자연스러운 죽음으로 그들을 잃은 것과는 다르다. 희생자의 부당한 죽음은 특히 희생자의 가족구성원들이 희생자 본인의 고통과 가족으로서 자신들이 느낀 괴로움을 증명할 때 다른 사람들과의 관계에도 반영된다. 고통과 억울함을 법정에서 드러내는 것은 그러한 감정을 바로잡는 기준으로 삼을 수 있도록 정량화하는 것이다. 비록 백성들은 신분적 차이로 인해 일반적으로는 불평등한 권리관계에 있었지만 좀 더 특권을 가진 계층이 반드시 공적인 영역에서 억울함의 내러티브에 더 크게 호소했던 것은 아니다. 이는 정확히는 억압받는 백성들이야 말로 부정의에 더욱 취약했기 때문이다.

## 부정의와 원롯(寃)의 결합

유교적 세계관에서 남성과 자연의 영역은 밀접하게 엮여 단일한 연속체를 이룬다. 유교적 우주에서 우주적 화합은 산 자나 죽은 자의 억울함을 구제하도록 적절한 처벌이 부과되지 않았을 때 손상되었다. 국가는 평형상태를 유지하기 위해 적절하게 정의를 시행할 필요가 있었다. 국가가 잘못된 것을 바로잡지 못하면 부당하게 취급받은 망자가 자신과 상호 의존하는 산 자에게 재앙을 초래한다고 여겨졌다. 이러한 개념은 "여자가 한을 품으면 3년 내내 가뭄이 든다"와 "여자가 한을 품으면 오뉴월에도 서리가 내린다"는 두 속담에 내재되었다. 속담들은 국가가 사회적·우주적 화합을 유지하고 싶다면 사람, 특히 여성의 억울함을 간과해서는 안 된다는 점을 암시하고 있다.[5] 성리학적인 법적 사상에서는 자연재해가 낳은 불운은 부정의와 깊숙이 관련되어 있다. 가뭄과 같은 자연 기후현상이 발생하여 사람들이 고통받을 때, 국가는 죄수들을 사면하거나 지방 관료들로 하여금 미결 중인 사건을 지체하지 말고 신속히 판결하도록 했다.[6]

국가의 관점에서 원冤을 달래는 일은 산 자뿐만 아니라 죽은 자를 위해서도 중요하였는데, 감정이 자연의 조화로운 질서에 간섭할 수 있었기 때문이다. 『심리록』에 등장하는 살인사건들은 국가가 우주적 균형의 사상을 충족하기 위해 살인사건에 관련된 누구라도 함부로 처형하기를 망설였음을 보여준다. 더욱이 무고한 사람을 처형하게 되면 추가로 억울함을 야기할 엄청난 잠재적 위험도 존재하였다. 사건 기록 1,000여 건 중 2% 이내의 사건에만 사형이 선고되었다.[7] 국가는 누군가를 처형함으로써 죽은 자의 억울함을 누그러뜨리는 것에 살아남은 자의 부정적 감정과 그것이 야기할 수 있는 추가적·잠재적 억울함을 누그러뜨리는 것보다 덜 관심을 두었다.

부정의와 불행의 차이점은 희생자를 위하는 우리의 의지와 능력이다.

---

5) 비록 두 속담이 여성에 대해 언급했지만, 이는 남성이 원冤의 내러티브를 할 때도 자주 쓰였으며, 국가는 남녀의 원冤을 동등하게 취급했다. 『세종실록』 48(12/6/10).

6) 『태종실록』 1(1/1/14), 2(1/10/20), 10(5/8/23), 24(12/8/1), 31(16/5/20); 『세종실록』 7(2/윤1/29), 28(7/6/17), 18(7/6/23), 45(11/7/2), 48(12/6/10).

7) Shaw, *Legal Norms*, 118–22.

자연재해를 공적 부정의로 변모시키기 시작하는 것은 희생자들이 어떤 대우를 받느냐에 따라 결정된다. 부정의와 불행을 구분하는 경계선은 정치적 판결이며, 책임을 강화하고 무작위의 보복을 방지하려면 이러한 구분 짓기가 필요하다.[8] 성군聖君의 수사법과 이념이 최고 위치에 있는 조선에서는 통치자가 백성들에게 생계를 제공하고, 모두에게 공정하고 정당하게 대하는 것이 중요했다. 원冤의 내러티브와 자연재해의 담론은 부정의 자체가 자연의 화합을 깨뜨리는 것보다는 사람들의 원冤과 일반적 안녕을 해결하는 것이 좀 더 중요함을 보여준다. 자연재해가 야기한 위기의 순간에 조정은 민생 문제에 극도로 관심을 기울였다. 임금은 우려와 연민에서 법정의 오결과 불공정한 처벌, 고문 남용, 수령의 부패 등으로 발생하는 사람들의 고통과 부당성에 집중하였다.[9]

희생자 가족은 수령의 불공정한 처벌로 사망자가 발생했을 때 극도의 고통을 겪었다. 고을 단위에서 임금을 대신한 수령은 임금이 모든 백성에 대해 그러한 것과 마찬가지로 고을 백성들에게는 아버지 상이 되어야 했다. 수령이 백성들을 부정의하게 다스리면 통치자의 이미지가 훼손되기 때문에 임금에게는 그러한 잘못을 시정하고 자신에 대한 백성들의 신뢰를 회복하는 일이 더욱 긴요하였다. 국가의 지배적 이념인 성리학에 따르면, 통치자가 백성들의 마음을 사로잡는 데 실패하면 그의 정통성은 상실되고 사회는 무질서에 빠지게 된다. 통치자의 책무는 부정의에서 비롯하는 백성들의 원冤의 감정을 달래고 백성들에게 안전을 보장하는 것이었

---

8) Shklar, *The Faces of Injustice*, 1–14.

9) 『태종실록』 1(1/1/14), 2(1/10/20), 10(5/8/23), 24(12/8/1), 31(16/5/20); 『세종실록』 7(2/윤1/29), 28(7/6/17), 18(7/6/23), 45(11/7/2), 48(12/6/10).

다. 그리하여 현명한 통치자로 사회의 화합을 유지하려면 정의가 적절하게 이루어지는지 지속적으로 점검할 필요가 있었다.

국가는 특히 하층 백성들이 부당하게 취급받는 것을 우려하였다. 국가는 문자 그대로 '작은 사람'이라는 의미에서 이들을 소민小民이라 칭하였다. 실록에는 양반 집단의 불공정한 처우로 발생하는 소민의 억울함을 누그러뜨려야 하는 국가의 의무에 대해 많은 예시가 포함되어 있다. 만약 국가가 소민을 포기한다면 그들이 억울함을 털어놓을 곳이 없었을 것이다. 소민의 원冤 감정이 극도에 다다르면 사회적·우주적 무질서 역시 극도에 달할 것이었다.[10] 이러한 논리구조를 바탕으로 조선의 사법제도는 모든 개인에게 구제를 청할 수 있도록 하였다. 여성들은 하층 백성으로 인식되었으므로, 사회의 하층 집단과 더불어 여성 자신들의 문제이든 또는 가족구성원에 관한 문제이든 상관없이 그들의 억울함을 해결하는 일이 국가에는 매우 중요하였다.

## 부정의의 공적 행위: 수령의 고신 남용

하급심에서 다루어진 다양한 사건이 서울의 상급심과 중첩되기도 하였지만, 임금의 재판을 최우선 목적으로 하는 뚜렷한 억울함도 있었다. 고신으로 무고한 가족구성원이 목숨을 잃었을 때, 송자들은 자주 하급심

---

10) 소민小民을 보호하려는 국가의 자각에 대한 더 상세한 내용은 이태진, 「조선시대 '민본' 의식」, 22-30 참조.

을 건너뛰어 바로 서울로 향하였다. 백성을 보호할 의무가 있는 국가 관료들이 오히려 사랑하는 가족구성원을 죽이는 행위는 희생자 가족들에게 비탄, 분노, 한탄 그리고 고통과 같은 감정을 불러일으켰다. 일상에서 떼어놓을 수 없는 이들을 상실한 가족구성원들은 슬픔을 느꼈고, 부당하게 가해진 손해에 분노를 느꼈다. 또한 희생자들의 크나큰 고통을 연민하고 공유하였다.[11] 사회에서 법의 역할은 사람들을 죽음과 심각한 상해로부터 보호하여 그들이 안전하고 두려움 없이 살 수 있게 하는 것이다.[12] 조선의 법은 그 백성들을 죽음과 상해로부터 보호하였는가? 만약 그렇다면 법은 사회 신분에 따라서 다르게 적용되었는가?

지방 단계에서 권위에 대한 국가의 보호는 부작용을 일으켰는데, 즉 고을 수령이 형벌 적용 과정에서 권력을 남용하는 것이었다. 그들은 때때로 무고한 사람에게 혐의를 두고 고의적이든 그렇지 않든 가혹한 고신을 가하였다. 국가가 공권력을 보호하려 했는데도, 사람들은 고을 수령 관아에서 벌어지는 처벌적 관행을 참아 넘기지 않았으며, 결국 정의를 구하려 임금에게 소원하였다. 예컨대 현종(재위 1659~1674) 7년에 한 관리의 아들이 아버지 죽음에 대하여 임금에게 호소하였는데, 그 아버지는 고을 수령의 무거운 육체형 때문에 죽음에 이르렀다.[13] 국가는 당초 소원을 금지하는 법을 적용해 그 아들을 유배 보냈지만, 아버지 죽음이 실제로 부당한 일이었으므로 아들은 곧 풀려났다.[14] 비슷한 소원들이 끊임없이 이어

11) Nussbaum, *Hiding from Humanity*, 27.

12) Nussbaum, *Hiding from Humanity*, 8.

13) 『승정원일기』, 현종, 7/11/11; 조윤선, 「조선후기 강상범죄」, 67.

14) 『승정원일기』, 현종, 7/12/17; 조윤선, 「조선후기 강상범죄」, 67.

지자 국가는 공권력을 보호하는 일과 백성들에게 가해지는 부정의를 시정하는 일 가운데 어느 쪽에 더 무게를 두어야 할지 신중하게 판단하기 시작했다.

18세기 초『경국대전』에 처음 규정되어 있던 금지법은『속대전』에서는 가족구성원들이 지나친 고신으로 죽었을 때에 한하여 백성들이 수령을 고소할 수 있도록 허용하는 방향으로 개정되었다.[15] 백성들은 이와 같이 새롭게 규정된 법에 따라 가족구성원들이 호된 고신으로 죽었을 때 고을 수령을 고소할 수 있었다. 그럼으로써 여성이나 노비 같은 하층 사람들도 소원할 수 있는 능력을 이용해 부패한 관리들을 대상으로 힘을 발휘할 수 있었다. 그들은 지방 단계에서 실패한 정의를 위에 고함으로써 고을 수령들을 처벌하는 군주의 힘에 의존할 수 있었으며, 이로써 죽은 자들의 유가족들뿐만 아니라 원통함까지도 구제할 수 있었다.

## 죽은 딸들을 위한 기생의 소원

1705년 제주도에 거주하던 관기 곤생은 전라도까지 바다를 건너는 긴 여행을 했다. 그녀는 뭍으로 상륙한 뒤 관아로 찾아가 부당하게 죽은 세 딸에 대해 호소했다.[16] 본도 감사 서문유는 곤생으로 하여금 구술로 소원하는 것을 허용했다. 한꺼번에 무고한 세 딸을 잃어버린 곤생은 극도로

---

15)『속대전』295.

16)『숙종실록』42(31/9/6) ;『비변사등록』, 숙종, 31/7/13, 31/9/19;『승정원일기』, 숙종, 31/7/13, 31/9/19 참조.

비통하게 울부짖으며, 제주 수령 이희태가 개인적 원한으로 그녀의 딸들에게 참혹한 형신을 가하여 죽게 만들었다고 고소하였다.

제주 지방에 부임한 이희태는 첩과 첩의 전남편 소생 아들을 섬으로 데려왔다. 이희태는 아들의 정체를 숨기기 위해 사람들에게 아들을 아내의 조카라고 소개했다. 그러나 이 거짓말이 오래가지는 않았다. 사람들은 곧 그 아이가 누구인지 알게 되었고, 수령의 가족에 대해 소문을 퍼뜨리기 시작했다. 소문이 널리 퍼지자 이희태는 인내심을 잃고 소문을 처음 퍼뜨렸다고 여겨지는 곤생의 세 딸 계정, 차정, 삼정에게 복수하기로 했다.

이희태는 곤생의 딸들에 대해 근거 없는 혐의를 두기로 계획했다. 그는 곤생의 딸들을 체포할 구실을 찾기 위해 그녀들에게 원한을 품고 있던 다른 기생 몇 명에게 자신이 법적으로 곤생의 세 딸을 체포할 수 있도록 고소하라고 넌지시 지시하였다. 곤생의 딸들을 체포한 그는 일부러 다른 지방의 두 수령이 그녀들을 신문하도록 해서 자신의 사악한 의도를 감추려 하였다.[17] 그는 곤생의 딸들에게 극심한 형신을 가하고 마침내 고문으로 죽게 만듦으로써 앙갚음을 했다. 그러고선 희생자들의 범죄 혐의에 대해 거짓 보고서를 서울의 비변사에 올렸다.

부당하게 세 딸을 잃은 곤생은 딸들의 원통한 넋을 달래기로 결심하였다. 하지만 신분이 미천한 그녀가 법을 어기지 않고 복수할 수 있는 방법은 오직 소원제도를 이용하는 것뿐이었다. 이희태가 딸들을 벌하려고 권력을 남용하였지만, 힘이 없던 곤생은 상소제도를 이용하여 그를 벌하기

---

17) 조선시대에 제주도는 세 지역으로 구분되었다. 섬의 중부는 제주, 서부는 정의, 동부는 대정이었는데, 세 지역에 각각 수령이 있었다.

로 하였다. 조선에서는 전라감영이 제주도에서 서울로 향하는 모든 보고를 책임졌으므로, 곤생도 전라도 관찰사에게 호소하였다.

곤생의 구술 소원을 들은 서문유는 조정에 서찰을 보내 숙종에게 이 사실을 아뢰도록 청하였다. 임금이 처음 이 보고를 받았을 때, 우의정 이유는 이희태를 다음과 같이 변호하였다. "다른 두 수령이 신문과정에 있었고 사건이 비변사에 보고되었으니, 이희태가 그들을 죽이고 사건을 덮으려 했다는 증거가 없습니다. 섬의 무지한 송자가 수령을 살인죄로 고소하였는데, 이것은 간과할 수 없습니다. 오히려 잘못된 고소를 한 그녀를 신문해야 합니다."[18] 이유는 이희태를 변호하였지만, 숙종은 사건을 철저히 조사하도록 하였다.

서울에 사건이 보고될 무렵, 제주에는 송정규가 새로운 수령으로 부임하였다. 이는 곤생이 두 가지 사실을 알고 있었음을 의미한다. 첫째, 그녀는 수령이 교체되리라는 사실을 알고 있었고, 일부러 이희태의 임기가 거의 끝날 무렵 소원하였다. 둘째, 그녀는 송정규가 이희태를 변호하여 허위보고를 할 만큼 그와 친밀한 관계가 아니었음을 알고 있었다. 제주에 부임한 송정규는 사건을 철저히 조사하여 임금에게 이희태가 사적인 원한으로 무고한 사람들을 죽이는 나쁜 짓을 저질렀음을 아뢰었다.

공문을 읽은 숙종은 이희태가 제주 지역 백성들을 얼마나 하찮게 다루었는지를 한탄하고, 또 그가 얼마나 치밀하게 자신의 악의를 숨기려 들었는지 개탄하였다. 그는 이희태를 체포하여 신문하도록 명하였다. 숙종은 나아가 다음과 같이 말하였다. "이희태와 같은 관료가 벌을 받지 않고 빠

18) 『숙종실록』 42(31/9/6).

져나간다면 그와 같은 힘 있는 자가 지속적으로 자신의 범죄와 희생된 무고한 사람들로부터 도망치게 될 것이다."[19] 붙잡혀 신문을 받게 된 이희태는 범죄를 부인하였다. 그러나 임금이 무겁게 벌하도록 명하자 결국 자신이 곤생의 딸들에게 해코지할 의도가 있었음을 실토하고 말았다.

이희태가 자백하자 국청은 처벌의 종류를 논의하였다. 영의정 조태채는 현재 그 사건에 적용하기에 마땅한 법이 없다고 아뢰었다. 형벌의 부적절한 사용에 대해『경국대전』은 다음과 같이 규정하고 있었다. "관원이 이유 없이 형벌을 가할 경우 장 100에 유배 3년에 처한다. 희생자를 죽게 하였으면 장 100에 영불서용永不敍用(죄를 지어 파면된 관원을 영구히 재임용하지 않음)한다."[20] 그러나 이 규정은 이씨가 '의도'를 가지고 희생자를 해코지하였으므로 적용하기에는 적합하지 않았다. 게다가『대명률』에 규정된 '일가살삼인一家殺三人' 조문에 따른 처벌을 적용하기도 불가능했는데, 해당 조문은 민간인을 대상으로 규정했기 때문이다. 이씨는 공인이었고 곤생의 딸들은 관기였으므로 이 처벌을 해당 사건에 적용하기에는 부적절하였다. 적용하기에 마땅한 법규가 없었으므로, 조태채는 임금에게 신료들과 논의한 뒤 이희태의 죄를 결정할 것을 권유하였다. 판부사 서문중, 평천군 신완과 이 문제를 논의한 임금은 이희태를 극변에 정배하라고 명하여 사형 다음으로 무거운 형을 선고하였다.[21]

『경국대전』에 따르면 지방의 아전과 백성은 모반대역이나 불법살인과

19)『숙종실록』42(31/9/6).

20)『경국대전』459.

21)『숙종실록』42(31/9/6).

관련된 사건[22]을 제외하고는 수령을 고소하지 못하도록 하였다. 송자들이 그러한 법을 어기면 그들은 장 100에 3년 동안 유배되었다.[23] 비록 숙종 재위기에 수령을 고소하는 것은 여전히 위법이었지만, 송자들은 가족구성원들이 부당한 형벌을 받아 죽었을 때 지속적으로 중앙정부에 호소하였다. 18세기에 들어서면 관원들이 자행한 부정의를 바로잡기 위해 국가가 나서서 법을 개정하는 것이 필요할 만큼 상황이 극에 달했다. 곤생 사건은 국가 공권력에 대한 태도가 변화하였음을 보여주는 사례이다. 이러한 변화는 『속대전』이 『경국대전』에 추가로 덧붙여져 편찬된 영조 재위기에 더욱 분명하게 나타났다. 1746년부터 국가는 송자들로 하여금 가족구성원들이 부당한 형벌로 죽었을 때 수령을 고소할 수 있도록 허용했다.[24]

곤생의 소원 때문에 이희태는 극변으로 유배되었다. 그러나 이희태는 원래 선고대로라면 평생 유배생활을 했어야 하지만, 실제로는 그렇지 않았다. 『숙종실록』에는 이희태가 1708년 충청도 지방의 탐관오리를 조사하러 파견된 암행어사 이익한에게 폄론을 받았다는 기록이 있다. 이희태는 당시 같은 지방의 해미에서 수령으로 재직 중이었다.[25] 1708년의 기록에 등장하는 이름이 곤생 사건의 이희태와 동일인물이라면, 그의 유배는 3년에 이르지도 않았을 테고 그 후 다시 임용된 것이다. 그렇다면 곤생 사

---

22) 여기서 살인이란 민간인에 의한 살인을 의미한다.

23) 『경국대전』 473-74.

24) 『속대전』 295. 실록에서는 숙종 재위기에 여성의 상언과 소지를 바탕으로 수령이 처벌받은 두 가지 각기 다른 사례를 기록하고 있다. 하나는 양반 여성인 안씨의 소원이며, 다른 하나는 평민 여성의 소원이다.(숙종실록, 33[25/9/13], 46[34/2/5])

25) 『숙종실록』 46(34/2/12).

건에서는 부정의가 얼마만큼 바로잡혔는가?『숙종실록』에서는 곤생 사건을 다음과 같이 서술하고 있다. "이희태는 조금도 상식이 없는 자로 쉽게 화를 내는 자이다. 그는 무고한 사람들을 무자비하게 죽임으로써 중죄를 지었다. 멀리 떨어진 지역의 사건에 대해 철저한 조사를 시행하는 것은 통상적으로는 어려운 일이다. 그러나 송정규의 보고 덕분에 임금은 이희태를 처벌하고 곤생의 원寃을 조금이나마 풀어줄 수 있었다."[26] 비록 국가가 희생자의 억울함을 달래기 위해 협력적인 노력을 하였지만, 징벌로 잘못된 것을 바로잡은 이후에는 고소당한 자에게 약간의 관용을 베푼 것으로 보인다.

## 죽은 남편을 위한 양반 여성의 소원

비록 양반집단이 조선 사회 대부분의 사회·경제적 특권을 차지하였지만, 그들이 하층민에게 가해졌던 것과 같은 부정의를 겪지 않은 것은 아니었다. 1794년 8월 송씨가 경기도 장단에서 서울까지 올라와 남편의 부당한 죽음을 호소했다. 그녀의 남편 권진성은 수령의 과도한 고신으로 죽임을 당했다. 권씨는 조상의 묘지 위치를 두고 이웃과 법적 분쟁에 휘말려 있었다.[27] 권씨 아버지가 사망하였을 때, 그의 이웃인 정순과 정식은 많은 사람을 모아서 장례를 망치고는 권씨가 정한 묘지가 자신들의 조상

---

26) 『숙종실록』 42(31/9/6).

27) 묘지송은 토지송·노비송과 더불어 조선후기 3대 소송이었다. 이 특별한 사건은 산지 소유권을 둘러싼 갈등으로 이해되고 있다. 묘지송에 관한 더 상세한 논의는 3장을 참조할 것.

묘지와 너무 가깝게 붙어 있다고 주장했다. 그들의 잔혹함에 분노한 권씨는 이들을 장단 수령 서유화에게 고소하고, 그들을 상대로 소송을 제기했다. 수령은 사건을 수리하였으나 판결 내리는 것을 지연하였다. 집으로 돌아가기 전 판결을 듣고 싶었던 권씨는 관아 근처에서 숙박하였다.

소송을 시작하기 전 권씨는 아버지 장례를 다른 날짜로 잡았다. 그러나 그가 장례 날짜까지 집에 돌아가기 어려워 이복형제에게 그 대신 일을 처리하도록 하면서 사건이 벌어졌다. 나중에 장례가 치러졌음을 안 수령은 판결을 기다리지 않고 장례를 지낸 죄로 권씨를 투옥하였다. 수령은 관찰사에게 잘못된 보고를 올렸으며, 관찰사는 처벌을 가하라는 답신을 보냈다. 수령은 죄인을 장으로 치려면 관찰사에게서 허가를 받아야 했다. 수령은 관찰사로부터 허가를 받자 권씨를 장치고 투옥하였다. 권씨의 상황을 전해들은 일흔 먹은 그의 어머니와 아흔인 조모가 관아로 가서 수령에게 그의 석방을 호소하였지만 소용이 없었다. 권씨는 결국 옥수가 수령에게 권씨가 심각하게 앓고 있음을 보고한 뒤에야 석방되었다. 그러나 권씨는 풀려나자마자 죽고 말았다. 권씨의 어머니와 송씨는 다시금 원통함을 호소하였으나 수령은 어떠한 자비도 보이지 않았다. 그 대신 그는 아랫사람을 시켜 그들을 내쫓도록 했다. 송씨는 결국 서울로 가서 임금에게 호소하기로 했다.[28] 서울에 도착한 송씨는 징을 쳐서 구술로 소원을 하였다. 구술 소원이 끝난 뒤 집의 이우제가 정조에게 송씨가 격쟁에서 밝힌 부정의에 대한 상소를 올렸다. 보고를 접한 정조는 경기도 관찰사 서용보에게 사건을 철저히 조사하라고 명하였다. 서용보가 사건을 구체적으로

---

28) 『정조실록』 40(18/8/26).

밝히자 정조는 형조로 하여금 즉시 장단의 전임 수령 서유화를 투옥하여 엄히 신문하도록 하였다.[29]

　권씨가 석방 직후 사망하였을 때, 송씨와 그녀의 시어머니는 그의 부당한 죽음에 대해 고을 관아에 호소하였다. 그러나 수령이 그러한 호소를 무시하고 남편의 죽음에 동정심을 보이지 않자, 송씨는 수령의 악행에 대해 더 높은 권위를 상대로 소원할 것을 결심하였다. 상소제도를 활용하는 것은 송씨가 응보적 정의를 추구할 수 있는 유일한 합법적 방법이었다. 그러나 송씨는 적정한 절차를 거쳐 상소제도를 따르기를 거부하였다. 법전에 따르면 송자들은 먼저 관찰사에게 억울함을 호소해야 했다. 만약 그들이 그 단계에서 억울함을 해소하지 못하면 서울의 사헌부에 호소해야 했고, 또다시 억울함을 누그러뜨리지 못한다면 비로소 임금에게 북을 쳐서 호소해야 했다.[30] 송씨는 관찰사에게 소원하는 중간의 법정을 거치지 않고 서울로 곧바로 가서 임금에게 호소하였다. 특히 소원 사안이 무거운 감정적 호소를 요하는 것일 때 중간의 법정을 건너뛰는 것은 드문 일이 아니었다.[31]

　비록 중간의 법정을 건너뛰는 것이 불법이었고 국가가 그러한 행위를 한 자들을 처벌하긴 했지만, 그렇다고 해서 송자들이 임금에게 바로 직소하는 행위를 멈춘 것은 아니었다. 이같이 서울에 호소하는 행위가 급증

---

29) 기록에서 서유화는 장단의 전임 수령으로 표현되었다. 그러므로 장단 수령으로서 서씨 임기는 사건이 조사되었을 때 이미 만료되었음을 추론할 수 있다.

30) 『대전통편』 627–28.

31) 조윤선은 송자들이 소원제도를 법적 분쟁을 해결하기 위한 법제도 유형으로 활용하였다고 주장한다. 18세기에 사람들은 점차 중간의 법정을 건너뛰고 즉각적인 해결을 하기 위해 서울에 호소하였다. 조윤선, 『조선후기 소송연구』 참조.

**태벌죄녀笞伐罪女**, 조선총독부법무국행형과, 「사법제도연혁도보」, 서울대학교 중앙도서관

하면서, 국가는 송자들의 억울함을 공식적으로 인정했을 때는 그러한 관행을 용인하였다. 국가가 어떤 사건에 대해 받아들일 만한 가치가 없다고 여기면, 송자들을 제도를 악용하고 하찮은 소원으로 임금을 번거롭게 한 죄로 처벌하였다. 그러한 위험에도 불구하고 송자들이 곧바로 임금에게 호소한 이유는, 그들이 보기에 군주가 '아버지이자 재판관이며, 정의와

공정함의 기준점'으로서 그들이 의지할 수 있는 존재였기 때문이다.[32] 비록 지역의 태만한 관리들을 불신한 것이었지만, 임금에 대한 신뢰관계는 항상 유지되고 확인되었다.

송씨는 임금에 대한 신뢰를 갖고 격쟁에서 주장하기를, 정씨 형제 중 한 사람이 수령의 자제를 가르치는 스승이었으므로, 수령이 그들에게 우호적으로 사건을 처리했다고 하였다. 이러한 사적 관계 때문에 그녀는 수령이 자기 남편을 부당하게 다루었다고 주장했다. 그녀는 수령의 부적절한 형벌 사용에 관해 구체적으로 진술하였다.

> **수령과 정씨 형제는 제 남편을 벌주기 위해 공모하였습니다. 제 남편은 세모 몽둥이로 39대나 연속하여 매를 맞았으며(다음 그림), 칼이 씌워진 상태로 구금되었습니다. 심하게 맞고 피를 흘린 뒤에도 적절히 보살핌을 받지 못했기 때문에 제 남편은 매우 위독한 상태에 있었습니다. 제 남편은 옥수가 수령에게 위독한 상태를 보고하고 난 뒤에야 석방되었습니다. 그러나 그는 석방된 직후 죽고 말았습니다.[33]**

처음 임금에게 보고했던 이우제는 송씨의 소원에 대해 세 차례 추가로 설명하였다. 먼저 그는 해당 수령이 군현 단계에서는 사용이 금지되어 있던 세모 몽둥이를 사용함으로써 법을 위반했다고 하였다. 그러한 매를 쓰는 목적은 강도나 군율 위반자를 벌주기 위한 것이었다. 다음으로 그는

---

32) Nubola, "Supplications in the Italian States", 36.

33) 『정조실록』 40(18/8/26).

종로결장치도곤타鍾路結杖治盜棍打. 조선총독부법무국행형과, 『사법제도연혁도보』, 서울대학교 중앙도서관

수령이 권씨를 39대나 때리면서 또 다른 법령을 위반했다고 하였다.[34] 끝으로 그는 수령이 권씨의 몸 상태가 심각하게 나쁘다는 사실을 알았음에도 즉시 그를 풀어주지 않았다고 비판했다.[35]

정조는 즉위 다음 해인 1777년 특별 법령들을 공포하였는데, 용의자를 신문하는 데 쓰이는 형벌 도구와 절차의 표준화에 관한 것이었다. 이들 법령을 『흠휼전칙欽恤典則』이라는 책으로 엮어 지방 관리들이 지침서로 사용하도록 하였다. 중앙정부는 지방 관리들의 부적절한 형벌 사용을 왕조 초기부터 우려하였으며, 형장을 가하는 도중 용의자를 죽인 관리들

---

34) 『대전통편』 589.

35) 『정조실록』 40(18/8/26).

을 처벌하였다.[36] 그러나 백성들은 여전히 형장을 받다가 죽어나갔고, 정조는 형벌 도구를 사용하는 더욱 표준화된 규칙을 집대성하는 것이 중요하다고 생각했다. 관련 법령들을 반포한 근본 이유는 지방 관리들로 하여금 신문 과정에서 용의자들을 신중히 다루도록 하기 함이었다. 그러한 의미는 책 제목의 흠휼欽恤이라는 표현에서 분명하게 나타나는데, 이는 용의자의 고통을 덜어주라는 뜻을 담고 있다.[37]

송씨의 소원이 검증되자 정조는 특별히 수령의 악행에 유감을 표명하였는데, 그녀 남편인 권씨의 사례가 용서할 수 없는 범죄가 아니었기 때문이다. 임금은 권씨를 더욱 가엾이 여겼는데, 그가 외아들이었으며 부양할 홀어머니와 조모가 있었기 때문이다. 정조가 수령을 이해할 수 없었던 것은 그 무더운 시기에 죄수를 한 달 이상이나 가두어두도록 한 의도였다. 법에서는 죄수들을 덥거나 추운 계절에 가두는 것을 금지했다. 즉 11월에서 1월까지, 5월에서 7월까지의 기간에 남성은 장 60 이상, 여성은 장 100 이상의 죄가 아닌 경우 가두지 못하도록 하였다. 장 100 이하를 때리는 범죄에서 죄수들은 실제로 장을 맞겠다고 선택하는 경우를 제외하고는 모두 속전을 지급하도록 되어 있었다.[38] 이 법의 목적은 죄수들이 감옥에서 죽는 것을 막기 위함이었다. 권씨는 5월에서 7월 사이의 어느 시점에 한 달 이상 투옥되어 있었다. 정조는 수령이 죄수들을 보호하도록 의도된 법령을 준수하는 데 실패한 것뿐만 아니라, 희생자 가족에게 자비가

---

36) 법전에 따르면 관원이 부적절하게 형벌을 가한 경우 장 100에 3년간 유배를 보내도록 하였다.
   용의자가 형벌 도중에 죽으면 수령은 장 100에 영불서용永不敍用토록 하였다. 『대전통편』 601.

37) 『흠휼전칙』에 관한 상세한 설명은 심재우, 「정조대 『흠휼전칙』」 참조.

38) 『대전통편』 603.

없었던 것에 대해서도 한탄하였다. 임금은 사안을 처리한 수령의 사악함을 다음과 같이 비판하였다.

> 비록 수령이 의도적으로 권진성을 죽이지 않았다고 하더라도, 어찌 감히 죄를 용서받을 수 있겠는가? 수령은 희생자의 무고함을 알고 있었지만, 형벌을 가하고 나아가 그를 가두기까지 하였다. 이것이 마침내 희생자를 죽게 하였으니, 의도적으로 죽인 것보다도 더욱 나쁘다. 관원들이 그러한 사건들에 대해 쉽게 무죄를 받는다면, 소외된 백성들은 관에 원한을 품게 될 것이다. 형조는 반드시 장단의 전임 수령 서유화를 잡아들이고, 엄격히 신문토록 하라. 그리고 형조는 그를 신문한 바를 보고하도록 하라. 서유화가 법에 따라 엄히 다스려져야만 고통을 받은 자들의 부정의가 구제될 것이다.[39]

송씨는 임금에게 감정적인 호소를 함으로써 수령을 처벌하는 데 성공했다. 그녀는 비록 양반 지식인 가족에 속했지만, 문맹인 평민 여성들이 자주 사용하던 방식인 격쟁을 하였다. 한상권의 통계에 따르면 평민 여성 송자들은 양반 여성 송자들보다 정조 재위기에 임금에게 소원한 수가 더 많았고, 또 평민 여성들이 양반 여성들보다 격쟁을 더 많이 했다.[40] 글을 읽을 줄 아는 여성들도 소원할 내용이 부정의와 관련이 있다면 이따금 구술로 소원하였다. 감정적인 호소를 구술로 하는 것은 시청각적 효과를 동반하였기 때문에 상언보다도 더욱 설득력이 있었다. 송자들은 군주 앞에

---

39) 『정조실록』 40(18/8/26).

40) 한상권, 『조선후기 사회와 소원제도』, 110.

서 비통하게 울며 동정심을 불러일으켰다. 격쟁의 다른 장점은 상언을 제출하는 경우 그 기회가 세 차례로 제한된 반면, 격쟁 횟수는 무제한이었다는 것이다.

이러한 장점들에도 불구하고 송자들이 격쟁할 때는 신문받을 위험을 감수해야 했다. 그들은 처음에는 범죄자로 취급받았다. 이 과정은 송자들이 제도를 남발하는 것을 방지하기 위해 마련된 것이었다. 하지만 송씨는 법적 정의를 추구하기 위해 신문과정을 감수하였다. 게다가 그녀는 세모 몽둥이를 사용하고 39대나 연속하여 때리는 것이 모두 불법임을 잘 알고 있었다. 또 수령이 그녀와 그녀의 시어머니가 한 호소를 무시한 것이 부당하다는 사실도 알고 있었다.

사건을 조사한 관원들과 임금은 정확히는 이러한 세 가지 이유를 근거로 하여 수령을 처벌하기로 결정하였다. 송씨는 감정적 호소로 동정심을 불러일으키는 데 성공했을 뿐만 아니라, 설득력 있게 권력자들에게 하고 싶은 말을 전달할 수 있었다. 결국 송씨는 최고의 상소제도를 활용함으로써 남편을 위해 정의를 추구하고 궁극적으로는 문제의 수령이 처벌받게 할 수 있었다.[41]

---

41) 영조 재위기인 1750년 다른 양반 여성이 남편의 부당한 죽음을 이유로 소원을 하였다. 그녀는 전임 해주 수령 김광우가 남편을 때려 죽였다고 진술하였다. 그러나 형조에서 그녀의 소원을 무시하여 임금에게 전달하지 않았으므로 그녀의 노력은 무의미했다. 그녀의 소원을 알았던 장령 권기언이 임금에게 이를 고하여 책임이 있는 관원들을 해임시키고, 전임 수령을 체포할 것을 권하였다. 영조는 그에 따라 지시하였다. 『영조실록』 72(26/9/25).

## 죽은 남편을 위한 하층민 여성의 소원

　양반 여성들의 소원은 남편들이 수령이 자행한 부정의로 고통을 받았음을 설명하지만 그러한 경험들을 견뎌내기에 더욱 취약했던 계층은 하층민 남성들이었다. 예를 들어 1777년 7월 이진신의 아내가 임금의 행차 도중 징을 쳐서 임금에게 호소하였다. 그녀는 한날한시에 한꺼번에 죽은 남편과 시어머니, 시동생의 부당한 죽음에 대해 호소하였다. 이진신은 김수묵이 경상도 고령의 수령이 되었을 때 고을 아전이었다. 어느 날 이씨는 수령에게 심하게 꾸짖음을 당하자 수령을 욕하였다. 김수묵은 분노하여 이씨를 심각한 범죄를 저질렀을 때에 쓰는 곤장으로 때려 처벌하였다. 그렇게 이씨를 때리고도 분이 풀리지 않았던 수령은 이씨의 어머니와 형제까지 잡아들였다. 그들은 모두 관아에 끌려나와 끊임없이 맞았다. 그렇게 맞은 끝에 결국 가족 세 명이 모두 죽었다. 아내의 원통함을 들은 정조는 수령의 형벌 남용을 한탄하였다. 정조는 숙종 재위기인 1699년 비슷한 부정의를 저지른 유신일의 사건과 이를 비교하였다. 유씨는 무고한 유학 이우백을 심하게 때려 죽였다. 유씨는 붙잡혔으나 신문과정에서 고신을 받다가 형이 선고되기 전에 죽었다.[42] 정조는 유씨의 사례를 법적 선례로 인용하면서 수령을 체포해 엄히 신문하여 자백을 받아내도록 하였다.[43]

　1795년에는 비슷한 사례로 평민인 정준의 아내가 수령이 남편을 부당하게 살해한 문제로 징을 쳐서 임금에게 소원하였다. 그녀의 격쟁으로 국

---

42) 『숙종실록』 33(25/윤7/8); 『정조실록』 4(1/7/20).

43) 『정조실록』 4(1/7/20).

가는 경상도 창원의 수령이었던 이여절이 저지른 무자비한 살인을 알게 되었다. 임금은 관찰사로 하여금 이여절을 신문하도록 하였지만, 관찰사는 이여절과 관계가 있어 그의 범죄를 덮으려고 시도하였다. 임금은 관찰사가 수령의 행동을 감시하는 데 실패했을 뿐만 아니라, 감히 죄인을 부적절하게 신문하여 비호하고자 한 사실에 분노하였다. 그리하여 임금은 경상도 전임 관찰사였던 조진택으로 하여금 공정한 판결을 위해 조사에 착수하도록 명하였다. 조진택이 이여절의 권력남용에 대해 철저히 보고하였을 때, 임금은 이여절이 한 사람이 아니라 여러 사람의 목숨을 앗아갔다는 사실에 경악하였다. 조진택의 보고가 정준 아내의 호소를 입증하자 임금은 범죄에 연루된 죄인들을 모두 체포하도록 명하였다. 임금은 이여절 사건을 법적 선례로 삼아 국왕의 명령을 감히 따르지 않고 국법을 조롱하는 관료들에게 경고하고자 하였다.[44]

남편들 여럿이 희생당했을 때, 억울함을 공유한 아내들이 단결하여 국왕의 정의를 목표로 서울로 향하기도 하였다. 예를 들어 평안도 삭주의 수령 민치신이 1796년 세 형제의 목숨을 빼앗았을 때, 세 형제의 아내들은 고통받은 남편들을 위해 부패한 수령을 상대로 고소하여 잘못을 바로 잡기로 결심하였다. 그리하여 그녀들은 북부 지방에서부터 서울까지 여행을 떠나 징을 쳐서 임금에게 억울함을 고하였다. 그들은 서울에 도착한 뒤 밤낮으로 울면서 의금부 앞에서 비통한 감정을 드러냈다. 장령 주중옹이 임금에게 여성들의 소원에 대해 보고하였고, "세 여인의 하늘을 범하는 원망의 기운이 5월에 서리를 내리게 할 만합니다"라고 아뢰었다. 그러

---

44) 『정조실록』 42(19/6/11).

고는 임금에게 수령을 체포할 것을 청하였다. 정조는 그리하도록 명을 내리고 수령의 악행에 대해 더 자세한 정보를 찾기 위해 삭주로 어사를 파견하였다.[45]

죽은 남편들을 위한 여성들의 적극적인 소원으로 국가는 군현과 도의 법정에서 정의를 집행하는 데 실패한 지역 권력자들을 알 수 있었다. 암행어사를 파견하는 것뿐만 아니라 송자들의 목소리로도 국가는 사법권을 남용하는 관리들을 감시할 수 있었다. 이는 국가로 하여금 법규나 사회규범을 어기는 자들을 규제함으로써 합법성을 유지할 수 있게 하였고, 그로써 평화와 사회적 화합이 유지되었다. 군주와 여성들 간에는 안전판으로 작용한 소원제도를 통해 부패한 관료들에 관해 문서로든 구술로든 일정한 교류가 있었다. 사법적 영역에서 이뤄진 상호 대화는 사회 정의를 바로잡기 위한 중요한 사회적 접소였다.

남편들의 부당한 죽음을 보상받기 위한 여성들의 소원은 지방 관아가 하층민 백성뿐만 아니라 양반까지도 희생양으로 삼았음을 드러낸다. 그들은 수령에 의해 군율을 어기거나 심하게 도둑질한 사람을 처벌할 때 쓰는 곤장에 맞는 등의 이유로 죽었다. 수령들은 곤장을 써서 법을 어기는 것 외에도 법적으로 제한되어 있는 대수를 초과하여 희생자들을 때림으로써 법을 위반하였다. 국가는 다양한 억울함 가운데 바로잡을 필요성이 절박한 가족구성원들의 부당한 죽음을 인식하였다. 억울함을 구제하는 문제에 관해서라면, 정조는 다음과 같이 말하였다. "천출賤出의 원冤이라

---

45) 『정조실록』 45(20/8/29).

도 화합을 깨뜨리고 도덕적 변혁을 해치기에는 충분하다."[46] 그리하여 국가는 모든 백성의 목소리를 받아들이고 사회적 화합과 균형을 유지하려 하였다.


### 부정의의 사적 행위: 속량된 노비의 착취


조선의 사회질서는 위계적 신분제도에 따라 구성되고 유지되었다. 그러나 조선후기, 특히 18세기부터 왕조 멸망까지 신분집단의 구성은 사회적 위계구조의 혼돈을 야기할 만큼 변화를 겪었다. 예컨대 대구 지방 양반의 비율은 1727년 18.7%였던 것이 1858년에는 70.2%로 증가했다. 반면 평민과 노비 인구는 점차 줄어들었는데, 평민 인구는 1727년 54.6%에서 1858년 28.2%로, 노비 인구는 1727년 26.7%에서 1858년 1.6%로 감소하였다.[47] 이러한 경향은 경상도의 다른 지역에서도 나타난다. 비록 이러한 통계들이 다소 의심스럽고 조선 인구 전체에 일반화된 것으로 여겨질 수는 없다. 그럼에도 이러한 지표는 조선후기의 사회적 변동성이 증가하였음을 보여준다.[48] 백성들의 사회적 신분은 사회경제적 상황에 따라 하향할 수 있었는데, 많은 빈곤한 평민이 스스로를 노비로 팔아 무거운 세금

---

46) 『일성록』, 정조, 3/8/13.

47) Hiroshi, "Richō jinkō kansuru mibun kaikyubetsuteki kansatsu [Observations on the status and class of the Yi dynasty p opulation]", 김자현, *Coufucian Kinship*, 87에서 인용(김자현, 『왕이라는 유산』, 너머북스, 2017).

48) 통계에 관해서는 김용섭, 『조선후기농업사연구』, 427; 정석종, 『조선후기사회변동연구』, 248–51; Susan Shin, "Social Structure of Kŭmhwa County"; Wagner, "Social Stratification" 참조.

부담을 회피하려 하였다.[49]

신분제도 세습은 19세기에 대부분 기능을 상실하였지만, 국가는 평민과 노비 간의 혼인처럼 다른 계층 간의 혼인에 대한 통제를 포함한 다양한 메커니즘으로 조선왕조 내내 제도를 유지하기 위해 노력했다.[50] 국가가 노골적으로 다른 신분 간의 혼인을 금지하는 법을 제정한 고려왕조와 달리, 조선의 대표 법전인 『경국대전』과 『속대전』에는 그러한 금지가 없었다. 이들 두 법전은 자손들의 사회적 신분에 대한 규제를 규정함으로써 간접적으로 다른 신분 간의 혼인을 허용하였다.[51] 평민과 노비 인구의 증가는 신분 세습 문제와 상관관계가 있었기 때문에 자손들의 사회적 신분을 결정하는 일은 대단히 중요하였다. 어머니들은 아이의 사회적 신분을 규정하는 데 주된 역할을 하였으며, 특히 서로 다른 신분 간의 혼인사안에서 그러하였다.

종모법은 신분세습제를 유지하기 위해 적용되었다. 자손의 신분은 어머니 신분에 따라 결정되었는데, 여기에는 두 가지 예외가 있었다. 첫째, 관료와 노비 출신 첩 사이의 아이는 그 아버지가 아이를 관에 신고하고 면천에 필요한 비용을 지불하면 평민으로 인정되었다. 둘째, 노비 아버지와 평민 어머니 사이에 태어난 자식은 노비 신분을 이어받았다. 종모법에도

---

49) 서울대학교 규장각 소장 『고문서』에는 평민들이 스스로를 노비로 파는 계약을 입안해줄 것을 관에 요청하는 소지의 원본이 많이 포함되어 있다.

50) 이 연구에서 '다른 계층과의 혼인'이란 평민과 노비 간의 혼인을 의미한다.

51) 다른 신분 간의 혼인에 관한 더 상세한 내용은 Palais, *Confucian Statecraft*, 215-25(제임스 팔레, 『유교적 경세론과 조선의 제도들』,산처럼, 2008); 한상권, 「15세기 노양처교혼 정책」 참조. 한상권은 『고려사』, 『대명률』, 『경국대전』에서 다른 신분 간의 혼인을 비교하였다. 그는 중국에서는 노비 남성과 평민 여성 간의 혼인을 금지한 반면, 조선에서는 노비 소유주의 이익을 유지하기 위해 암묵적으로 그러한 다른 신분 간 혼인을 허용하였다고 주장하였다.

불구하고 평민 어머니의 아이는 아버지 신분 때문에 노비가 되어야 했다. 다시 말해 부모 중 한 사람이 노비라면, 아이는 노비 신분을 물려받았다. 이 두 번째 예외로 신분이 서로 다른 평민과 노비 간의 혼인이 더욱 일반화될수록 노비 인구는 증가하였다. 조선은 신분세습제를 유지함으로써 재생산이라는 섹슈얼리티의 목적에 봉사하고 노비 인구를 통제함으로써 경제적 필요를 충족하기 위해 '여성의 성'의 범주를 정치화한 것으로 보인다. 국가는 사회적 신분 구분을 유지하기 위해 여성의 신체를 통한 신분 변동을 규제하였다.

비록 평민과 노비의 혼인처럼 다른 신분 간의 혼인 금지가 공식적으로 법전에 규정되지는 않았지만, 왕조 초기에는 태종이 평민 인구를 유지하기 위해 금지령을 선포하기도 했다. 1401년 7월 권중화가 임금에게 상소를 올렸는데, 그는 종과 평민 여성 간의 혼인문제를 제기하며, 노비 소유주들이 경제적 부를 축적하기 위해 그러한 혼인을 장려한다고 아뢰었다. 그는 종과 평민 여성의 혼인을 금지하고 이미 혼인한 자들은 이혼시키라고 청하였다. 권중화는 더 나아가 다른 신분 간의 혼인을 유도하여 국가의 질서를 깨뜨리는 노비 소유주들을 엄히 처벌하라고 아뢰었다.[52] 태종은 이 상소를 승인하였고, 1405년 9월 다른 신분 간의 혼인을 불법적으로 성관계를 맺는 것[相姦]과 마찬가지로 규정하고 금지하도록 선포하면서 다른 신분 간의 혼인으로 출생한 아이는 '공노비'로 삼도록 하였다.[53] 나

---

52) 『태종실록』 2(1/7/27); 한상권, 「15세기 노양처교혼 정책」, 64.

53) 『태종실록』 10(5/9/22); 한상권, 「15세기 노양처교혼 정책」, 65. 조선시대 노비들은 두 유형으로 구분할 수 있다. 국가가 소유한 공노비와 개인이 사적으로 소유한 사노비가 그러하다. 사노비는 하인으로 부리는 노비인 솔거노비와 주인과 달리 따로 밖에서 거주하는 외거노비로 다시 세분할 수 있다. 솔거노비는 주인과 같은 집에서 함께 살았던 반면, 외거노비는 주인과 따로 살면서 노동력을

아가 1414년 6월 태종은 여종과 평민 남성 사이의 자식에 대해 아버지의 평민 신분을 물려받도록 하였다.[54] 이 선포는 어머니 신분을 물려주던 오래된 관습에 도전하였으며, 여종의 자식을 평민으로 신분 상승시켰다는 점에서 획기적이었다. 태종의 원래 목적은 다른 신분 간의 혼인에서 부계 위주의 규칙을 엄히 확립하는 것이었지만, 이 정책은 세종이 즉위하자 뒤집혔다.

세종의 원래 목표는 서로 다른 신분 간의 혼인과 관련된 태종의 정책을 유지하는 것이었다. 그러나 맹사성과 같은 관료들이 지속적으로 상소하여 사회적 신분 구분에서 혼란을 야기한다는 점을 근거로 임금에게 이 제도를 없애라고 주장하였다. 그들이 근거로 든 이유 중 하나는 만약 여종이 아이 아버지가 노비임에도 평민이라고 주장한다면 아버지가 실제로 누구인지는 알 수 없다는 것이었다. 그래서 여종들이 남편 신분을 노비에서 평민으로 바꾸어 사회적 무질서를 야기한다는 것이었다. 조정에서 신료들은 여종의 아이들이 평민 신분을 얻지 못하도록 부계 계승법을 지지하였다. 신료들이 임금에게 제시한 이유 외에도 그들 나름대로 실질적인 이유가 있었다. 다른 신분 간의 혼인에 대한 태종의 정책이 지속된다면, 두 가지 분명한 결과가 나타날 것이었다. 먼저, 평민 아버지와 여종의 자식들 때문에 평민 인구가 늘어날 것이었다. 둘째로, 종과 평민 여성의 자식이 공노비 신분이 되기 때문에 공노비 수도 늘어날 것이었다. 이 두 가

---

제공하였다. 공·사노비에 관한 더 상세한 내용은 전형택, 『조선 양반사회와 노비』, 193-450 참조.

54) 『태종실록』 27(14/6/27); 한상권, 「15세기 노양처교혼 정책」, 66.

지 결과가 지배계층에게 의미하는 바는 사노비가 급격하게 줄어들면서 그들의 경제적 부에 영향을 미친다는 것이었다. 그래서 신료들은 지속적으로 세종에게 압력을 가해 태종 1414년의 선포를 무효화하도록 하였다. 세종은 결국 1432년에 태종의 선포를 철폐하였으며, 여종과 평민 남성 사이에서 태어난 아이에 대해 어머니 신분을 세습시키는 법령을 다시 제정하였다. 단종 시기(재위 1452~1455)인 1455년 무렵에는 노비 아버지와 평민 여성의 자식들은 공노비로 속환되지 않고 아버지의 노비 신분을 물려받았다. 따라서 1454년까지 서로 다른 신분 간의 혼인에 대한 국가 정책은 자녀들의 노비 신분을 유지하는 방향으로 정착되어왔다고 할 수 있다.[55] 조정에서는 노비 소유주들이 서로 다른 신분 간의 혼인을 악용하지 못하게 막으려고 노력했지만 허사가 되고 말았다.[56]

서로 다른 신분 간의 혼인 때문에 평민 인구는 조선 중기까지 점차 줄어들었다. 김성우에 따르면 16세기 '평민의 감소와 노비의 증가' 현상은 세 가지 요인으로 발생하였다. 첫째, 강력한 양반 가문이 가난한 평민보다 우위에 있었으며 강압적으로 그들을 노비로 만들었다. 둘째, 생계수단이 없었던 궁핍한 평민들은 부유한 양반 가문에 자발적으로 종속되었다. 셋째, 양반 가문들은 가난한 평민들을 그들의 노비들과 혼인하도록 유도

---

55) 다른 신분 간의 혼인은 15세기에 빈번하였다. 개인 소장 고문서들에 따르면, 노비 소유주들은 종과 평민 여성의 자식들을 '함께 생산한 아이들[竝産]'이라 기록하였다. 노비 소유주들은 공공연히 이들 자녀들에 대한 소유권을 내세우며 재산 관련 문서에 기록하였다. 15세기 몇몇 지역 문서들에 기초한 한상권의 통계에 따르면, 노비 4분의 1 혹은 3분의 1이 종과 평민 여성의 자녀들이었다.(한상권, 「15세기 노양처교혼 정책」, 72–82)

56) 한상권, 「15세기 노양처교혼 정책」, 67–72.

하여 노비 수를 늘리고자 하였다.[57] 16세기에 이미 평민 인구의 감소 조짐이 보였지만, 왜란(1592~1598)과 호란(1627, 1637~1638)을 직면함에 따라 17세기에는 상황이 더욱 악화되었다.[58]

끔찍했던 두 차례 전쟁 이후, 각기 다른 신분 간의 혼인 관습을 통제하는 것은 조선 통치자들이 전쟁 결과 요동쳤던 인구의 균형을 맞추기 위해 사용한 수단이었다. 현종 재위기인 1669년 국가는 노비인 아버지와 평민인 여성 사이의 자식에게 적용하던 예외를 없애는 방향으로 각기 다른 신분 간의 혼인과 관련된 정책을 수정하였다. 자식들은 이제 어머니의 평민 신분을 물려받았다. 그러나 이러한 결정은 숙종 재위기에 관료들의 반대에 부딪혀 수차례 변화를 겪었으며, 영조 재위기인 1731년 마침내 1669년 현종이 선포한 정책을 다시 도입하는 것으로 결정되었다.

서로 다른 신분 간에 혼인하는 것에 대한 논의가 수십 년간 조정에서 계속되었는데, 주인들과 노비들 사이의 충돌은 조정 밖에서 발단했다.[59] 현종이 처음 정책을 선포하였을 때 평민 어머니 소생 노비들은 천한 신분에서 면천되기를 바랐다. 선포 이전에 노비들이 면천받을 수 있는 유일한 기회는 속량하는 것이었다. 이 관행은 1485년에 이미 시작되었지만, 그리

---

57) 김성우, 『조선중기 국가와 사족』, 125-59.

58) 두 차례 전쟁 이후 조선의 토지는 황폐해졌고, 국가의 힘도 급격히 약해졌다. 비록 전쟁들이 사회적·정치적 혼란을 야기하였지만, 국가는 다양한 형태의 사회적 변화를 일으킨 시장경제의 성장을 경험하였다. 이들 변화 중 가장 두드러지는 것은 사회적 위계구조의 종말이었다. 비록 국가가 신분제도 구조를 19세기 말까지 유지하려고 하였지만, 이 시기 신분들 간의 사회적 변동성은 조선초기에 비해서는 상대적으로 유연해졌다. 이러한 현상이 예컨대 약화된 양반들과 부유한 양민들, 풍족한 평민과 가난한 평민들, 주인과 노비 간의 계층 갈등뿐만 아니라, 각기 다른 신분들 간의 사회적 갈등도 초래하였다. 조선후기 사회변동에 관한 더 상세한 논의는 정석종, 『조선후기 사회변동 연구』 참조.

59) 조윤선, 『조선후기 소송연구』, 175-249.

많은 노비가 면천 비용을 감당할 만큼 부를 축적하진 못했다. 그 결과 도망치는 노비 수가 늘어나면서 주인에게 문제를 야기하였다. 노비 소유주들이 도망 노비를 관에 보고하면 장예원에서는 그를 조사하고 주인들을 위해 노비를 수색하였다. 하지만 도망 노비를 찾는 일은 어려웠다. 현종의 선포는 노비들에게 합법적으로 면천될 다른 기회를 제공하였다. 특히 이 시기 노비 면천은 주인들과 갈등을 겪어야 했는데, 정책이 최종적으로 굳어지기 전까지 60여 년 이상 수차례 변화를 겪어야 했기 때문이다. 이러한 혼란은 이전에 노비였던 자들과 그들 주인들 간의 다툼을 일으켰는데, 주인들이 쉽사리 노비 소유권을 포기하지 않았기 때문이다.[60]

이전 노비와 주인 간 갈등의 핵심은 노비 소유주들이 이전 노비의 노동력을 착취하려는 시도에서 비롯했다. 이전 노비들은 평민으로서 자유를 지키기 위해 그들 주인들에 대해 소원하였다. 18세기에 국가는 이전 소유주들의 그러한 억압을 알고 있었으며, 『속대전』에 '속량贖良'조를 규정하여 평민을 노비로 억압하려는 자를 처벌하도록 했다(압량위천율壓良爲賤律).[61]

면천된 노비들뿐만 아니라 가난한 평민이나 배우자가 노비인 평민들 역시 그러한 억압을 받았다. 예를 들어, 을미년 2월 연천에 거주하는 정조이는 관찰사에게 부당하게 노비로 취급받는 손녀에 관하여 소원하였다.[62] 정조이의 딸은 공식적으로 평민으로 인정되었는데, 양반인 강씨가

---

60) '이전 노비'란 노비로 태어났지만, 이후 살면서 법적으로 평민 신분을 획득한 자들을 일컫는다.

61) 『속대전』 311-12.

62) 현존하는 소지들이 거의 조선후기의 것임을 고려하면, 을미년은 1715, 1775, 1835 또는 1895년으로 보인다.

소유한 종과 혼인하여 윤금이라는 이름의 딸을 하나 두었다. 불행하게도 정조이의 딸과 그 남편은 일찍 죽었고, 정조이가 윤금이를 키웠다. 그러나 윤금이 8세가 되자, 강씨가 강압적으로 윤금의 노동력을 착취하였다. 정조이는 고을 관아에 먼저 호소하여 손녀가 평민이라고 주장하였으나, 불공정하게 강씨 노비로 취급받았다. 정조이는 손녀가 평민으로 살 권리를 보호하기 위해 소원하였다. 수령은 강씨로 하여금 손녀를 할머니에게 돌려주도록 명하였다. 그러나 강씨가 계속 윤금을 노비로 취급하자, 정조이는 관찰사에게 이 문제를 다뤄달라고 청하였다. 관찰사는 정조이에게 답하여 사건을 조사하겠다고 하였으며, 강씨를 그에 따라 처벌하였다.[63]

정조이의 소원은 조선후기에 만연한 전형적인 '압량위천' 사건의 사례이다. 다음 사례도 유사하게 그러한 현상을 보여주지만, 역시 드물지 않았던 살인사건을 수반하고 있다. 이 특별한 사건에서는 희생자 아들이 죽은 아버지의 원한을 풀어달라고 먼저 소원하여 호소하였으며, 죄인의 아내가 맞소원하여 투옥된 남편의 무고함을 호소하였다.

정조 재위기인 1777년 경상도 진주에서 살인사건이 일어났다. 성용석이 허재와 김여후에게 1만 냥을 면천 비용으로 요구한 것이 사건의 발단이었다. 허재는 성용석이 무리한 요구를 하였다고 관아에 고하였다. 다음날 용석과 그의 형제 귀석은 허재를 때려서 죽게 만들었다. 허재 조상이 노비 신분이었고, 그가 근자에 면천을 받았는지는 불분명하다. 그와 상관없이 허재는 공식적으로는 평민으로 인정되었다. 그러나 그의 아내는 용

---

63) 『고문서』 19:452−53. 다른 여성 김조이는 관찰사에게 역시 불공정하게 양반인 신씨에게 노비 취급을 받는 딸을 위해 소원하였다.(『고문서』 25:480−81)

석의 노비였으며, 이것이 용석이 허재를 노비로 취급한 이유 가운데 하나였다. 여종의 주인들은 여종의 평민 남편 역시 노비로 취급하는 경향이 있었다. 허재가 죽자 그 아들 허경이 아버지와 관련하여 임금에게 상언을 올려 자기 아버지가 부당하게 취급받다 사망하였다고 고하였다. 형조는 임금에게 아들의 상언을 올리면서 용석이 평민을 억압하였는데, 면천 비용으로 부적절하게 돈을 요구하고 용인할 수 있는 한계를 넘어서 폭력을 휘둘렀다고 보고하였다. 형조에서는 사건을 자세히 조사해야 한다는 결론을 내렸다. 임금은 이에 동의하고 관찰사로 하여금 조사에 착수하도록 하였다. 하지만 정조는 새로운 관찰사를 선임할 때까지 조사를 잠시 멈추도록 하였다. 이는 현임 관찰사가 교체되었을 때 발생할 수 있는 혼란과 지연을 방지하기 위함이었다. 새 관찰사는 경상도에 부임하자 조사에 착수하여 9월에 임금에게 사건의 전모를 밝혀 보고하였다.[64]

사건이 임금에게 입증되자 용석의 아내 정조이는 임금에게 북을 쳐서 맞소원하였다. 그녀 이야기는 허경의 소원과 전혀 달랐으며, 허경의 소원이 사실이 아니라는 점을 전달하였다. 그녀는 나아가 감사의 조사가 불공정하게 이뤄졌으며, 따라서 임금에게 올린 보고서도 믿을 수 없다고 주장했다. 그녀의 상언을 검토한 임금은 다음과 같이 논평하였다. "관찰사의 보고가 참으로 불공정한 것인가, 아니면 수령을 비난하는 사악한 민간의 습속인 것인가? 살인사건이 더욱 분명히 밝혀지면 누가 거짓을 고하였는지 알게 될 것이다. … 이 살인사건은 의도하지 않은 살인과는 구분해야

---

64) 『심리록』 1:33-36. 이 책은 원본의 한자 원문본과 국역본으로 구성되어 있다. 여기에는 한자 원문본의 쪽수를 인용했다. 성용석 사건은 『일성록』, 정조, 1/7/19, 1/10/16, 1/10/17, 2/5/11, 2/5/28, 2/5/29, 3/1/6, 10/11/7에서도 확인할 수 있다.

한다. 고소된 자가 가볍게 처벌된다면 죽은 넋이 위로를 받지 못할 것이다. 그러므로 철저하게 다시 조사해야 한다."[65]

1778년 5월 용석의 아내는 두 번째로 북을 쳐서 남편을 위해 격쟁하였다. 격쟁에서 그녀는 허재가 질병으로 죽은 것이지 구타로 죽은 것이 아니라고 주장하였다. 그녀는 진술하기를, "초검 도중에 수령은 시신 검험으로 맞은 상처를 일곱 군데 기록하였습니다. 그러니 사인이 구타가 아님은 명백합니다. 하지만 두 번째 조사가 이뤄졌을 때는 첫 번째 조사 결과가 뒤집혔습니다. 이는 두 번째 조사에 참여한 관리들이 주인을 배신한 이전 노비의 친척이었기 때문입니다. 서복수라는 남자가 그들에게 뇌물을 주어 처음 조사 결과를 뒤엎도록 하였습니다"라고 하였다.[66]

그녀가 주장하는 핵심은 허재의 죽음이 남편의 구타로 야기된 것이 아니라 질병으로 인한 것이라는 점이었다. 그녀는 또한 남편을 겨냥하여 처음 조사 결과를 번복하기 위한 음모가 있었다고 주장하며, 투옥된 남편의 무죄를 이끌어내기 위한 증거도 제출하였다. 그녀의 격쟁을 기록한 보고서를 읽은 뒤 임금은 다음과 같이 말하였다.

검시한 관리가 말했듯이, 노비 소유주가 여종의 남편을 죽인 것에 대한 처벌은 실로 사형에 해당한다. 비록 허재가 병을 앓았지만, 오직 성용석이야말로 허재를 죽게 만든 사람이다. 그가 열일곱 번을 맞았든, 일곱 번을 맞았든 무슨 상관이겠는가. 여섯 사람이 성용석의 구타를 증언하였다. 이 나라에는

---

65) 『심리록』 1:33.

66) 『일성록』, 정조, 2/5/11. 서복수가 누군지는 알 수 없으나 여기서의 이전 노비는 희생자를 일컫는 것으로 보인다.

두 가지 악습이 있다. 하나는 주인을 배반하는 비뚤어진 노비들이며, 다른 하나는 평민들을 억압하는 지방의 힘 있는 토지 소유자들이다. 법은 그들의 관행을 막기 위해 이들 두 악습을 엄하게 규율하여야 한다. 아내의 격쟁에 따르면 사건은 더욱 조사되어야 하는데, 아직 의심스러운 흔적이 있기 때문이다. 보고에서는 허재가 동시에 성용석과 성귀석에게 얻어맞았다고 하였다. 만일 그러하다면 형제에게 각기 다른 처벌을 내리는 것은 불공정하다.[67]

임금의 발언은 정조이의 소원이 사건을 재조사하게 하고 용석에 대한 처벌을 다시 고려하게끔 하였음을 암시한다. 정조는 희생자의 원통함뿐만 아니라, 죄인 쪽에서 잠재적으로 발생할 수 있는 억울함도 고려했다. 그리하여 사건을 판결할 때 임금은 양 당사자의 억울함을 구제하려는 노력을 하였다. 1777년 5월 임금은 마침내 용석의 형벌을 사형에서 유배형으로 감형하여 결정하였다.[68]

용석의 처벌이 유배형으로 감형되자, 허경은 두 번째로 아버지의 부당한 죽음에 대해 호소하였다. 소원이 이뤄진 뒤 임금은 그를 심각하게 고려하여 어사를 지역에 파견해서 사건을 다시 조사하도록 하였다.[69] 조사에 착수한 어사는 임금에게 희생자의 원한이 충분히 구제되지 못했기 때

---

67) 『심리록』 1:34; 『일성록』, 정조, 2/5/29.

68) 제국 말기 중국의 살인범죄에 대한 관대한 판결에 대한 비슷한 논의는 Buoye, "Suddenly Murderous Intent Arouse" 참조.

69) 지방 행정에서의 정의가 기준에 미달한다고 볼 만한 의심이 있을 때 임금은 어사를 파견하였다. 어사의 활용은 지방 행정에 대한 감시제도 기능을 하였다. 어사에 관해서는 전봉덕, 「암행어사제도연구」, 1–186; Shaw, *Legal Norms*, 56–59; 한상권, 『조선후기 사회와 소원제도』, 303–37; 고석규, 「암행어사란 무엇인가」 참조.

문에 용석의 사건은 다시 심리되어야 한다고 아뢰었다. 임금은 관찰사에게 다시금 사건을 조사하도록 명하였다. 관찰사는 임금에게 그 아들의 소원을 물리치라고 권하였으나, 형조에서는 용석을 다시 신문하라고 제안하였다. 임금은 형조의 제안에 따랐다. 사건은 허경의 격쟁으로 또 다른 조사 국면에 접어들었다. 정조는 마침내 사건에 대해 판결을 내리고 다음과 같이 말하였다.

나는 이미 고소당한 자를 유배형에 처하였지만, 다시금 그를 투옥하여 또 다른 신문을 하도록 하였다. 이는 내가 그의 진술에 의문을 품었기 때문이 아니라, 살인사건에서는 미미한 사항도 신중하게 살펴볼 필요가 있기 때문이었다. 나아가 허재의 아들이 극도로 고통스러워하며 울부짖으니, 심지어 가마를 타고도 그 소리를 들을 수 있을 정도였다.[70] 그런 광경을 보고 나니, 그를 가엾이 여기고 그의 원통함이 완전히 해소되지 못했다고 생각할 수밖에 없었다. 끝으로 나는 또한 힘 있는 자들을 억누르고 약한 자들을 돕고자 한다. … 두 번째 조사에서 새롭게 밝혀진 바가 없으므로, 한 사람은 유배형에, 다른 한 사람은 사형에 처해진 성씨 형제에게 다른 형벌을 부과하는 것은 불공정할 것이다. 그러므로 첫 번째 판결에 따라 성용석을 다시 유배지로 돌려

---

70) 정조는 재위기간 동안 소원제도를 더욱 체계화하였으며, 백성들로 하여금 임금의 행차 동안에 구술이나 문서로 소원을 할 수 있도록 허용했다. 백성들이 군주에게 소원할 수 있도록 허용한 것은 중국이나 일본에서는 아마도 시행되지 않았던 것으로 보인다. 중국의 경우 황제의 순행 도중 송자들이 소원을 하려고 했지만, 이는 엄격하게 금지되어 있었으며, 송자들은 그러한 소원을 한 죄로 처벌받았다. 조선에서 임금에 대한 접근성은 백성들로 하여금 소원을 할 수 있게끔 하였으며, 이로 인해 서울로 올라와 소원하는 백성들이 늘어났다. 서울에서 송자들은 임금이 행차하는 날짜와 상언을 제출할 적절한 시간을 알고 있었다. 허경은 정조의 행차 도중에 소원을 하였을 것으로 보인다. 중국의 수도에서 소원은 Ocko, "I'll Take It All the Way to Beijing" 참조.

보내라.[71]

정조의 판결에 기초하면, 허경이 임금의 행차 도중 격쟁하려고 그 근처에 얼마나 가까이 다가갔는지를 알 수 있다. 임금이 어가에서 허경의 목소리를 듣고 동정심을 품을 수 있을 정도였다. 조선의 법문화에서 현저한 부분은 법적인 소통 창구가 상대적으로 열려 있었고, 군주에게 접촉하기 쉬웠다는 것이다. 비록 사람들로 하여금 임금의 행차 도중 임금과 접촉할 수 있도록 한 것은 국가였지만, 이러한 관행은 송자의 소원 유형에 따라 합법화되었다. 2장에서 보았듯이, 사람들은 행차 도중에 소원을 시작하였고 이르면 15세기부터 다양한 방법으로 임금에게 접근하려 했다.

행차 도중 임금에게 격쟁하는 관행은 임금으로 하여금 백성들이 느낀 부정의 감정에 쉽게 공감할 수 있도록 하였다. 정조가 그 아들의 슬픔을 이해할 수 있었다고 말했을 때, 우리는 고통의 사회성에 대한 조건부 애착의 예를 볼 수 있는데, 희생자의 고통에서 시작하여 다른 사람들을 향해 옮겨간 결과 그들이 희생자의 몸짓에서 고통의 흔적을 느낄 수 있게 된다. 희생자의 고통이 그나 그녀 몸으로 표현될 때, 이는 고통을 증언하는 사람들에게 희생자들을 위해 행동할 것과 희생자의 고통을 이해할 것을 요구한다. 여기서 가정은 희생자들이 어떤 감정을 가지고 있었는지를 송자들이 알고 있으며, 이것이 그들로 하여금 다른 이들의 고통을 자기 것으로 바꾸어 희생자를 대신해 정의를 추구하게 한다는 것이다.[72] 송자들

---

71) 『심리록』 1:35.

72) Ahmed, *Cultural Politics of Emotions*, 28–31.

허경은 이와 같은 임금의 행차에서 격쟁하였을 것이다. 정조가 사도세자의 묘소 현륭원을 방문하는 행렬을 구경하기 위해 남녀노소가 모여들었다. 그들은 임금이 있는 데에서 멀지 않은 곳에 앉거나 서 있었기 때문에 사람들이 징을 치며 격쟁할 때 신료는 물론 임금도 그를 들을 수 있었을 것이다. 덕수1042 국립중앙박물관

이 희생자들의 고통을 임금 앞에서 대표할 때, 고통은 처음에는 송자에게 옮겨지며, 그 뒤에는 송자가 희생자의 고통을 자기 것으로 표현함에 따라 군주에게로 이동한다. 이 특별한 사례에서는 허경이 그 자신의 원冤뿐만 아니라 아버지의 원冤까지도 성공적으로 표현하였다. 그는 그러한 행동으로 정조의 동정심을 유발하고, 임금으로 하여금 자기 억울함이 완벽하게 구제되지 못했음을 이해하게 하였다.

이 사건에서 볼 수 있듯이, 아들과 아내의 소원은 사건의 재조사를 촉발하였다. 그렇다면 살인사건 재판에서 상언과 격쟁은 판결에 어느 정도까지 영향을 미쳤을까? 심재우의 『심리록』 연구에 따르면 살인사건과 관련된 정소 활동은 150건이 있었다.[73] 150건 중 66건(44%)은 사형에서 감형으로, 57건(38%)은 무죄로, 10건(6.6%)은 무고로, 2건(1.3%)은 사형으로 선고가 내려졌다. 그리고 '다른' 사건들이 13건(8.6%) 존재한다.[74] 이들 통계들은 상언과 격쟁들이 판결에 영향을 미쳤음을 보여준다.

성용석 사건의 조사는 1777년 가을부터 1781년 봄까지 이어졌다. 살인사건 재판 도중에 희생자의 아들과 죄인의 아내는 각기 그들의 가족들을 위해 두 차례 소원하였다. 양측의 소원은 사건을 재조사하게 하였으며, 살인사건 재판을 연장시켰다. 정조는 희생자를 위한 것이든, 죄인을 위한 것이든 상관하지 않고 신중하게 모든 소원을 고려하였다. 정조에게는 희생자와 그 가족의 부정의를 구제하는 것과 죄인 쪽의 잠재적 억울함을 방

---

73) 쇼William Shaw 역시 『심리록』 기록들을 토대로 조사하였지만, 그의 통계들은 선별된 사건 100건 중에서 나온 것이다. 심재우는 전체 1,112건을 바탕으로 더욱 광범위한 연구를 하였다. 여기서는 심재우의 통계를 바탕으로 하였다.

74) 심재우, 『심리록』 연구」, 197. 150건 중 142건은 살인사건이다. 다른 8건은 공권력 위반, 사회관습 위반, 그리고 경제적 범죄이다.

지하는 것 모두가 중요했다. 정조는 '희생자 중심의 바로잡음'과 '가해자 중심의 바로잡음'을 구별했다.[75] 정의를 바로잡는 것의 목표는 보통 국가 권력에 따라 법을 위반한 자에게 고통이나 괴로움을 가하도록 명령하여 형벌을 통해 어떤 부당한 상황이든 바로잡는 것이다. 비록 부정의한 상황에 놓인 희생자의 이익을 위해 무엇을 해야 하는지를 고려하는 것이 중요하지만, 법을 위반한 자가 응보적 처벌로 무엇을 마땅히 감수해야 하는지를 논의하는 것도 마찬가지로 필요하다.[76] 이 사건에서 정조에게는 부정의를 바로잡기 위해 희생자의 부정의를 구제하는 것뿐만 아니라 불공정한 형벌 집행으로 발생할 수 있는 잠재적 억울함을 예방하는 것도 중요했다.

## 결 론

이 장에서 논의한 조선후기 두 주요 부정의에 대한 국가의 반응은 희생자와 범죄자의 가족구성원들에 의한 정소 활동이 어떻게 판결 절차에 영향을 미쳤는지를 보여준다. 비록 송자들의 슬픔은 자연히 투옥되거나 부당하게 살해당한 가족구성원들을 대신해서 일정 정도까지는 표현되었지만, 소원은 또한 송자들로 하여금 효과적으로 권력자들을 설득하기 위해 억울함을 분명하게 만들어내도록 요구하였다. 그들의 소원이 판결을 바

---

75) Roberts, "Justice and Rectification", 24.

76) Roberts, "Justice and Rectification", 21-28.

꾸는 데 항상 필요한 것은 아니었지만, 소원은 권력자들로 하여금 언제든 필요하면 재차 조사를 시행하도록 하여 공정한 판결을 내리게끔 할 필요성을 강화했다.

임금이나 사안을 조사하는 관원들에게 송자들이 말하는 바의 진위를 가리는 것은 결코 쉬운 일이 아니었다. 예컨대, 이 장 도입부에 소개한 사례에서 수령은 3년간 관직에서 물러나야 했고 관찰사는 파직되었다. 하지만 사건이 끝나고 2달 뒤 유훈은 임금에게 상소를 올려 말하기를, 김조이의 소원을 반박할 증언이 있으므로 사건을 재조사할 필요가 있다고 아뢰었다.[77] 임금은 재조사를 허용했지만, 『영조실록』에는 그 이상의 내용은 기록되어 있지 않다. 기록에서 사건의 자초지종을 모두 알아내기는 어렵지만, 분명한 것은 김조이 아버지가 가혹한 고문으로 죽었고, 그녀가 그를 위해 소원했다는 점이다. 김조이가 아버지의 억울한 죽음을 과장했을 가능성은 있다. 그럼에도 그녀는 죽은 아버지를 위해 정의를 추구하고자 하였다.

송자들이 군주에게 정의를 추구하여 호소하였을 때, 조정은 지방 관원들로 하여금 조사하도록 명하였다. 사건이 입증되면 국가는 희생자의 억울함을 구제하기 위한 처벌을 결정하였다. 그러나 국가는 또한 범죄자 쪽에서 잠재적 억울함이 나오지 않도록 주의를 기울이기도 했다. 비록 부정의를 규정하는 힘을 가진 쪽은 국가였지만, 백성들은 소원을 통해 그를 재규정하는 권능을 부여받았다. 그들은 국가가 이전에는 바로잡기를 소홀히 해왔던 부정의에 대한 자신들의 경험을 인정하도록 설득할 수

---

77) 『영조실록』 118(48/1/16).

있었다.

송자들이 죽은 가족구성원들을 위해 정의를 추구하였을 때, 그들은 부당한 대우를 받은 자들의 고통을 대변했을 뿐만 아니라 감정을 공감하기까지 했으며, 이것이 그들의 호소력의 가치를 향상시켰다. 게다가 사회적 부정의를 규제하기 위해 '수령에 대한 고소'와 '압량위천'에 관련된 두 법령이 18세기 초에 제정되었다. 이러한 법들은 왕조 초기부터 억울함을 구제하기 위해 송자들이 노력한 결과였다. 소원의 기록들은 소원 관행이 국가와 사회의 지속적인 상호작용과 협상 과정에서 어떻게 발전해왔는지와 여성이 남성 상대방을 상대로 어떻게 적극적으로 법적 대리자로 참여하여 조선후기에 사회적 부정의에 대해 질문을 던질 수 있었는지를 보여준다.

## 맺으며

만일 백성의 원冤이 풀리지 않는다면, 어찌 그것이 정치하는 도리[道]
이겠는가?

─세종대왕, 『세종실록』 51(13/1/19)

조선시대에 법정으로 간 사람들은 다양한 민사·형사문제와 관련한 억
울함을 표출하였다. 원冤의 의미는 국가에 소원하는 퍼포먼스로 조선왕
조 내내 규정되고 또 재규정되었다. 비록 정소하는 과정에서 사람들이 표
현하는 원冤의 감정은 '자연스러운' 감정들로 인식되었지만, 원冤에 덧붙
여진 의미들은 원冤을 둘러싼 논의를 통해 문화적으로 형성된 것들이었
다. 사람들이 표현한 원冤의 감정들은 결국 현실을 변형시켰고, 사회적
변혁의 강력한 도구로 기능하였다.

조선의 법적 관행을 분석하면서 당시 사회가 우리 추측보다 훨씬 복잡
했음을 발견했다. 모든 백성이 소원할 수 있는 법적 능력을 부여받아 국
가에 억울함을 토로하였다. 조선 관료들의 관념에서 원冤의 감정들은 만

약 적절하게 풀어지지 않는다면 사회적·법적·우주적 화합을 위태롭게 하는 것이었다. 국가는 개별적이거나 집단적인 원冤을 억누른다면 오히려 역효과를 일으킨다고 여기고, 그러한 감정들이 쌓이면 잠재적인 반란 위험도 있다고 판단하였다. 국가는 사람들의 원冤의 감정을 해소하기 위해 모든 백성에게 양 당사자가 아버지—아들, 남편—아내, 주인—노비 등의 관계인 예외를 제외하고는 다른 백성들이나 심지어 관리들에 대해서도 필요하다면 고소할 수 있는 권한을 부여하였다. 그러나 실제로는 그러한 이른바 예외에 해당하는 관계에서도 몇몇 사례가 발생하였다.[1]

조선의 법제도는 모순된 방식으로 기능하였다. 불평등한 법률과 형벌을 각기 다른 사회적 신분에 적용하면서도 국가의 원冤에 대한 평등주의자적인 감성의 인식은 모든 백성에게 소원을 허용하였다. 국가는 모든 백성의 목소리를 품에 안으면서 정통성의 성채를 쌓았고, 법규와 사회적 규범을 위반하는 자들을 규율하면서 사회적 화합을 유지하였다. 그러나 백성들은 동시에 소원제도를 그들 자신의 이익을 추구하는 데 이용하였으며, 심지어 제도를 법적 결과와 상관없이 일정 형태의 감정적 만족을 달성하기 위한 제도로 조작하기도 하였다.

사람들은 개인적·가족적 억울함 말고도 집단적인 억울함을 호소하기

---

[1] 비록 아들이 아버지를 상대로 고소한 사례는 발견하지 못했지만, 아내가 남편을 상대로 고소한 사례는 발견할 수 있었다. 예를 들어, 유정기의 아내 신씨는 유씨를 상대로 가장으로서 잘못 행동한 것을 이유로 고소하였다. 유씨는 신씨가 첩을 노골적으로 질투하였고, 충실한 아내로서 의무를 다하지 못했다는 이유로 이혼소송을 제기했다. 그녀는 이에 대응하여 스스로를 변호하고, 남편을 갈등에 책임이 있다는 이유로 고소하였다. 이 사건을 두고 조정 관료들은 길고 열띤 논쟁을 벌였고 임금은 결국 이혼을 허락하지 않았다. 『숙종실록』 40(30/10/9, 30/11/14), 53(39/1/25, 39/4/27, 39/5/21). 주인—노비 관계의 사례는 허경의 사례를 5장에서 예로 들었다. 노비의 가족구성원들이 주인을 상대로 고소하는 경우가 자주 있었다. 『세종실록』 79(19/11/4).

도 했다. 이들 소원은 등장等狀 혹은 공동소원으로 알려져 있는데, 세금과 같은 사회적 문제에 관한 것이었다. 1812년 홍경래의 난에 참여한 이들은 백성들의 억울함을 들어야 할 의무가 있는 국가의 유교적 담론을 이용하였다. 만약 국가가 백성들의 억울함에 유의하지 않고 고통을 달래기를 거부한다면, 결국 백성들이 국가를 상대로 들고일어날 수밖에 없다는 것이 그러한 담론이었다.[2] 이 담론은 1894년 7월 청일전쟁을 불러온 같은 해의 동학농민운동에서도 비슷하게 발견된다. 동학농민운동의 지도자 전봉준은 1895년 12월에 붙잡힌 뒤 신문과정에서 지방 관원들의 실정과 부패에 대해 항의하고자 수차례 등장等狀하였다고 진술하였다. 하지만 그러한 소원은 무시되었고, 송자들은 체포되었다.[3] 동학농민운동을 참작해보면, 백성의 억울함을 듣는 데 그토록 신경 썼던 국가가 격노한 백성들의 원冤을 구제하는 데 실패했을 때의 위험을 보여주는 반란을 실제로 목도하였다는 것을 알 수 있다.

1401년에 신문고를 설치한 목적 가운데 하나가 사람들이 자신들의 문제들을 분명히 밝힐 수 있는 허용된 방식을 제공함으로써 국가를 상대로 반기를 드는 일을 예방하기 위함이었음을 밝힐 필요가 있다. 조선시대 내내 성리학적 관료들은 백성들의 원冤을 해소하고 사회적 화합을 유지하기 위해서뿐만 아니라, 국가에 대해 반란을 계획하는 것으로 의심되는 자들을 감시하기 위해서도 백성들의 억울함을 듣는 일의 중요함을 강조하였다. 19세기에 국가는 백성들의 목소리를 듣는 데 실패하였으므로 크고

---

2) 김선주, *Marginality and Subversion*, 88.

3) Lee et al., *Sources of Korean Tradition*, 2:270.

작은 반란을 경험해야 했다.

감정들은 중세 마르세유 프랑스에서도 마찬가지로 강력한 역할을 했다. 법정은 사람들이 감정 거래에 투자할 수 있는 공간과 증오와 굴욕, 사회적 제재를 광고할 수 있는 무대를 제공했다. 중세 유럽의 법정은 효율적으로 기능하였고, 감정적 만족을 추구하기 위한 장소가 되었다. 결국 분노, 증오 같은 감정을 억누르는 것은 부작용을 야기하고, 누군가의 법적 권리를 침해하였다.[4]

비교사 측면에서 흥미로운 점은 머슴이나 농노, 무슬림, 유대인과 같이 자유롭지 못하고 소외된 집단은 중세 유럽에서 대중에게 분노를 표현하는 것을 금지해야만 했던 반면, 자유롭고 자율적인 개인들은 합법적인 분노와 증오의 감정을 공개적으로 표현할 수 있었다는 것이다.[5] 자유 신분인 여성들은 법정에서 분노를 표출할 수 있었지만, 신분이 자유롭지 못한 사람들은 감정을 가라앉혀야 했다. 왜냐하면 그들이 대중에게 분노를 표출하는 것이 국가로서는 위험한 일이었기 때문이다. 이는 조선의 사례와 완전히 정반대이다. 조선에서는 신분이 자유롭지 못한 사람들이 원寃의 감정을 표현하는 것이 허용되었는데, 그러한 감정을 억누를 경우 국가의 사회질서를 무너뜨리는 지나치게 위험한 것일 수 있었기 때문이다.

비록 감정의 공개적 표현은 시간적·공간적 상황에 따라 다르지만, 의학적·과학적 연구는 신경생리학적 패턴의 집합으로서 감정이 본질적으로 모든 인간 문화권에서 동일하다는 것을 보여준다.[6] 그런 점에서 조선

---

4) Smail, *The Consumption of Justice*, 242–46.

5) Smail, *The Consumption of Justice*, 245.

6) Smail, *The Consumption of Justice*, 246.

의 사법제도는 원冤을 수직적으로뿐만 아니라 수평적으로도 인식함으로써 감정이 법적 기구에서 어떻게 사회적 화합을 유지하는 역할을 했는지에 대해 유용한 통찰을 제공한다. 조선 법제도의 독자적 특징은 모순된 양상으로 기능한 사법문화에서 드러난다.

전근대에서 근대적 사법제도로 넘어가는 일제강점기(1910~1945)의 법적 변환은 식민지 백성으로서 여성의 권리능력을 박탈하였는데, 이는 여성 백성들이 특정 사안을 제외하고는 더 이상 법적 영역에서 발언할 권한이 없어졌다는 것을 의미한다. 특히 흥미로운 점은 이러한 모순된 형태가 근대적 법제도에서도 지속되었지만 다른 방식으로 나타났다는 점이다. 비록 신분제도는 1894년에 공식적으로 철폐되었지만, 젠더에 따른 위계질서는 일본 민법전이 약간의 수정을 거쳐 1921년 한국에 도입되었을 때 더욱 강화되었다.[7]

1910년 한국이 일본에 병합되었을 때, 식민지에서 법정책의 근본적인 구조변경이 있었다. 조선의 관습을 수집한 일본 식민지 정부는 1912년 조선민사령을 공포하여 한국의 관습적 규정을 사법私法 영역에서 식민지인들에게 적용하기로 하였다. 조선민사령 제11조에서는 '능력, 친족 및 상속' 문제에 관해 한국인 간에는 한국의 관습을 적용한다고 규정하였다.[8] 하지만 조선 관습조사보고서에서 일본인들은 조선에서 아내의 권리능력을 잘못 이해하여 여성이 남성에게 종속되었다고 보고 아내가 권리능력

---

7) 일본의 문헌에 따르면 메이지유신(1868~1912) 동안에 도쿠가와 막부 시기(1603~1868) 여성이 누렸던 일정 특권을 박탈하였다. 이 점을 지적해준 익명의 검토자에게 감사를 표한다.

8) Chōsen Sōtokufu, *Chōsen minjirei*, 18.

을 행사하려면 '전적으로' 남편에게 의존하였다고 보았다.[9]

이후 1921년 식민지 정부는 아내의 권리능력을 제한한 일본 민법전을 식민지 백성에게도 적용하였다. 독신 여성은 권리능력을 행사할 수 있었지만, 아내는 법적 공간에 들어설 때 법적 보호의 개념 때문에 남편에게 의존해야 했다. 일본 민법전은 다음 8개 행위와 관련하여 아내의 법적 '무능력'을 규정하였다. 물건을 취득하거나 취득된 물건을 사용하는 것, 부동산을 빌리거나 담보를 주는 것, 부동산에 대한 권리의 행사, 민사소송의 제기, 증여하거나 재산권에 관련한 분쟁에 착수하거나 중재 계약을 하는 것, 상속을 승인하거나 포기하는 것, 유언이나 유증에 기재된 금액을 승인하거나 거부하는 것, 신체의 자유를 구속하거나 그러한 계약을 체결하는 것이 그러하다. 이러한 규제의 예외로는 여성으로 하여금 다음과 같은 경우 권리능력을 행사할 수 있도록 하였다. 남편이 투옥되었을 때, 남편이 정신질환으로 입원하였을 때, 남편의 생존 여부가 불투명할 때, 남편과 아내의 이해관계가 상충할 때가 그러하다.[10]

조선민사령에 대한 잘못된 해석 때문에 실제로는 일본 민법전이 공시적으로 여성의 권리능력을 박탈했음에도 일본 민법전에 규정된 아내의 권리능력이 남편에 대해 '절대적인' 의존에서 '제한적인' 의존으로 격상된 것으로 이해되어왔다. 실제 관습이 법에 대응하였는지 아니면 모순되었는지는 또 다른 문제다. 이는 실제의 법적 사건을 검토하여 여성이 식민지 사법제도하의 사회 관습에서 어떻게 대표되었는지를 조사하는 것으

9) Chōsen Sōtokufu, *Chōsen Kyūkan seido chōsa jigyō gaiyō*, 16–17.

10) Hatoyama, *Nihon minpōsōron*, 89–106.

로만 결정될 수 있다.

해방 이후의 학자들은 일반적으로 조선민사령에 포함된 조선의 관습에 대한 일본의 조사보고서를 무비판적으로 수용하였고, 조선 시기 여성의 법적 '무능력'을 그대로 사실처럼 받아들여 논의하였다.[11] 예를 들면 조선시대에 아내가 법정에 나서려면 남편의 허락을 받아야만 했다는 기술이나,[12] 유교적 젠더제도가 남성에 대한 여성의 철저한 복종을 요구하였고 아내는 그에 따라 남편의 허락 없이는 권리능력을 행사할 수 없었기 때문에 일본 민법전이 실제로는 여성의 법적 지위를 향상시켰다는 주장이 그러하다.[13]

조선에서 여성의 법적 지위는 해방 이후 학자들에 의해 부정확하게 기술되어 있는 경우가 많았는데, 그들이 추정한 여성의 법적 존재는 남성에게 종속된 것이었기 때문이다. 따라서 조선 시기 여성의 권리능력에 대해서는 실제 적용된 그대로 설명하는 것이 중요하다. 조선왕조의 여성들은 법적 주체로 인식되었으며, 남성 상대방에 비해 열등하지 않은 권리능력을 행사하였다.

나아가 여성들은 가족들, 특히 남편을 위해서뿐만 아니라 자기 자신을 위해서도 법정에서 억울함을 소원하였다. 그들의 정소 관행은 남편을 대신하여 발언하였을 때, 여성들로 하여금 권력관계를 뒤집으면서 집안의 가장에 도전할 수 있게 하였다. 여성들은 소원할 수 있는 법적 능력을 활용함으로써 이해관계를 추구하고, 사건을 바로잡고, 사면이나 호의를 청

---

11) 장병인, 「조선시대와 일제시대 여성」, 230.

12) 김두헌, 『한국가족제도연구』, 332–33; 장병인, 「조선시대와 일제시대 여성」, 230에서 인용.

13) 배경숙, 『한국여성사법사』, 90–92; 장병인, 「조선시대와 일제시대 여성」, 230에서 인용.

원하기 위해 공권력과 협상할 권한을 얻었다. 조선의 법적 공간은 사회적 화합을 유지하기 위해 구제되어야 할 필요가 있는 새로운 유형의 억울함이 생성되는 국가와 사회의 협상 장소로 활용되었다.

우리가 조선의 법문화를 분석하면서 여성을 무대 중앙에 서게 한다면, 그들의 목소리를 복원할 수 있을 뿐만 아니라 법의 영역에서 젠더와 신분 간의 복잡한 상호관계에 대한 관심을 환기할 수도 있다. 이에 더하여 젠더, 신분, 감정, 법의 교차점을 탐구하면서 일본의 식민지 시기는 물론이거니와 해방 이후 시기의 지속된 오해로 여성의 권리능력이 얼마나 잘못 이해되었는지도 규명할 수 있다.

원冤의 감정은 조선에서 정의의 탐색과 깊숙이 연관되어 있다. 각기 다른 젠더와 신분의 사람들은 법적으로 침해당했을 때 부정의를 경험하였다. 좀 더 구체적으로 보면, 원冤의 감정은 평범한 사람들이 법적으로 정당한 것을 침해당했을 때 유발되었다. 그들은 부정의를 바로잡기 위해 국가에 소원하여 감정적인 만족과 사회적 신분 아래에서 향유할 수 있는 권리의 보호를 구하였다.[14] 예컨대 양반 남성이 강압적으로 평민 여성의 노동력을 착취하는 것은 원冤을 유발하기에 충분한 것이었으며, 그녀에게는 그 남성을 상대로 소송을 제기할 충분한 이유가 되었다. 조선은 사람들이 자기 신분에 따른 각자 역할을 충실히 수행하는 올바른 사회를 계획하였으나, 동시에 젠더와 신분을 불문한 모든 백성이 생명, 재산 그리고 법적 거래에 참여할 수 있는 능력과 같은 법적 권리를 보호하기도 하였

---

14) 스메일Daniel Smail은 마르세유의 평범한 사람들이 이웃들을 법정에 제소하여 감정적 만족을 구하기 위해 어떻게 재정적 투자를 하였는지를 다루었다. Smail, *The Consumption of Justice*, 1–28 참조.

다. 사람들의 원冤이나 부정의에 대한 감정을 공정한 형벌을 내림으로써 풀어주는 것은 조선에서 정의를 실현하는 핵심이었다.

만약 법적 소원을 제기하는 것이 개개인의 자기이익 추구로 비춰졌다면, 정소 활동들은 유교 국가에서 묵살되었을까? 그러한 소원들이 개개인보다도 가족이나 사회의 객관적 선을 더 추구하였을 때에만 허용되었을까? 성리학적 사회의 근본적 목표가 개개인보다는 가족이나 사회의 공익을 추구하는 것이었던 것은 사실이다.[15]

비록 이 연구에서는 상호주관성의 형성과 합리적 자아의 중요성을 설명하였지만, 개개인의 원冤의 경험이 가족이나 집단의 원冤만큼이나 동등하게 중요하였다는 점도 보여주었다. 사람들이 하찮거나 의미 없는 소원을 할 때, 국가는 그들을 처벌하기로 결정했다. 이러한 사안에서 공권력은 그들의 소원을 이기적인 행동에서 기인하였다고 판단해 일축하였다. 하지만 매우 부당한 사건을 다룰 때에는 국가가 개개인이 원冤의 구제를 구하는 것을 이기적인 행동이라 파악하지 않았음이 분명하다. 정소 관행은 국가가 개인의 원冤을 가족이나 집단의 원冤만큼이나 고려하였음을 보여준다.

결국 가족과 사회를 구성하는 것은 개인이며, 더욱 큰 원冤을 예방하려면 개인의 원冤을 해소하는 것이 필요하다. 만약 국가가 개인의 원冤을 중시하지 않았다면, 여성들에 대한 법적 후견권을 적용하고 남성들로 하여금 법정에서 여성들을 대표하도록 하는 것이 더 이치에 맞았을 것이다.

---

15) 개인, 가족, 그리고 집단적인 원冤의 의미를 더욱 깊이 파고들도록 독려해준 익명의 검토자 두 명에게 감사를 표한다.

또한 노비와 같은 천한 신분은 독립적인 목소리를 국가에 직접 전달하는 능력이 있는 법적 주체로 인식되지 않았을 것이다.

이것이 우리가 오늘날 이해하는 것과 같은 근대적인 '개인의 권리'나 '인권'의 형성이 조선시대에도 존재하였다는 것을 의미하지는 않는다. 조선 사회는 젠더와 신분에 따라 위계적으로 구성되었음이 분명하며, 평등 개념은 없었다. 하지만 항상 효율적이지는 않았을지언정 조선의 사법제도는 최소한 사람들이 법적 보호를 구할 수 있는 수단을 제공하였으며, 그들이 표현하는 억울함은 그들의 사회적 신분에서 필요로 하는 '의무와 권리' 이상이었다. 사법제도는 심지어 여종에게도 소원, 매매, 임대차, 계약 체결, 유증과 같은 법적 행위를 할 능력을 보장하였다. 이는 여종들이 독립적으로 계약을 체결하여 이웃으로부터 토지를 구매할 수 있었음을 의미한다.

모든 백성이 젠더나 신분과 무관하게 자율적으로 법적 계약을 체결할 자격을 부여받았다는 것은 조선과 같이 위계질서가 철저하고 젠더 차별적인 사회에서 개인의 의미를 복잡하게 만든다. 다시 말하자면, 이 연구에서 드러나는 법적 능력의 중요성은 전근대 상황에서 개인에 대한 이해를 까다롭게 만든다. 이는 확실히 근대성이 대두하기 이전 개인의 궤적에 대해 더 깊은 연구가 필요한 타당한 이유가 된다.

비록 우리의 근대 법제도에는 '평등'이나 '불가양의 권리' 그리고 '인권' 개념이 들어 있지만, 사회적 불평등과 부정의 감정은 오늘날에도 여전히 거의 모든 사회에 만연한다. 모든 법제도는 각기 고유한 특징을 갖추었지만, 동시에 시공간적 경계를 넘어 유용한 통찰력을 제공하는 일정한 보편의 법적 관행을 공유한다. 나는 이 책이 조선의 사법 관행에서 감정의 역할을 논한 첫 번째 책으로서 한국의 사례를 세계사적 그리고 학제 간의 정의에 관한 대화로 이끌어 들이기를 바란다.

## 옮긴이 후기

번역 이전에 원문을 읽었을 때 마치 한국을 잠시 떠나 익숙해 있던 것의 새로움을 발견하는 신선함을 느낄 수 있었다. 그토록 신분적인 사회였던 조선에서 여성이, 그것도 신분의 고하를 막론하고 임금에게까지 억울함을 호소할 수 있었던 기제는 무엇이었는가? 원저자는 그러한 부분을 놓치지 않고 꼼꼼하게 사료를 검토한 뒤 설득력 있게 이야기를 풀어나간다. 무엇보다 『정의의 감정들』이라는 제목과 같이 논리와 이성만으로는 설명되지 않는 조선 여성들의 소송을 소원이라는 연극 무대로 옮겨 생생하게 재현해냈다는 점에서 더욱 신선하다. 영어 원문의 표현이 뛰어나니 원문을 함께 읽어볼 것을 권하며, 특히 한국사에 관한 영어 논문을 준비하는 분들에게 큰 도움이 될 것으로 믿는다. 아울러 한국과 미국 그리고 조선과 현대의 시차와도 같이 이 책에서 논하는 젠더는 지금 우리가 논하는 젠더와 시차를 달리하는 부분도 있음을 부연한다.

번역 과정에 늘 그렇듯이 크고 작은 어려움이 있었다. 원래 공역으로 작업을 시작했는데, 이승현 석사가 아쉽게도 초역 이후 작업에 참여하지 못했다. 이후 번역과 수정은 모두 역자 본인의 몫이고 책임이다. 단순히 번역만 하면 될 줄 알았는데, 사료의 고유명사와 법제사 용어가 모두 영어로 쓰인 까닭에 원자료를 일일이 찾아보아야 했다. 수고로운 작업이었지만, 돌이켜보면 충실한 번역에 보탬이 되는 길이었다. 다행히 원저자인 김지수 교수님이 한국어와 영어를 동시에 구사하는, 본문에 표현된 바와 같이 이중언어diglossia 환경에 익숙한 분이었기에 도움을 받을 수 있었다. 이 책에서 송자, 여종, 평민 등과 같은 용어는 원저자 의견에 전적으로 따랐음을 밝힌다.

지금 우리는 지난날 밟아왔던 바로 그 길 위에 서 있다. 진부함 속에서 새로움을, 익숙함 속에서 낯섦을 찾고자 하는 분들에게 이 책을 먼저 권한다. 끝으로 좋은 번역을 할 기회를 주신 서울대학교 정긍식 교수님과 녹록지 않은 여건에서도 양서 출판에 애쓰시는 너머북스 이재민 대표님께 깊은 감사의 마음을 표한다.

김대홍

# 참고문헌

## 1. 사료

『경국대전』, 서울:일지사, 1978.

『고려사』, 서울:아세아문화사, 1972.

『고문서』(Vols.16-26), 서울대학교 규장각.

『고문서집성』(76 vols.), 한국학중앙연구원 장서각.

『대명률직해』, 서울:경인문화사, 1974.

『대전통편』, 서울:법제처, 1963.

『명종실록』, 조선왕조실록.

『비변사등록』(28 vols.), 서울:국사편찬위원회, 1982.

『선조실록』, 조선왕조실록.

『성종실록』, 조선왕조실록.

『세조실록』, 조선왕조실록.

『세종실록』, 조선왕조실록.

『속대전』, 서울:법제처, 1965.

『受敎輯錄 · 詞訟類聚』, 서울:법제처, 1962.

『(原新補)受敎輯錄 · 詞訟類聚』, 서울:법제처, 1964.

『숙종실록』, 조선왕조실록.

『영조실록』, 조선왕조실록.

『儒胥必知』, 규장각한국학연구원, 奎6700.

『율례요람』, 서울:법제처, 1970.

『인조실록』, 조선왕조실록.

『일성록』, 규장각한국학연구원, 奎12812−v.1−2.

『전율통보』, 서울:법제처, 1971.

『정조실록』, 조선왕조실록.

『정종실록』, 조선왕조실록.

『추안급국안』(30 vols.), 서울:아세아문화사, 1978−.

『태조실록』, 조선왕조실록.

『태종실록』, 조선왕조실록.

『현종실록』, 조선왕조실록.

『효종실록』, 조선왕조실록.

『흠휼전칙』, 규장각한국학연구원, 奎3225.


## 2. 논저

### (1) 국내연구

고석규, 『암행어사란 무엇인가』, 서울:박이정, 1999.

국사편찬위원회편, 『승정원일기』(126 vols.), 서울:탐구당, 1961−77.

김경미, 『한국의 규방문화』, 서울:박이정, 2005.

김경숙, 「18,19세기 사족층의 墳山 대립과 山訟」, 『한국학보』28(no. 4), 2002, 59−102.

───, 「조선후기 山訟과 사회갈등 연구」, 서울대학교 박사학위논문, 2002.

───, 「조선후기 여성의 呈訴活動」『한국문화』36, 2005.12, 89−123.

김기춘, 『朝鮮時代刑典』, 서울:삼영사, 1990.

김기형, 「口碑說話에 나타난 寡婦의 形象과 意味」『한국민속학』26, 1994, 25−53.

김두헌, 「朝鮮妾制史小考」『진단학보』11, 1939.12, 43−93.

───, 『韓国家族制度研究』, 서울:서울대학교출판부, 1969.

김병화, 『韓国司法史』, 서울:일조각, 1979.

김선경, 「조선 후기 여성의 성, 감시와 처벌」『역사 연구』8, 2000, 57−100.

───, 「조선후기 山訟의 山林 所有權의 실태」『동방학지』77−79, 1993, 497−535.

─── 옮김, 『부안민장치부책』, 서울:부안문화원, 2008.

김성우, 『조선중기 국가와 사족』, 서울:역사비평사, 2001.

김용경, 「평해황씨가 완산이씨의 유언 및 소지」, 『문헌과 해석』 14, 2001, 76-87.

김용무, 「조선후기 산송 연구: 광산김씨 부안김씨 가문의 산송소지를 중심으로」, 계명대학교 석사 학위논문, 1986.

김용섭, 『朝鮮後期農業史研究』, 서울:일조각, 1970-71.

김윤보, 『刑政図帖』, 『계간미술』 39 수록, 1986, 113-22.

김정국, 정호훈옮김, 『경민편』, 서울:아카넷, 2012.

김진명, 「가부장 담론과 여성억압: 내훈서 및 의례서의 분석을 중심으로」, 『아시아여성연구』 33, 1994, 61-94.

김호, 「규장각 소장 '검안(檢案)'의 기초적 검토」, 『조선시대사학보』 4, 1998, 155-230.

_____, 「흠흠신서(欽欽新書)」의 일고찰(一考察)」, 『조선시대사학보』 54, 2010, 233-65.

_____, 『정약용, 조선의 정의를 말하다』, 서울:책문, 2013.

도면회, 「1894~1905年間 刑事裁判制度 研究」, 서울대학교 박사학위논문, 1998.

문숙자, 『조선시대 재산상속과 가족』, 서울:경인문화사, 2005.

민족문화추진회편, 『심리록』 (5 vols.), 서울:민족문화추진회, 1998-2007.

박병호, 「일제하의 가족정책과 관습법형성과정」, 『서울대학교 법학』 33, 1992, 1-17.

_____, 『근세의 법과 법사상』, 서울:진원, 1996.

_____, 『전통적 법체계와 법의식』, 서울:한국문화연구소, 1972.

_____, 『韓国法制史攷』, 서울:법문사, 1974.

박일원편, 『추관지』, 서울:서울대학교 규장각, 2004.

박재우, 「고려후기 소지(所志)의 처리절차와 입안(立案) 발급」, 『고문서연구』 29, 2006, 1-24.

박흥수, 「도량형제도」, 『한국사』 (국사편찬위원회) 24, 1994, 599-625.

배경숙, 『한국여성사법사』, 서울:인하대학교출판부, 1988.

서일교, 『朝鮮王朝 刑事制度의 研究』, 서울:박영사, 1968.

송준호·전경목, 『朝鮮時代 南原 屯德坊의 全州李氏와 그들의 文書』, 전북:전북대학교 박물관, 1990.

송철의, 『역주 증수무원록언해』, 서울:서울대학교출판부, 2004.

심재우, 『『審理録』 研究: 正祖代 死刑犯罪 처벌과 社会統制의 변화』, 서울대학교 박사학위논문, 2005.

_____, 「정조대 『欽恤典則』의 반포와 刑具 정비」, 『규장각』 22, 1999, 135-53.

_____, 「조선말기 형사법 체계와 『대명률』의 위상」, 『역사와 현실』 65, 2007, 121-53.

————,「조선시대 능지처사형 집행의 실상과 그 특징」,『사회와 역사』90, 2011, 147-74.

————,「조선후기 국가권력과 범죄 통제:『심리록』 연구」, 서울:태학사, 2009.

안승준,「1652년 오신남의 처 임씨가 계후에 관하여 관찰사에게 올린 의송」,『문헌과해석』10, 2000, 56-73.

————,「1689년 정씨 부인이 예조에 올린 한글 소지」,『문헌과해석』8, 1999, 83-95.

안정복,『임관정요』, 규장각한국학연구원, 奎15445.

왕여 · 김호옮김,『신주무원록』, 서울:사계절, 2003.

윤대성,「일제의 한국관습조사사업과 민사관습법」,『논문집』13, 1991, 65-108.

이병기편주,『近朝内簡選』, 서울:국제문화관, 1948.

이상욱,「日帝下 家族法制의 整備에 따른 伝統的인 家族制度의 歪曲 · 変容」,『한국전통문화연구』 5, 1989, 225-54.

————,「日帝下 戶主相続慣習法의 定立」,『법사학연구』9, 1988, 23-61.

이성임,「16세기 양반관료의 外情: 柳希春의『眉巌日記』를 중심으로」,『고문서연구』23, 2003, 21-59.

이숙인,「유교의 관계윤리에 대한 여성주의적 해석」,『한국여성학』15(no. 1), 1999, 39-69.

————,「조선 유학에서 감성의 문제」,『국학연구』14, 2009, 391-412.

이정옥,「完山李氏 遺言考」,『문화와 융합』13, 1982, 165-67.

이태진,「King Chŏngjo: Confucianism, Enlightenment, and Absolute Rule」, Korea Journal 40, no. 4(2000): 168-201.

————,「조선시대 '민본' 의식의 변천과 18세기 '민국' 이념의 대두」,『국가이념과 대외인식: 17~19세기』, 서울:아연출판부, 2002, 11-46.

임상혁,「1583년 김협,고경기 소송에서 나타나는 법제와 사회상」,『고문서연구』43, 2013, 131-55.

————,「소송 기피의 문화전통에 대한 재고와 한국사회」,『법과사회』25, 2003, 145-60.

————,「朝鮮前期 民事訴訟과 訴訟理論의 展開」, 서울대학교 박사학위논문, 2000.

임형택,「김씨부인의 국문 상언(上言): 그 역사적 경위와 문학적 읽기」,『민족문학사연구』, 2004, 358-84.

장병인,「고려시대 혼인제에 대한 재검토」,『한국사연구』71, 1990.12, 1-30.

————,「조선시대 성범죄에 대한 국가규제의 변화」,『역사비평』56, 2001, 228-50.

————,「조선시대와 일제시대 여성의 법적 지위 비교」,『역사와담론』36, 2003. 12, 201-34.

————,「조선전기 혼인제와 성차별」, 서울:일지사, 1999.

전경목, 「山訟을 통해서 본 조선후기 司法制度 운용실태와 그 특징」, 『법사학연구』 18, 1997, 5-31.

_____, 「朝鮮後期 山訟 研究: 18,19세기 古文書를 중심으로」, 전북대학교 박사학위논문, 1996.

_____, 「조선후기 산송의 한 사례」, 『고문서연구』 14, 1998, 69-98.

_____, 「조선후기(朝鮮後期) 소지류(所志類)에 나타나는 '화민(化民)'에 대하여」, 『고문서연구』 6, 1996, 143-58.

_____ 외 옮김, 『유서필지(儒胥必知)』, 서울:사계절, 2006.

전봉덕, 『暗行御史制度研究』, 서울:서울대학교출판부, 1968.

_____, 『韓国法制史研究』, 서울:서울대학교출판부, 1968.

전형택, 『조선 양반사회와 노비』, 서울:문현, 2010.

_____, 『조선후기 노비신분 연구』, 서울:일조각, 1989.

정긍식, 「자료: 16세기 입안 2건」, 『서울대학교 법학』 47(no. 3), 2006, 464-98.

_____, 「조선시대의 권력분립과 법치주의-그 시론적 고찰-」, 『서울대학교 법학』 42(no. 4), 2001, 27-65.

_____, 『한국근대법사고』, 서울:박영사, 2002.

정도전, 『삼봉집』, 서울:국사편찬위원회, 1961.

정석종, 『朝鮮後期社会変動研究』, 서울:일조각, 1983.

정약용, 『목민심서』, 『정다산전서』(3 vols.), 서울:문헌편찬위원회, 1961.

_____, 『흠흠신서』(4 vols.), 서울:광문사, 1901.

鄭鍾休, 『韓国民法典の比較法的研究』, 東京:創文社, 1989.

정지영, 「조선 후기 과부의 또 다른 선택」, 『역사와 문학』 5, 2002.05, 225-61.

_____, 「조선 후기의 첩과 가족 질서: 가부장제와 여성의 위계」, 『사회와 역사』 65, 2004.05, 6-40.

_____, 「조선시대 혼인장려책과 독신여성」, 『한국여성학』 20(no. 3), 2004, 5-38.

_____, 「朝鮮後期의 女性戶主 研究」, 서강대학교 박사학위논문, 2001.

정진영, 『조선후기 향촌사회사』, 서울:한길사, 1998.

조선총독부, 『慣習調査報告書』, 경성:조선총독부, 1910.

_____, 『朝鮮民事令』, 부산:민족문화, 1984.

조윤선, 『조선후기 소송연구』, 서울:국학자료원, 2002.

_____, 「英祖代 남형·혹형 폐지 과정의 실태와 欽恤策에 대한 평가」, 『조선시대사학보』 48, 2009, 211-53.

————, 「朝鮮後期 綱常犯罪의 양상과 法的 대응책」, 『법사학연구』34, 2006, 39-70.

조지만, 『조선시대의 형사법: 대명률과 국전』, 서울:경인문화사, 2007.

지승종, 『조선전기 노비신분연구』, 서울:일조각, 1995.

최기숙, 「"효녀 심청"의 서사적 탄생과 도덕적 딜레마: 감성적 포용과 전향의 맥락」, 『古小說 硏究』 35, 2013, 65-103.

————, 「'감성적 인간'의 발견과 감정의 복합성·순수성·이념화: 19세기 국문소설 〈남원고사〉의 '사랑'의 표상화 맥락」, 『古小說 硏究』34, 2012, 217-49.

————, 「조선시대 감정론의 추이와 감정의 문화 규약: 사대부의 글쓰기를 중심으로」, 『동방학지』 159, 2012, 3-52.

최승희, 『조선후기 사회신분사연구』, 서울:지식산업사, 2003.

————, 『한국고문서연구』, 서울:정신문화연구원, 1981.

최재석, 『한국가족연구』, 서울:민중서관, 1966.

하라다케시, 김익한 옮김, 『직소와 왕권』, 서울:지식산업사, 2000.

한국고문서학회, 『조선시대 생활사』2, 서울:역사비평사, 2002.

————, 『조선의 일상, 법정에 서다』, 서울:역사비평사, 2013.

한길연, 「〈백계양문선행록〉의 작가와 그 주변」, 『고전문학연구』27, 2005, 329-61.

————, 「해평 윤씨의 한문 상언」, 『여성문학연구』15, 2006, 383-402.

한상권, 「15세기 노양처교혼(奴良妻交婚), 정책과 교혼 실태」, 『고문서연구』29, 2006, 55-87.

————, 「세종대 치도론(治盜論)과 『대명률』: 절도삼범자(竊盜三犯者) 처벌을 둘러싼 논변을 중심으로」, 『역사와 현실』65, 2007, 27-57.

————, 「조선시대 소송과 외지부(外知部)」, 『역사와 현실』69, 2008, 255-92.

————, 『조선후기 사회와 소원제도』, 서울:일조각, 1996.

한우근, 「'신문고(申聞鼓)의 설립과 그 실제적 효능에 대하여」, 『이병도박사 화갑기념 논총』, 서울: 일조각, 1956, 357-408.

홍승기, 「고려귀족사회와 노비」, 『한국사시민강좌』48, 서울:일조각, 2011.

홍은진, 「구례(求礼) 문화유씨가(文化柳氏家)의 한글소지에 대하여」, 『고문서연구』13, 1998, 111-43.

조선왕조실록, http://sillok.history.go.kr.

## (2) 해외연구

Abu-Lughod, Lila, and Catherine A. Lutz, eds. *Language and the Politics of Emotion*. Cambridge: Cambridge University Press, 1986.

Ahmed, Sarah. *The Cultural Politics of Emotion*. New York: Routledge, 2004.

Allee, Mark. *Law and Local Society in Late Imperial China: Northern Taiwan in the Nineteenth Century*. Stanford: Stanford University Press, 1994.

Austin, J. L. *How To Do Things with Words*. Cambridge: Harvard University Press, 2001.

Baker, Donald. "Rhetoric, Ritual, and Political Legitimacy: Justifying Yi Seong-gye's Ascension to the Throne." *Korea Journal* 53, no. 4(2013): 141-67.

_____. "A Different Thread: Orthodoxy, Heterodoxy, and Catholicism in a Confucian World." In *Culture and the State in Late Chosŏn Korea*, edited by Haboush and Deuchler, 199-230.

Bandes, Susan A., ed. *The Passions of Law*. New York: New York University Press, 1999.

Berlant, Lauren. "The Subject of True Feeling: Pain, Privacy and Politics." In *Transformations: Thinking through Feminism*, edited by Sarah Ahmed et al., 33-47. London: Routledge, 2000.

Bernhardt, Kathryn. *Women and Property in China*, 960-1949. Stanford: Stanford University Press, 1999.

Bernhardt, Kathryn, and Philip C. C. Huang. *Civil Law in Qing and Republican China*. Stanford: Stanford University Press, 1994.

Bial, Henry, ed. *The Performance Studies Reader*. 2nd ed. New York: Routledge, 2007.

Bishop, Isabella L. *Korea and Her Neighbours*. London: John Murray, 1898.

Blaine, Marcia Schmidt. "Women and the New Hampshire Provincial Government." In *Petitions in Social History*, edited by Heerma van Voss, 57-77.

Bloom, Irene. "Confucian Perspectives on the Individual and the Collectivity." In *Religious Diversity and Human Rights*, edited by Irene Bloom, J. Paul Martin, and Wayne L. Proudfoot, 114-51. New York: Columbia University Press, 1996.

Bodde, Derk, and Clarence Morris. *Law in Imperial China: Exemplified by 190 Ch'ing Dynasty Cases*. Philadelphia: University of Pennsylvania Press, 1967.

Bohnet, Adam. "Ruling Ideology and Marginal Subjects: Ming Loyalism and Foreign Lineages in Late Chosŏn Korea." *Journal of Early Modern History* 15, no. 6(2011): 477-505.

Bol, Peter K. *Neo-Confucianism in History*. Cambridge: Harvard University Asia Center, 2010.

Botsman, Daniel V. *Punishment and Power in the Making of Modern Japan*. Princeton: Princeton

University Press, 2005.

Bourdieu, Pierre. *Language and Symbolic Power*. Cambridge: Harvard University Press, 1994.

Breuker, Remco. *Establishing a Pluralist Society in Medieval Korea, 918-1170: History, Ideology and Identity in the Koryŏ Dynasty*. Leiden: Brill, 2010.

Brook, Timothy, Jérôme Bourgon, and Gregory Blue, eds. *Death by a Thousand Cuts*. Cambridge: Harvard University Press, 2008.

Buoye, Thomas. "Filial Felons: Leniency and Legal Reasoning in Qing China." In *Writing and Law in Late Imperial China*, edited by Hegel and Carlitz, 109-24.

Buoye, Thomas. *Manslaughter, Markets, and Moral Economy: Violent Disputes over Property Rights in Eighteenth-Century China*. New York: Cambridge University Press, 2000.

———. "Suddenly Murderous Intent Arose: Bureaucratization and Benevolence in Eighteenth-Century Qing Homicide Reports." *Late Imperial China* 16, no. 2(1995): 62-97.

———, ed. *Religions of Korea in Practice*. Princeton: Princeton University Press, 2007.

Butler, Judith. "Performative Acts and Gender Constitution: An Essay in Phenomenology and Feminist Theory." In *The Performance Studies Reader*, edited by Bial, 187-99.

———. *Gender Trouble: Feminism and the Subversion of Identity*. New York: Routledge, 1999.

———. *Excitable Speech: A Politics of the Performative*. New York: Routledge, 1997.

Buxbaum, David. "Some Aspects of Civil Procedure and Practice at the Trial Level in Tanshui and Hsinchu from 1789 to 1895." *Journal of Asian Studies* 30, no. 2(1971): 255-79.

Chamberlain, Mary, and Paul Thompson, eds. *Narrative and Genre*. London: Routledge, 1998.

Chartier, Roger. *On the Edge of the Cliff: History, Language, and Practices*. Translated by Lydia G. Cochrane. Baltimore: Johns Hopkins University Press, 1997.

———. *Cultural History: Between Practices and Representations*. Translated by Lydia G. Cochrane. Cambridge: Polity Press, 1988.

Chen, Li. "Legal Specialists and Judicial Administration in Late Imperial China, 1651-1911." *Late Imperial China* 33, no. 1(2012): 1-54.

Cho, Hwisang. "The Community of Letters: The T'oegye School and the Political Culture of Chosŏn Korea, 1545-1800." PhD dissertation, Columbia University, 2010.

Choe, Key-sook. "A Weeping Man and the Mourning Ritual: Literati Writing and the Rhetoric of Funeral Oration in Eighteenth-Century Korea." *Korea Journal* 53, no. 1(Spring 2013): 143-71.

Choi, Hyaeweol. *Gender and Mission Encounters in Korea: New Women, Old Ways*. Seoul-California

Series in Korean Studies, vol. 1. Berkeley: University of California Press, 2009.

_____. "Women's Literacy and New Womanhood in Late Chosŏn Korea." *Asian Journal of Women's Studies 6*, no. 1(2000): 88-115.

Chŏ, Pong-dŏk, William Shaw, and Dai-Kwon Choi, eds. *Traditional Korean Legal Attitudes*. Korea Research Monograph 2. Berkeley: Institute of East Asian Studies, University of California, 1980.

Chŏn, Shin-yong, ed. *Legal System of Korea*. Seoul: International Cultural Foundation, 1975.

Ch'ü T'ung-Tsu. *Law and Society in Traditional China*. Paris: Mouton, 1961.

Clark, Donald N. "Sino-Korean Tributary Relations under the Ming." In *The Cambridge History of China*. Vol. 8, *The Ming Dynasty, edited by Denis C. Twitchett*, 272-300. Princeton: Princeton University Press, 1998.

Cline, Erin M. *Confucius, Rawls, and the Sense of Justice*. New York: Fordham University Press, 2013.

Crane, Elaine Forman. *Ebb Tide in New England: Women, Seaports, and Social Change, 1600-1800*. Boston: Northeastern University Press, 1998.

Damasio, Antonio. *Descartes' Error: Emotion, Reason, and the Human Brain*. New York: Putnam, 1994.

*Da Ming Lü* [Great Ming Code]. Translated by Jiang Yonglin. Seattle: University of Washington Press, 2005.

Davis, Natalie Zemon. *Fiction in the Archives: Pardon Tales and Their Tellers in Sixteenth-Century France*. Stanford: Stanford University Press, 1987.

Dayton, Cornelia Hughes. *Women Before the Bar: Gender, Law, and Society in Connecticut, 1639-1789*. Chapel Hill: University of North Carolina Press, 1995.

de Bary, William Theodore, and JaHyun Kim Haboush, eds. *The Rise of Neo-Confucianism in Korea*. New York: Columbia University Press, 1985.

de Bary, William Theodore, and Tu Weiming, eds. *Confucianism and Human Rights*. New York: Columbia University Press, 1997.

Desan, Suzanne, and Jeffrey Merrick, eds. *Family, Gender, and Law in Early Modern France*. Philadelphia: Pennsylvania State University Press, 2009.

Deuchler, Martina. "Propagating Female Virtues in Chosŏn Korea." In *Women and Confucian Cultures in Premodern China, Korea, and Japan*, edited by Ko, Haboush, and Piggott, 142-69.

_____. "The Practice of Confucianism: Ritual and Order in Chosŏn Dynasty Korea." In *Rethinking Confucianism*, edited by Elman Duncan, and Ooms, 292-334.

————. "Despoilers of the Way—Insulters of the Sages: Controversies over the Classics in Seventeenth-Century Korea." In *Culture and the State in Late* Chosŏn *Korea*, edited by Haboush and Deuchler, 91-133.

————. *The Confucian Transformation of Korea: A Study of Society and Ideology*. Cambridge: Council on East Asian Studies, Harvard University Press, 1992.

————. "Heaven Does Not Discriminate: A Study of Secondary Sons in Chosŏn Korea." *Journal of Korean Studies* 6(1988-89): 121-64.

Du, Fangqin, and Susan Mann. "Competing Claims on Womanly Virtue in Late Imperial China." In *Women and Confucian Cultures in Premodern China, Korea, and Japan*, edited by Ko, Haboush, and Piggott, 219-47.

Dudley, Kathryn M. "In the Archive, in the Field: What Kind of Document Is an 'Oral History?'" In *Narrative and Genre*, edited by Mary Chamberlain and Paul Thompson, 160-66. London: Routledge, 1998.

Duncan, John. "The Naehun and the Politics of Gender in the Fifteenth-Century." In *Creative Women of Korea*, edited by Kim-Renaud, 26-57.

————. "Examinations and Orthodoxy in Chosŏn Dynasty Korea." In *Rethinking Confucianism*, edited by Elman, Duncan, and Ooms, 65-94.

————. *The Origins of the Chosŏn Dynasty*. Seattle: University of Washington Press, 2000.

Ebrey, Patricia Buckley. *Women and the Family in Chinese History*. New York: Routledge, 2003.

————. *The Inner Quarters: Marriage and the Lives of Chinese Women in the Sung Period*. Berkeley: University of California Press, 1993.

Ebrey, Patricia B., and Rubie S. Watson, eds. *Marriage and Inequality in Chinese Society*. Berkeley: University of California Press, 1991.

Eggert, Marion. "Text and Orality in the Early Reception of Western Learning within the Namin Faction. The Example of Sin Hudam's Kimunp'yŏn." In *Space and Location in the Circulation of Knowledge(1400-1800): Korea and Beyond*, edited by Marion Eggert, Felix Siegmund, and Dennis Würthner, Research on Korea Series, 141-59. Frankfurt: Peter Lang International Academic Publishers, 2014.

————. "Translation/Transcoding in a Diglossic Environment: Case Studies in *Sijo* Literature." A paper presented at Association of Korean Studies in Europe in Vienna. July 6-7, 2013.

Elman, Benjamin A. *Civil Examinations and Meritocracy in Late Imperial China*. Cambridge:

Harvard University Press, 2013.

&#95;&#95;&#95;&#95;&#95;&#95;&#95;. *A Cultural History of Civil Examinations in Late Imperial China*. Berkeley: University of California Press, 2000.

Elman, Benjamin A., John B. Duncan, and Herman Ooms eds. *Rethinking Confucianism: Past and Present in China, Japan, Korea, and Vietnam*. UCLA Asia Pacific Monograph Series. Berkeley: University of California Press, 2002.

Finn, Margot. "Women, Consumption, and Coverture in England, c. 1760-1860." *Historical Journal* 39, no. 3(1996): 703-22.

Foucault, Michel. *Discipline and Punish: The Birth of the Prison*. Translated by Alan Sheridan. New York: Vintage Books, 1991.

&#95;&#95;&#95;&#95;&#95;&#95;&#95;. *The History of Sexuality: An Introduction*. Vol.1. Translated by Robert Hurley. New York: Random House, 1978.

Frevert, Ute. *Emotions in History: Lost and Found*. Budapest: Central European University Press, 2011.

Furth, Charlotte, Judith T. Zeitlin, and Ping-chen Hsiung, eds. *Thinking with Cases: Specialist Knowledge in Chinese Cultural History*. Honolulu: University of Hawaiʻi Press, 2007.

Geddes, Rick, and Dean Lueck. "The Gains from Self-Ownership and the Expansion of Women's Rights." *American Economic Review* 92, no. 4(2002): 1079-92.

Gilmartin, Christina K., ed. *Engendering China: Women, Culture, and the State*. Cambridge: Harvard University Press, 1994.

Goody, Jack. *The Interface between the Written and the Oral*. Cambridge: Cambridge University Press, 1993.

Haboush, JaHyun Kim. "Versions and Subversions: Patriarchy and Polygamy in Korean Narratives." In *Women and Confucian Cultures in Premodern China, Korea, and Japan*, edited by Ko, Haboush, and Piggott, 279-303.

&#95;&#95;&#95;&#95;&#95;&#95;&#95;. "Gender and the Politics of Language in Chosŏn Korea." In *Rethinking Confucianism*, edited by Elman, Duncan, and Ooms, 220-57.

&#95;&#95;&#95;&#95;&#95;&#95;&#95;. *The Confucian Kingship in Korea: Yŏngjo and the Politics of Sagacity*. New York: Columbia University Press, 2001.

Haboush, JaHyun Kim. *The Memoirs of Lady Hyegyŏng: The Autobiographical Writings of a Crown Princess of Eighteenth-Century Korea*. Berkeley: University of California Press, 1996.

————. "Filial Emotions and Filial Values: Changing Patterns in the Discourse of Filiality in Late Chosŏn Korea." *Harvard Journal of Asiatic Studies* 55, no. 1(1995): 129-77.

————. "The Confucianization of Korean Society." In *The East Asian Region: Confucian Heritage and Its Modern Adaptation*, edited by Gilbert Rozman, 84-110. Princeton: Princeton University Press, 1991.

————, ed. *Epistolary Korea: Letters in the Communicative Space of the Chosŏn, 1392-1910*. New York: Columbia University Press, 2009.

Haboush, JaHyun Kim, and Martina Deuchler, eds. *Culture and the State in Late Chosŏn Korea*. Cambridge: Harvard University Asia Center, 1999.

Hahm, Pyong-Choon. *The Korean Political Tradition and Law: Essays in Korean Law and Legal History*. Seoul: Hollym Corporation Publishers, 1967.

Hall, John W. "Rule by Status in Tokugawa Japan." *Journal of Japanese Studies* vol.1, no. 1(Autumn 1974): 39-49.

Hartman, Saidiya V. *Scenes of Subjection: Terror, Slavery, and Self-Making in Nineteenth-Century America*. New York: Oxford University Press, 1997.

Hatoyama Hideo. *Nihon minpōsōron* [An introduction to the Japanese Civil Code]. Tokyo: Iwanami shoten, 1930.

Heerma van Voss, Lex, ed. *Petitions in Social History*. Cambridge: Cambridge University Press, 2002.

Hegel, Robert E., comp. and trans. *True Crimes in Eighteenth-Century China: Twenty Case Histories*. Seattle: University of Washington Press, 2009.

Hegel, Robert E., and Katherine Carlitz, eds. *Writing and Law in Late Imperial China: Crime, Conflict, and Judgment*. Seattle: University of Washington Press, 2007.

Higginson, Stephen A. "A Short History of the Right to Petition Government for the Redress of Grievances." *Yale Law Journal* 96, no. 1(1986): 142-66.

Hiraki Makoto. "Jūhichi-hachi seiki ni okeru doryōai shosei no kizoku ni tsuite [On the reversion to slave status of the offspring of male slaves and commoner wives in the eighteenth and nineteenth centuries]." *Chōsen Gakuho* [Journal of Chosŏn], no. 61(1971): 45-76.

Hirsch, Susan. *Pronouncing and Persevering: Gender and the Discourses of Disputing in an Islamic Court*. Chicago: University of Chicago Press, 1998.

Hodgkiss, Anita. "Petitioning and the Empowerment of Theory of Practice." *Yale Law Journal* 96, no. 3(1987): 569-92.

Hoff, Joan. *Law, Gender, and Injustice: A Legal History of US Women*. New York: New York University Press, 1991.

Howell, George. *Geographies of Identity in Nineteenth-Century Japan*. Berkeley: University of California Press, 2005.

Hsu, Dau-lin. "Crime and Cosmic Order." *Harvard Journal of Asiatic Studies* 30(1970): 111-25.

Huang, Philip C. C. *Code, Custom, and Legal Practice in China: The Qing and the Republic Compared*. Stanford: Stanford University Press, 2001.

———. *Civil Justice in China: Representation and Practice in the Qing*. Stanford: Stanford University Press, 1996.

Hunt, Alan, and Gary Wickham. *Foucault and Law: Towards a Sociology of Law as Governance*. Chicago: Pluto Press, 1994.

Hwang, Kyung-Moon. *Beyond Birth: Social Status in the Emergence of Modern Korea*. Cambridge: Harvard University Asia Center, 2004.

James, Susan. *Passion and Action: The Emotions in Seventeenth-Century Philosophy*. Oxford: Clarendon Press, 1997.

Jean-Klein, Iris. "Mothercraft, Statecraft, and Subjectivity in the Palestinian Intifada." *American Ethnologist* 27, no. 1(2000): 100-27.

Jiang, Yonglin. *The Mandate of Heaven and the Great Ming Code*. Seattle: University of Washington Press, 2011.

Joseph, Suad. "Brother/Sister Relationships: Connectivity, Love, and Power in the Reproduction of Patriarchy in Lebanon." *American Ethnologist* 21, no. 1(1994): 50-73.

———. "Gender and Relationality among Arab Families in Lebanon." *Feminist Studies* 19, no. 3(1993): 465-86.

Kahn, Paul W. *The Cultural Study of Law*. Chicago: University of Chicago Press, 2000.

Kallander, George L. *Salvation through Dissent: Tonghak Heterodoxy and Early Modern Korea*. Honolulu: University of Hawai'i Press, 2013.

Kalton, Michael. "The Writings of Kwŏ Kŭ: The Context and Shape of Early Yi Dynasty Neo-Confucianism." In *Rise of Neo-Confucianism in Korea*, edited by de Bary and Haboush, 89-123.

Kalton, Michael, ed. *The Four-Seven Debate: An Annotated Translation of the Most Famous Controversy in Korean Neo-Confucian Thought*. New York: State University of New York Press, 1994.

Karasawa, Yasuhiko. "From Oral Testimony to Written Records in Qing Legal Cases." In *Thinking with Cases*, edited by Furth, Zeitlin, and Hsiung, 101-22.

———. "Between Oral and Written Cultures: Buddhist Monks in Qing Legal Plaints." In *Writing and Law in Late Imperial China*, edited by Hegel and Carlitz, 64-80.

Karlsson, Anders. "Law and the Body in Chosŏn Korea: Statecraft and the Negotiation of Ideology." *The Review of Korean Studies* 16, no. 1(2013): 7-45.

———. "Famine Relief, Social Order, and State Performance in Late Chosŏn Korea." *The Journal of Korean Studies* 12, no. 1(2007): 113-41.

———. "Royal Compassion and Disaster Relief in Chosŏn Korea." *Seoul Journal of Korean Studies* 20, no. 1(2007): 71-98.

———. "Central Power, Local Society, and Rural Unrest in Nineteenth-Century Korea: An Attempt at Comparative Local History." *Sungkyun Journal of East Asian Studies* 6, no. 2(2006): 207-38.

Kelly, Joan. *Women, History, and Theory*. Chicago: University of Chicago Press, 1984.

Kendall, Laurel, and Mark Peterson, eds. *Korean Women: View from the Inner Room*. New Haven, CT: East Rock Press, 1983.

Kim, Jisoo M. "Women's Legal Voice: Language, Power, and Gender Performativity in Late Chosŏn Korea," *Journal of Asian Studies* vol.74, no. 3(2015): 667-86.

———. "Law and Emotion: Tension between Filiality and Fidelity in a Property Dispute of Early Chosŏn Korea." *Tongbang hakji* [Journal of Eastern studies] 162(June 2013): 203-39.

———. "Crossing the Boundary of Inner Quarters: Elite Women's Petitioning Activity in Late Chosŏn Korea." In *Korean Studies Forum*, edited by Hyuk-Rae Kim, vol.4, 221-43. Seoul: Yonsei University Press, 2010.

———. "Individual Petitions: Petitions by Women in the Chosŏn." In *Epistolary Korea*, edited by Haboush, 68-76.

Kim, Joy S. "Representing Slavery: Class and Status in Late Chosŏn Korea." PhD dissertation, Columbia University, 2004.

Kim, Jungwon. "'You Must Avenge on My Behalf': Widow Chastity and Honour in Nineteenth-Century Korea." *Gender and History* 26, no. 1(2014): 128-46.

———. "Negotiating Virtue and the Lives of Women in Late Chosŏn Korea." PhD dissertation, Harvard University, 2007.

Kim, Marie Seong-Hak. *Law and Custom in Korea: Comparative History*. New York: Cambridge

University Press, 2012.

_____. "Law and Custom under the Chosŏn Dynasty and Colonial Korea: A Comparative Perspective." *Journal of Asian Studies* 66, no. 4(2007): 1067-97.

Kim, Michael. "Literary Production, Circulating Libraries, and Private Publishing: The Popular Vernacular Fiction Texts in the Late Chosŏn Dynasty." *The Journal of Korean Studies* 9, no. 1(Fall 2004): 1-31.

Kim, Myeong-Seok. "What *Ceyin zhi xin*(Compassion/Familial Affection) Really is." *Dao* 9(2010): 407-25.

_____. "An Inquiry into the Development of the Ethical Theory of Emotions in the Analects and the Mencius." PhD dissertation, University of Michigan, 2008.

Kim-Renaud, Young-Key, ed. *Creative Women of Korea*. New York: M. E. Sharpe, 2004.

Kim, Sun Joo. *Voice from the North: Resurrecting Regional Identity through the Life and Work of Yi Sihang(1672-1736)*. Stanford: Stanford University Press, 2013.

_____. "Fragmented: The T'ongch'ŏng Movements by Marginalized Status Groups in Late Chosŏn Korea." *Harvard Journal of Asiatic Studies* 68, no. 1(2008): 135-68.

_____. *Marginality and Subversion in Korea: The Hong Kyŏngnae Rebellion of 1812*. Seattle: University of Washington Press, 2007.

_____, ed. *The Northern Region of Korea: History, Identity, and Culture*. Seattle: Center for Korean Studies, University of Washington Press, 2010.

Kim, Sun Joo, and Jungwon Kim, comp. and trans. *Wrongful Deaths: Selected Inquest Records from Nineteenth-Century Korea*. Seattle: University of Washington Press, 2014.

Kim Young-min, and Michael Pettid, eds. *Women and Confucianism in Chosŏn Korea: New Perspectives*. Albany: SUNY Press, 2011.

King, Ross. "Western Protestant Missionaries and the Origins of Korean Language Modernization." *Journal of International and Area Studies* 11, no. 3(2004): 7-38.

_____. "Nationalism and Language Reform in Korea: The *Questione della Lingua* in Precolonial Korea." In *Nationalism and the Construction of Korean Identity*, edited by Hyung-Il Pai and Timothy R. Tangherlini, 33-72. Berkeley: Institute of East Asian Studies, University of California, 1998.

Kleinman, Arthur, Veena Das, and Margaret Lock, eds. *Social Suffering*. Berkeley: University of California Press, 1997.

Ko, Dorothy. *Teachers of the Inner Chambers: Women and Culture in Seventeenth-Century China*. Stanford: Stanford University Press, 1994.

Ko, Dorothy, JaHyun Kim Haboush, and Joan Piggott, eds. *Women and Confucian Cultures in Premodern China, Korea, and Japan*. Berkeley: University of California Press, 2003.

Koo, Jeong-Woo. 「The Origins of the Public Sphere and Civil Society: Private Academies and Petitions in Korea, 1506-800.」 *Social Science History* 31, no. 3(2007): 381-409.

Kuehn, Thomas. *Law, Family, and Women: Toward a Legal Anthropology of Renaissance Italy*. Chicago: University of Chicago Press, 1991.

Lansing, Carol. *Passion and Order: Restraint of Grief in the Medieval Italian Communes*. Ithaca: Cornell University Press, 2008.

Larsen, Kirk W. *Tradition, Treaties, and Trade: Qing Imperialism and Chosŏn Korea, 1850-1910*. Cambridge: Harvard University Asia Center, 2008.

Lean, Eugenia. *Public Passions: The Trial of Shi Jianqiao and the Rise of Popular Sympathy in Republican China*. Berkeley: University of California Press, 2007.

Ledyard, Gary. "Kollumba Kang Wansuk: An Early Catholic Activist and Martyr." In *Christianity in Korea*, edited by Robert Buswell, 38-71. Honolulu: University of Hawai'i Press, 2005.

Lee, Peter H. et al., eds. *Sources of Korean Tradition*. Vol.2, *From the Sixteenth to the Twentieth Centuries*. New York: Columbia University Press, 2000.

Lee, Peter H. et al., eds. *Sources of Korean Tradition*. Vol.1, *From Early Times through the Sixteenth Century*. New York: Columbia University Press, 1997.

Legge, James. *The Chinese Classics: With a Translation, Critical and Exegetical Notes, Prolegomena, and Copious Indexes*. 5 vols. Hong Kong: Hong Kong University Press, 1960.

Levine, David P. *Self-Seeking and the Pursuit of Justice*. Aldershot: Ashgate, 1997.

Liu, Lydia H., ed. *Tokens of Exchange*. Durham, NC: Duke University Press, 1999.

Macauley, Melissa. *Social Power and Legal Culture: Litigation Masters in Late Imperial China*. Stanford: Stanford University Press, 1998.

Mann, Susan L. *Gender and Sexuality in Modern Chinese History*. Cambridge: Cambridge University Press, 2011.

──────. "Grooming a Daughter for Marriage: Brides and Wives in the Mid-Qing Period." In *Chinese Femininities, Chinese Masculinities*, edited by Susan Brownell and Jeffrey N. Wasserstrom, 93-119. Berkeley: University of California Press, 2002.

_____. *Precious Records: Women in China's Long Eighteenth Century*. Stanford: Stanford University Press, 1997.

Mann, Susan, and Yu-Yin Cheng, eds. *Under Confucian Eyes: Writings on Gender in Chinese History*. Berkeley: University of California Press, 2001.

Mark, Gregory A. "The Vestigial Constitution: The History and Signification of the Right to Petition." *Fordham Law Review* 66(1998): 2153-231.

Mattielli, Sandra. *Virtues in Conflict: Tradition and the Korean Woman Today*. Seoul: Sawhwa and the Royal Asiatic Society, 1977.

McKnight, Brian E., ed., *Law and the State in Traditional East Asia: Six Studies on the Sources of East Asian Law*. Honolulu: University of Hawai'i Press, 1987.

Meijer, M. J. *The Introduction of Modern Criminal Law in China*. Batavia [Jakarta]: University of Indonesia Sinological Institute, 1949.

Merry, Sally E. *Getting Justice and Getting Even*. Chicago: Chicago University Press, 1990.

Mertz, E. "Legal Language: Pragmatics, Poetics, and Social Power." *Annual Review of Anthropology* 23(1994): 435-55.

Messick, Brinkley. "Evidence: From Memory to Archive." *Islamic Law and Society* 9, no. 2(2002): 231-70.

_____. "Indexing the Self: Intent and Expression in Islamic Legal Acts." *Islamic Law and Society* 8, no. 2(2001): 151-78.

_____. "Written Identities: Legal Subjects in an Islamic State." *History of Religions* 38, no. 1(1998): 25-51.

_____. *The Calligraphic State: Textual Domination and History in a Muslim Society*. Berkeley: University of California Press, 1996.

Mir-Hosseni, Ziba. *Marriage on Trial: A Study of Family Law*. New York: I. B. Tauris, 1993.

Moore, Erin P. *Gender, Law, and Resistance in India*. Tucson: University of Arizona Press, 1998.

Mühlahn, Klaus. *Criminal Justice in China: A History*. Cambridge: Harvard University Press, 2009.

Munro, Donald. *The Concept of Man in Early China*. Stanford: Stanford University Press, 1969.

Nader, L., ed. *Law in Culture and Society*. Berkeley and Los Angeles: University of California Press, 1997.

Nicholson, Linda J. *Gender and History: The Limits of Social Theory in the Age of the Family*. New York: Columbia University Press, 1986.

Nubola, Cecilia. "Supplications in the Italian States." In *Petitions in Social History*, edited by Heerma van Voss, 35-56.

Nussbaum, Martha C. *Hiding from Humanity: Disgust, Shame, and the Law*. Princeton: Princeton University Press, 2004.

————. *Upheavals of Thought: The Intelligence of Emotions*. Cambridge: Cambridge University Press, 2001.

Ocko, Jonathan. "I'll Take It All the Way to Beijing: Capital Appeals in the Qing." *Journal of Asian Studies* 47, no. 2(1998): 291-315.

Ooms, Herman. *Tokugawa Village Practice: Class, Status, Power, Law*. Berkeley: University of California Press, 1996.

Orchard, Christopher. "The Rhetoric of Corporeality and the Political Subject: Containing the Dissenting Female Body in Civil War England." In *Women as Sites of Culture*, edited by Shifrin, 9-24.

Palais, James B. *Confucian Statecraft and Korean Institutions: Yu Hyŏngwŏn and the Late Chosŏn Dynasty*. Seattle: University of Washington Press, 1996.

————. "A Search for Korean Uniqueness." *Harvard Journal of Asiatic Studies* 55, no. 2(1995): 409-25.

————. *Politics and Policy in Traditional Korea*. Cambridge: Council on East Asian Studies, Harvard University, 1991.

————. "Confucianism and the Aristocratic/Bureaucratic Balance in Korea." *Harvard Journal of Asiatic Studies* 44, no. 2(1984): 427-68.

Park, Eugene Y. *A Family of No Prominence: The Descendants of Pak Tokhwa and the Birth of Modern Korea*. Stanford: Stanford University Press, 2014.

————. *Between Dream and Reality: The Military Examination in Late Chosŏn Korea, 1600-1894*. Cambridge: Harvard University Asia Center, 2007.

Pasco, Allan H. "Literature as Historical Archive." *New Literary History* 35, no. 3(2004): 373-94.

Perkins, Judith. *The Suffering Self: Pain and Narrative in the Early Christian Era*. New York: Routledge, 1995.

Peterson, Mark A. *Korean Adoption and Inheritance: Case Studies in the Creation of a Classic Confucian Society*. Ithaca: Cornell University Press, 1996.

————. "Women without Sons: A Measure of Social Change in Yi Dynasty Korea." In Kendall and

Peterson, *Korean Women*, 33-44.

Pettid, Michael. *Unyŏng-jŏn: A Love Affair at the Royal Palace of Chosŏn Korea*. Introduction and annotations by Michael J. Pettid. Translated by Michael J. Pettid and Kil Cha. Berkeley: Institute of East Asian Studies, University of California, 2009.

Plamper, Jan. "The History of Emotions: An Interview with William Reddy, Barbara Rosenwein, and Peter Stearns." *History and Theory* 49, no. 2(2010): 237-65.

Poovey, Mary. *Making a Social Body: British Cultural Formation, 1830-1864*. Chicago: University of Chicago Press, 1995.

———. *Uneven Developments: The Ideological Work of Gender in Mid-Victorian England*. Chicago: University of Chicago Press, 1988.

Rawls, John. *Justice as Fairness: A Restatement*. Cambridge: Harvard University Press, 2001.

———. *A Theory of Justice*. Rev. ed. Cambridge: Harvard University Press, 1999.

Reddy, William M. *The Navigation of Feeling: A Framework for the History of Emotions*. Cambridge: Cambridge University Press, 2001.

Reeve, L. J. "The Legal Status of the Petition of the Right." *The Historical Journal* 29, no. 2(1986): 257-77.

Roberts, Luke S. "The Petition Box in Eighteenth-Century Tosa." *Journal of Japanese Studies* 20, no. 2(1994): 423-58.

Roberts, Rodney C. "Justice and Rectification: A Taxonomy of Justice." In *Injustice and Rectification*, edited by Rodney C. Roberts, 7-30. New York: Peter Lang, 2002.

Robinson, Kenneth R. "From Raiders to Traders: Border Security and Border Control in Early Chosŏn, 1392-1450." *Korean Studies* 16(1992): 94-115.

Rockhill, W. Woodville. "Notes on Some of the Laws, Customs, and Superstitions of Korea." *American Anthropologist* 4, no. 2(1891): 177-88.

Rosen, Deborah A. *Courts and Commerce: Gender, Law, and the Market Economy in Colonial New York*. Columbus: Ohio State University Press, 1997.

Rosenwein, Barbara H. *Emotional Communities in the Early Middle Ages*. Ithaca: Cornell University Press, 2006.

———. "Worrying about Emotions in History." *American Historical Review* 107, no. 3(2002): 821-45.

———, ed. *Anger's Past: The Social Uses of an Emotion in the Middle Ages*. Ithaca: Cornell University

Press, 1998.

Ruberg, Willemijn, and Kristine Steenbergh, eds. *Sexed Sentiments: Interdisciplinary Perspectives on Gender and Emotion*. New York: Rodopi, 2011.

Salem, Ellen. "Slavery in Medieval Korea." PhD dissertation, Columbia University, 1978.

Santangelo, Paolo. *Sentimental Education in Chinese History: An Interdisciplinary Textual Research on Ming and Qing Sources*. Leiden: Brill, 2003.

Scarry, Elaine. *The Body in Pain: The Making and Unmaking of the World*. Oxford: Oxford University Press, 1985.

Scott, Joan W. "Unanswered Questions." *American Historical Review* 113, no. 5(2008): 1422-30.

Shaw, William. "The Neo-Confucian Revolution of Values in Early Yi Korea: Its Implications for Korean Legal Thought." In *Law and the State in Traditional East Asia: Six Studies on the Sources of East Asian Law*, edited by Brian E. McKnight, 149-72. Honolulu: University of Hawai'i Press, 1987.

―――. *Legal Norms in a Confucian State*. Korea Research Monograph 5. Berkeley: Institute of East Asian Studies, University of California, 1981.

―――. "Traditional Korean Law and Its Relation to China." In *Essays on China's Legal Tradition*, edited by Jerome Alan Cohen, R. Randle Edwards, and Fu-mei Chang Chen, 302-26. Princeton: Princeton University Press, 1980.

Shifrin, Susan, ed. *Women as Sites of Culture: Women's Roles in Cultural Formation from the Renaissance to the Twentieth Century*. Burlington, VT: Ashgate, 2002.

*Shihō seido enkaku zufu* [Paintings related to the evolution of the legal system]. Keijō [Seoul]: Chōsen Sōtokufu Hōmukyoku Kōkeika, 1937.

Shikata Hiroshi. "Richō jinkō kansuru mibun kaikyubetsuteki kansatsu [Observations on the status and class of the Yi dynasty population]." In *Chosōn keizai no kenkyū* [Studies on the Korean economy]. Seoul: Keijō Teikoku Daigaku Hogakukai, 1938.

Shin, Susan. "The Social Structure of Kŭhwa County in the Late Seventeenth Century." *Occasional Papers on Korea* 1(April 1974): 9-35.

Shklar, Judith N. *The Faces of Injustice*. New Haven: Yale University Press, 1990.

Shrank, Roger, and Robert P. Abelson, eds. *Scripts, Plans, Goals and Understanding: An Inquiry into Human Knowledge Structure*. Hillsdale, NJ: L. Erlbaum Associates, distributed by the Halsted Press Division of John Wiley and Sons, 1977.

Shultz, Edward J. *Generals and Scholars: Military Rule in Medieval Korea*. Honolulu: University of Hawai'i Press, 2000.

Smail, Daniel. *The Consumption of Justice: Emotions, Publicity, and Legal Culture in Marseille, 1264-1423*. Ithaca: Cornell University Press, 2003.

Solomon, Robert C. "Justice v. Vengeance: On Law and the Satisfaction of Emotion." In *The Passions of Law*, edited by Bandes, 123-48.

_____. *A Passion for Justice: Emotions and the Origins of the Social Contract*. New York: Addison-Wesley Publishing, 1990.

Sommer, Matthew H. *Sex, Law, and Society in Late Imperial China*. Stanford: Stanford University Press, 2000.

Song, Sang-hyun. *Introduction to the Law and Legal System of Korea*. Seoul: Kyungmunsa, 1983.

Stacey, Robin C. *Dark Speech: The Performance of Law in Early Ireland*. Philadelphia: University of Pennsylvania Press, 2007.

Stearns, Peter N., and C. Z. Stearns, "Emotionology: Clarifying the History of Emotions and Emotional Standards." *American Historical Review* 90: 813-36.

Swift, Helen J. *Gender, Writing, and Performance: Men Defending Women in Late Medieval France, 1440-1538*. Oxford: Oxford University Press, 2008.

Tadao, Sakai. "Yi Yulgok and the Community Compact." In *Rise of Neo-Confucianism in Korea*, edited by de Bary and Haboush, 328-48.

Theiss, Janet M. "Explaining the Shrew: Narratives of Spousal Violence and the Critique of Masculinity in Eighteenth-Century Criminal Cases." In *Writing and Law in Late Imperial China*, edited by Hegel and Carlitz, 44-63.

Theiss, Janet M. *Disgraceful Matters: The Politics of Chastity in Eighteenth-Century China*. Berkeley: University of California Press, 2004.

_____. "Femininity in Flux: Gendered Virtue and Social Conflict in the Mid-Qing Courtroom." In *Chinese Femininities, Chinese Masculinities*, edited by Susan Brownell and Jeffrey N. Wasserstrom, 47-66. Berkeley: University of California Press, 2002.

Tucker, Judith E. *Women, Family, and Gender in Islamic Law*. New York: Cambridge University Press, 2008.

_____. *In the House of Law: Gender and Islamic Law in Ottoman Syria and Palestine*. Berkeley: University of California Press, 1998.

Vermeersch, Sem. *The Power of the Buddhas: The Politics of Buddhism during the Koryŏ Dynasty(918-1392)*. Cambridge: Harvard University Asia Center, 2008.

Wagner, Edward W. "Two Early Genealogies and Women's Status in Early Yi Dynasty Korea." In *Korean Women*, edited by Kendall and Peterson, 23-32.

————. "Social Stratification in Seventeenth-Century Korea: Some Observations from a 1663 Seoul Census Register." *Occasional Papers on Korea* 1(April 1974): 39-54.

————. *The Literati Purges: Political Conflict in Early Yi Dynasty Korea*. Cambridge: East Asian Research Center, Harvard University, 1974.

Wallace, Kathleen. "Reconstructing Judgment: Emotion and Moral Judgment." *Hypatia* 8, no. 3(1993): 61-83.

Walraven, Boudewijn. "Popular Religion in a Confucianized Society." In *Culture and the State in Late Chosŏn Korea*, edited by Haboush and Deuchler, 160-98.

Walthall, Anne. "Devoted Wives/Unruly Women: Invisible Presence in the History of Japanese Social Protest." *Signs* 20, no. 1(1994): 106-36.

————. *Peasant Uprisings in Japan*. Chicago: University of Chicago Press, 1991.

Waltner, Ann. "The Loyalty of Adopted Sons in Ming and Early Qing China." *Modern China* 10, no. 4(1982): 441-57.

Weisner, Merry E. *Women and Gender in Early Modern Europe*. New York: Cambridge University Press, 2000.

Yoo, Mi-rim. "King Sejong's Leadership and the Politics of Inventing the Korean Alphabet." *The Review of Korean Studies* 9 no. 3(September 2006): 7-38.

Yu, Jimmy. *Sanctity and Self-Inflicted Violence in Chinese Religions, 1500-1700*. New York: Oxford University Press, 2012.

Zarinfraf-Shahr, Fariba. "Ottoman Women and the Tradition of Seeking Justice in the Eighteenth Century." In *Women in the Ottoman Empire*, edited by Madeline C. Zilfi, 253-63. New York: Brill, 1997.

Zelin, Madeleine, Jonathan Ocko, and Robert Gardella, eds. *Contract and Property in Early Modern China*. Stanford: Stanford University Press, 2004.

Zorzi, Andrea. "The Judicial System in Florence in the Fourteenth and Fifteenth Centuries." In *Crime, Society, and the Law in Renaissance Italy*, edited by Trevor Dean and K. J. P. Lowe, 40-58. Cambridge: Cambridge University Press, 1994.

# 찾아보기